生きる場からの哲学入門

大阪哲学学校 編

新泉社

生きる場からの哲学入門❖目次

序論　生きる場からの哲学とは……平等文博　009

第I部　生きることと哲学すること

第一講　民衆思想とその方法について……花崎皋平　034
第二講　砂漠のなかのオアシス……三浦隆宏　057
――沖仲仕の哲学者ホッファーに学ぶ、生きる場で哲学するためのルール
第三講　現代の仕事とアイデンティティ……細谷　実　078
――対人的サービス労働のために
第四講　「子どもを産む」ことに関する事柄……大越愛子　097
――自然から自由へ
第五講　「食の哲学」入門……河上睦子　125
――フォイエルバッハを参考に「食と宗教」について考える

第Ⅱ部　生きる場からの思索と哲学

第一講　生と死とおひとりさまを考える……久保下多美子　148
第二講　若き生活者たちに――学ぶことの意味について……三上　晋　159
第三講　新しい会社組織と幸福な生――幸せの吟味への一つのアプローチ……松岡鉄久　169
第四講　障がい者の生き方……義積弘幸　179
第五講　農から現在を見る……山口　協　189
第六講　存在しない仏に祈る――浄土仏教は生きているか……稲岡義朗　201
第七講　サラリーマン人生を終えた今、考えること……瀬尾良郎　211

第III部　生きる場と世界をつなぐための哲学再入門

第一講　全体主義とは何か……百木　漠　220
――アーレント『全体主義の起原』を手がかりに
第二講　共有の廊下・中庭の哲学……木村倫幸　240
――プラグマティズム哲学入門
第三講　抽象と具体の狭間から……村山　章　264
第四講　尊厳論エッセンス……藤田隆正　281
第五講　「生活の吟味」としての哲学……田畑　稔　311
――『ソクラテスの弁明』を読む
編者あとがき　336

◉装幀……北田雄一郎

生きる場からの哲学入門

序論　生きる場からの哲学とは

平等文博

はじめに

「哲学入門」を謳った本は、ラッセル、ヤスパース、三木清など名の知れた哲学者の著作を含め、これまでにも数多く出版されてきました。また近年では、難解で高踏的という哲学イメージを覆そうと、イラストや平易な言葉づかいなどで工夫をこらしながら、わかりやすさや面白さ、実用性を強調した入門書も目につきます。そうしたなかで、この一冊を手にしていただく意味はどこにあるのでしょうか?

本書のねらいは、『生きる場からの哲学入門』と題したように、私たちが生きる場に足をつけ、そこにある諸問題（プロブレム＝解決すべく眼前に置かれた諸課題）と向き合い、より深くより広く事柄を考え抜くことで私たちのよりよく生きる力を支えられるような哲学の実践、「哲学」というよりむしろ「哲学すること」へと読者を誘うことです。

周知のように英語の「フィロソフィ（哲学）」の語源はギリシア語の「フォロソフィア（知への愛求）」ですが、問題はその「知」がどこに向いたものかということです。有限で移ろいやすく矛盾をはらんだ「生きる場」やそこで苦楽しつつ生きる生身の人間たちを超越して、変わることなく純粋な「真理」の探究、世俗の欲情に惑わされることなき人格の陶冶が哲学の目指すものと考える人にとっては、本書は期待外れでしかないと思います。

本書が考える哲学の源流をあえて問うならば、俗世間を離れた思索の場（アカデメイア）で永遠不変な真実在（イデア）を探究したプラトンの伝統ではなく、街場で市民と対話しつつ生活の批判的吟味を行ったソクラテスの哲学的実践が、それにあたるでしょう。その批判的知の刃は、他者に向けられると同時に、ただちに翻って批判者である自己自身の吟味（「汝自身を知れ！」）に向かわざるをえません。そうした吟味する知の往還運動によって、自他総体のよりよいあり方が希求されるのです。知を愛求するとは、俗人には隠された「真理」を我独り観て想うといった、自己閉塞した行為ではありません。

哲学について本書がとるもう一つの考え方は、「すべての人が哲学者である」ということです。哲学するとは、狭義の哲学者（哲学研究者）の職業的専有物ではなく、すべての生活者が自らの生きる場に根ざして、世界をそして自らを批判的吟味の俎上にのせる知的営みでなければなりません。

日本では、明治維新後の上からの近代化の過程で、官学として哲学が輸入された経緯もあり、一般庶民が仰ぎ見るような哲学イメージがつくられてきました。その裏面には後で触れるように、さまざまな宗教（まじないや占いといった疑似宗教も含めて）的信念・信仰が、いわば「庶民の哲学」として伴ってきたことも見ておく必要があるでしょう。日本社会を（つまりは私たちを）覆う過剰な同調主義が、場の空気を読んで長いものに巻かれる権威主義や適応主義が、現代の閉塞状況をより混迷深いものにしているのは、私たちの哲学する文化の希薄さと決して無関係ではないでしょう。そう考えるとき、すべての人びとが、与えられた現実をあきらめとともにただ受容するのではなく、物事を批判的に吟味する姿勢と能力を共に育み、一人ひとりが哲学する者（哲学者）としてあえて振る舞うことの必要性は、いくら強調してもしすぎることはないと思うのです。

哲学に対するこうした基本的立場は、本書に執筆した者たちが出会い、交流を重ねてきた場である大阪哲学学校が設立理念として掲げてきたものにほかなりません。

1　大阪哲学学校がめざしたもの

◉——大阪哲学学校のあゆみ

大阪哲学学校は一九八六年に開校した哲学の文化運動体です。大阪唯物論研究会哲学部会を設立母体としています。

当時、昭和天皇の死去が遠からず予想される状況下で、戦後の象徴天皇制の評価や今後の見通しをめぐり、さまざまな議論がメディアや論壇を賑わしていました。大阪哲学学校はその問題を真正面から受けとめて開校記念シンポジウム「天皇制を哲学する」を開催し、出発点としました(＊1)。哲学学校のウェブサイト(＊2)には、シンポジウムの様子と開校にあたって作成したパンフレットの表紙の写真を掲載していますが、パンフレットに掲げた開校宣言「大阪哲学学校のアッピール——『哲学する』ことからの再出発」は、私たちが生きる時代の特徴と、そこで「哲学する」ことの意義・課題について、次のように述べています(＊3)。

我々は今、我々の生きる生活世界の深刻な構造的変動を体験しております。この変動は、単に経済や政治、科学技術や社会階級構造の部面にとどまらず、人々の生活様式や欲求構造、意識構造をもおおうような変動だと言えるでしょう。哲学が現在直面しているのはこの歴史的現実なのであり、また、我々を改めて哲学へと、世界観的反省へと促しているのもこの現実なのです。(略)

人間は何を知りうるのか。宇宙とその中における人間の位置はどんなか。人間は何をなすべきであり、また何をなしうるのか。人生の意味(生き甲斐)とは何か、本当の「自由」、本当の「幸福」とは何か。「進歩」と「反動」、「豊かさ」と「貧困」とは何か。これら古くからの問いが、新しい内実をもって改めて問われなければならなくなっているわけです。

それから三十年余が経過したいま、これを読んでも、基本的な時代認識や問題にしている諸論点は、大きくは時代遅れになったと感じません。この間に世界秩序の構造的変動の大波とでも言うべき出来事が国内外で起こり、また現在もそれは続いていますが、大きく歴史的に捉えれば、その当時すでに認識されあるいは予知された問題状況の中を私たちは今も生き続けているということでしょう。個人の生命の時間はたかだか百年足らずですが、歴史的な変化の時間はもっと長いスパンで考えられるべきものでしょうし、「哲学する」ことはそうした時間の大きな流れを視野におさめながら、いま／ここにおいてなされる営みだろうと思います。

「開校宣言」は続いて、「哲学する」こと、すなわち哲学的に考えることのもつ特徴を、次のように挙げています。

「哲学的思考」の特徴は、権威であれ、伝統であれ、世論であれ、「科学的事実」であれ、「主体真実」であれ、何であれ、直接に与えられたものをそのまま絶対化しない点にあります。これら直接的なものを「概念的に」考えること、「総体的に」考えること、「根拠から」(「根底的に」)考えること、「批判的に」考えること、「体系的に」考えること、これが「哲学する」ことにほかなりません。

そのうえで、「あれこれの既存の哲学体系に安易にのっかろうとするのではなく、時代が提出している課題に即して、哲学してみる」ことから「再出発」し、「天皇もセックスも共産主義も、タブーや聖域を置かずに批判的吟味に」付そう、と呼びかけています。

このような基本認識と知的構えをもって大阪哲学学校は、「生活現場、活動現場と哲学とを結合する努力を通して、新しい知的連帯の形成を目指」し、細々ながらも途絶えることなく活動を重ねてきました。接近したかと思えば遠ざかる「逃げ水」のような目標の実現にどこまで近づけたかは心もとなくもありますが、「生活現場と哲学を結びつける接点」となるべく、講演会、読書会、連続講座、シンポジウム、フィールドワーク、会員研究発表、共同研究の組織とその出版、海外研修など、多彩な活動を企画し実行してきました(＊4)。

◉――生活現場と哲学の双方向のつながり

それでは、大阪哲学学校が目指した「生活現場と哲学を結びつける」とはどういうことなのか、ここで改めて考えてみましょう。

まず、先にも述べたように、「哲学するとは生活を吟味すること(生活の吟味としての哲学)」という捉え方があります。日々の生活の場で、私たちが直接的あるいは間接的な当事者として直面している諸問題はもとより、可能性としてはらまれている問題を自覚的に先取りしながら、それらが私たちにいかなる理論的・実践的な課題を突きつけているのかを明らかにし、問題解決の方向性や道筋について、問題となっている事柄の是非善悪の判断を含めて、概念的・総体的・批判的・根底的・体系的に吟味(検証)するのが「哲学する」ことの意味・役割だという理解です。

「哲学する」ことの主たる意味を、永遠不変な真理の体系を構築することにではなく、生活現場の諸問題への知的で批判的な介入に求める実践的な哲学理解は、もとより間違いではないでしょう。しかし、これだけではまだ「生活」と「哲学」の関係についての十分な説明とは言えません。なぜならこれでは、主体としての「哲学」が「生活」という客体に対して一段の高みから外在的に介入するという天下り的な哲学イメージを十分に払拭できないからです。それは、知的に優越した「哲学者」が、生きる場を泥臭く這い回る「生活者」の無知・無自覚を暴き審判する、という選民的な哲学者観にもつながります。「哲学」や「哲学者」を敬して遠ざける、今でも一般にもたれているイメージは、それに近いものではないでしょうか。そのメダルの裏側にあるのが、「現実離れした空理空論」とか「生活力のない頭でっかちの哲学者」という胡散臭いイメージです。さらに言えば、そうしたイメージは、頭の中で自らが組み立てた理論図式や観念体系に合うように現実を都合よく解釈する哲学（者）の知的転倒や独断・独善に対する批判的な見方にもつながっています。

哲学学校を設立するに先立ち、私たちは現代日本の宗教イデオロギーを分析する共同研究を行いました（＊5）。この共同研究は、戦後高度経済成長の終焉という時代の変わり目にあって、これまでの生き方や将来の生活に不安を覚え、思想や価値観を揺さぶられた人たちが、いわゆる「新・新宗教」ブーム（＊6）に引き寄せられていく様を分析したものです。この研究を通して私たちは、人びと（ピープル）にとっての哲学の不在と、哲学に代わって宗教がもつ威力をあらためて思い知らされました。「普通の人びと」における哲学の不在・不信の背景には、前述したような生活現場と結びついていない哲学（者）の側に大きな問題があるとの真摯な反省を迫られたのです。この反省が哲学学校という実験的な運動の立ち上げを決意させたのでした。

これらのことから考えると、哲学（者）が批判的に吟味する行為によって生活に対して制約を加えるという側面だけではなく、逆に哲学（者）の方が生活現場の側から制約されるという側面を同時に、双方向のこととして捉えておく必要があるでしょう。哲学学校が掲げた「生活と哲学の結合」はそれを踏まえたものですし、とくに後者の側面はこれまであまり意識されてこなかったことだけに、よく考える必要があると思います。

そこで、「民衆思想」に注目してきた在野の哲学者・花崎皋平《はなざきこうへい》さんの思索を手がかりにして、「哲学する」ことがもつ「哲学から生活へ」と「生活から哲学へ」の双方向のつながりについて考えてみることにしましょう。

2 「ピープルの思想」と「哲学する」こと

◉——哲学という思考の営み

花崎皋平さんについては、本書所収の「民衆思想とその方法について」（第Ⅰ部第一講）でご自身が語っておられるほか、田畑稔「花崎皋平——『民衆思想』の道」（＊7）を参照いただくとして、ここでは簡単な紹介にとどめます。

一九三一年生まれの花崎さんは、東京大学文学部を卒業して北海道大学の哲学の教員になり、「札幌べ平連」の結成にも加わりますが、花崎さんが特別弁護人を務めた裁判で北大全共闘の学生たちが有罪判決を受けたことから、一九七一年に大学を自主退職します。それ以降は内外のさまざまな社会運動に関わりながら在野の哲学者として活動し、一九九〇年には「さっぽろ自由学校〈遊〉」という市民団体の発足に中心的に関わりました。この団体の設立は大阪哲学学校ともかなり共通する問題意識に基づいているように思われます(*8)。

花崎さんは、著書『天と地と人と』(*9)を、次のように書き出しています。

哲学という思考の営みは、個人、歴史、社会、超越を包括する全体を考察することを課題とする。それゆえ哲学的な思考を営む個人は、自己が生きている時と場が提起する現実の諸問題を無視することはできない。その取り組み方は個別科学とは異なっていても、世界が陥っている危機の構造と原因を認識し、危機の克服に取り組むことを課題の内に含めざるを得ない。哲学という思考の営みも、それ自身の存在理由を時代の現実から問われるのである。

「哲学する」ことは、私たちが生きる生活世界・歴史世界が今日陥っている危機への取り組みを課題とし、その取り組みを通して哲学の存在理由が時代の現実から問われるという花崎さんの哲学の捉え方は、開校宣言で表明した大阪哲学学校のそれと通底するものです。

また花崎さんは別の著書で、「哲学」について次のようにも述べています。

今日の危機の根本に迫り、人類史の行方を問う哲学はまだ姿を現していないといわなければなりません。誰か偉大な個人の出現を期待するのではなく、私たちそれぞれが、根本的な問題

を問う営みをすることによって、誰のものでもない哲学が共有されることこそが望ましい、と私は考えます。(＊10)

ここには、根本的な問題を問う「行為としての哲学」(哲学すること)とその「成果としての哲学」(哲学思想)の区別を含みつつ、哲学する主体は決して「誰か偉大な個人」(専門哲学者)でなく哲学する私たち一人ひとり(万人哲学者)であり、したがって哲学的思索の協働の成果は「誰それ哲学」と名を冠して特定個人に回収されるものではなく、「誰のものでもない哲学」(言うならば「コモンズ」としての哲学)として人びとに共有されるべきことが、「望ましい」という控えめな言い方ながら明確に述べられています。

「哲学する」ことは「根本的な問題を問う営み」で、「問う」とは「ソクラテス以来の古い、しかし忘却から取りもどされることによって新たなものとなる哲学の本来の営みである」と花崎さんは言います。

根本的(ラディカル)に問うことがいま重要なのは、人間を含めてあらゆるものを商品化・物象化し、生命を物質あるいは人工的なシステムに還元し、そして人間の内面までをも「問いをまったく忘れ去るところまで」管理・操作しようとする資本主義的な近代化作用が、冷戦終結後の二一世紀に入ってグローバルに展開しているからです。そうした時代状況のなかで、私たちが流れに抗し反逆して「文明の根本的な転換」を可能にするには、哲学知の「基本を問う問い」を出発点にせねばなりません。なぜなら、「人間が自由な主体としてそうした問いを問い続けるならば、彼は一括化されえず、システムに吸収されえない。つまり、グローバル化されえない」からです。「問うことそれ自体が、システムの外部へと方向をとる行為であり、外部にとどまるほうを選ぶ態度」だと花崎さんは指摘します。

◉――ピープルと思想

では、どうすれば既存の社会的諸関係・相互行為システムの内部で生きている私たちに、「システムの外部へと方向をとる」「外部にとどまるほうを選ぶ」ことができると花崎さんは言うのでしょうか。「私は、近年、ピープルネス、サブシステンス、スピリチュアリティという三つの言葉を、自分の思想のキーワードにしています」(＊11)と彼は述べています。私は、この三つのうちの「ピープルネス」が、外部への転回の出発点に関わると考えます。

花崎さんは、「ピープルの思想」とは別に「民衆思想」という表現も用います。両者は基本的に同じ内容を指していると思われますが、「民衆」と「ピープル」が使い分けられている場合もあります。

「民衆」とは「無産者」と同様に、ある社会において特別な権利や権力（とその物質的土台）をもたない人びとであり、人間を存在面で捉えた概念です。一方、「ピープル」は、ある価値理念を含んだ概念として用いられています。したがって、「ピープルになる」という言い方がされるように、「民衆」がそのままただちに「ピープル」とはならないのです。

そこで花崎さんは「民衆性」という言葉とは別に、「特定の階級や階層、立場、主体を指すのではなく、ある価値理念をあらわす哲学的な概念」、「ピープルの根っこを指し示す価値理念」として「ピープルネス」という語を新たに造ります。それは、「近代西欧の個人を主体とする思想」では見失われている、「類としての生命のつながり」「個に収まりきらない生命の流れ」という人間存在の「根っこ」に遡ることで、私たちを「人間の根源的平等を主張する思想」に導く価値理念を表す言葉です。

「サブシステンス」（辞書的な意味としては「必要最低限の生活」）とは、類的な生活（生命）の維持・存続のための基礎的・根源的な必要物、生存基盤のことです。「サブシステンスを価値理念とする」ということは、（略）『生存基盤に根を張る』こと」であり、また「生存基盤に密着して生きる生活の思想」「大気、水、土を尊び、それを感謝と喜びをもって享受するあり方」とも言われます。とすれば、「ピープルの根っこ」である「ピープルネス」と「サブシステンス」とは、相即不離の関係にあるものでしょう。そのように考えると、「ピープル」であろうとするとは、私人や個別集団の狭隘な利害・欲望を超えた人間の、さらにはより広く共に生きるものたちの、普遍的な生存基盤に自覚的に根を張ろうとし、その生存基盤から生まれる「生活の思想」に視座を置いて、自己と世界の今のあり方の是非を根本から問い直そうとする姿勢をとることにほかなりません。

普遍的な生存基盤のなかには、まずは私たち人間と自然との、種や世代を超えた持続可能な関係のあり方が入るでしょう。また、人と人との関係性を生きるための不可欠な場（トポス）とする人間にとっては、人びとが排除や支配・抑圧の相互関係に置かれるのではなく、対等な人格として互いの存在を尊重する関係の取り方が、人間らしく共に生きられる普遍的な基盤とならねばならないでしょう。したがってそうした問い直しは私たちに、近代の分業システムに全面的に組み込まれ、その断片に身をやつして狭窄した視野や働きしかもたない「専門人」に無批判に甘んじる人間のあり方を反省し、全的存在たる「普遍人」、広い意味での「生活者」たらんとする価値志向をもたらすことになります。そのことを花崎さんは次のように述べています。

一芸に秀でることに憂き身をやつし、その代償として飯も炊けず、子どもや老人の世話もできない専門人をめざすのではなく、生活の必要な万般の技能を身につけること、男女の性別役割分業を否定し、男性も衣食住、育児、介護など生老病死の全局面にかかわる全方位ではたらく存在であることに価値を置くあり方です。(*12)

このように「ピープル」とは「なるもの」「あろうとするもの」「人にとってめざすべき究極の目標」だと花崎さんは言います。そして、それを支えるのが「スピリチュアリティ」です。花崎さんの言う「スピリチュアリティ」とは、人間のうちにある「有限に対して無限、時間に対して永遠、日常卑俗に対して美や崇高を感受しうる直感、感受性、観照、思索の働き」であり、そうした人間的精神の働きを自覚し活性化させることが、「サブシステンス」に根を張った「ピープルになる」ための力になるのです。「個人を超えた超越的なものの声を聞き取り、それに応答する精神の営み」に目覚めることなしには、「現代の世俗的な文化の圧倒的な支配に抵抗することはできない」からです。

もちろん、そうした「精神の営み」は、閉じられた個々人の精神世界から自然発生的に生まれてくるようなものではありません。困難な諸条件のなかで生き抜こうとする生きる場の営みの中から、より良い生を求める闘いに触発され、自己反省に促されて、花崎さんの言う「スピリチュアリティ」が私たちのなかで目覚めるのです。

その今日的な例の一つと私が考えるものを、次に見てみることにしましょう。

3 生きるための闘いと思索

◉——武器ではなく命の水を

二〇〇一年の九・一一事件の後、アメリカ軍によるアフガニスタン空爆に始まる新たな戦乱と荒廃のなかで、一人の日本人医師による現地での活動が大きくクローズアップされました。中村哲さんです。彼の人物と活動の様子は、二〇一六年にNHKで放送されたドキュメンタリー「武器ではなく命の水を　医師中村哲とアフガニスタン」によって、あらためて注目を集めました。

中村さんは、九州大学医学部を卒業後、国内の病院勤務をへて、一九八四年にハンセン病患者をはじめとする貧困層の診療ミッションに従事するためパキスタンのペシャワールに赴任、一九八六年からアフガニスタン難民・住民のための診療所開設や巡回診療などの事業に携わってきた医師です。

「兵隊三部作」で知られる小説家・火野葦平《ひのあしへい》を母方の叔父にもち、一九四六年に福岡に生まれた二〇〇〇年からは、アフガニスタンを襲った大干ばつを前に、医療だけで対応することの限界を痛感して、住民の生活基盤を確保するための水源確保（井戸掘り、カレーズの復旧）事業に取り組み、さらに「百の診療所より一本の用水路を！」と二〇〇三年からアフガニスタン東部山村で「緑の大地計画」という長期的な灌漑水利事業を開始します（＊13）。中村さんは現在、これらの活動を支える日本の任意団体「ペシャワール会」（＊14）の現地代表、「ペシャワール会医療サービス」（ＰＭＳ）の総院長を務めています。

三〇年にわたるパキスタンとアフガニスタンの活動で見聞したこと、自身の実践を通して考えたことを、中村さんは帰国時の講演や著書や「ペシャワール会報」で発信し続けています。

少し長くなりますが、中村さんの語るところを著書から追ってみましょう。花崎さんも日本の最も優れた民衆思想家と評価する田中正造の書簡の言葉（＊15）を挙げた後で、中村さんは次のように言います。

私たちは近代以前の陋習《ろうしゅう》や迷信を笑う。だが、今や明らかになりつつあるのは、近代もまた、新しい形の陋習が古い陋習に代わって、人間の精神を支配するようになっただけだということである。カネと武力の呪縛は今や組織化された怪物である。人は時代の精神的空気から自由ではない。しかし、どんな時代でも事実を見据え、時を超えて「人があるべき普遍性」を示す人々はいる。様々な意見が飛び交う中で、私たちに足りないのは、田中正造の「涙」と「気力」である。（＊16）

水は日光によって植物を育て、それを人や動物が食べる。水と緑は、文字通り無から有を生み出す富の基盤である。これが明瞭な世界が、アフガニスタンである。社会全体が、自然と一体になった農業国の色彩が強い。意識せずに伝統を重んじ、大地に張りついて生きる様は、昨今流行りの「グローバリズム」とは対極にある。

しかし、今世界を見渡せば、「雪（水と自然）はなくとも生きられるが、カネがなくては生きられない」という思い込みが支配しているように思えてならない。そこでは、少しの株価の変動が世界を揺るがし、パソコンのキー一つで莫大な富が動く。営々と築かれた技術や生産活動も、買収というカネの操作で一朝にして支配される。そうして得られる「富」とは、しばしば架空である。怖いのは、架空が現実を律し、人間の生産活動や思考を自然から遊離させ、非現実が現実と錯覚されることである。「グローバル・スタンダード」の名で、地域の特色や文化が失われ、違いを許さぬ狭量な風潮と短絡な思考が人々を支配する。（＊17）

――日照りの夏には涙を流し、恵みの雨に感謝する。用水路が延びて沙漠に水が流れ、緑地が増える毎に皆と小躍りする。外国兵の横暴に憤り、親しい者が死ねば悲しみ、病で斃れる子に胸を痛め、収穫が多ければ共に感謝する。それだけのことだ。そして、それ以外に、何ができるのだ。（＊18）

◉――ふたたび生活現場と哲学のつながりについて

もう一度、「生活現場と哲学の結合」という問題に戻ります。

中村さんは、偶然の重なりもあってアフガニスタンの人びとの生活に深く関わるようになります。まずは生命を救う医師として人びとの生活現場に密着しながら医療活動を続けますが、そのなかで、根源的な生活の基盤（サブシステンス）で命の源である「水」が欠如していることの重大な意味に気づきます。

私が驚嘆するのは、そうした問題を認識した中村さんが、医師という「専門人」の枠内にとどまり医療という視角からだけで考えたのではなく（もちろんそれだけでも大変な仕事ですが）、人びとの生活／生命の危機をより根源的な次元で受けとめ、まったく専門外の用水路建設という土木事業に自らの課題として取り組んだことです。そのために中村さんは、土木建築の知識と技術を一から独学し、帰国時には江戸時代からの治水事業の跡を訪ねて先人の知恵に学び、アフガニスタンでの応用の仕方を考え、日本での支援者を募って必要な資金を調達し、現地の人びとに工事への参加を呼びかけ、応じてもらえる条件を整え、水路建設と沙漠の緑化という住民の自立生活を支えるサブシステンスの再建に身を投じたのです。

フランスの哲学者であるシモーヌ・ヴェイユは、『根をもつこと』の中で「根こぎにされる」という問題を提起していますが（＊19）、生きる場を見すえる中村さんの目には、イスラーム過激主義（者）台頭の背後に単なる宗教的な狂信ではなく、生活の場から根こぎにされた人びと、花崎さんに倣って言えば、根を張るべき生存の基盤を喪失した人びとの存在が見えています。

いわゆるイスラムの過激論者そのものも、農村部には発生する土壌がない。ほとんど都市部です。やはり、自分の生きる根拠を失った人たち、これが極端な行動に走りやすいし、手段を選ばない行為に走りやすいというのは事実です。(＊20)

先に述べたように田中正造は、花崎さんが「実践を磨きに磨いて思想に昇華させた真の意味の思想家」、つまりピープルの思想家として第一に挙げている人物ですが、「その田中正造が最終的に到達した原理は、『無主、無縁、無所有』の原理でした」と述べています(＊21)。

ここで注目したいのは、「実践を磨きに磨いて思想に昇華させ」るという見方です。別の箇所では、「ピープルは隠れ思想の持ち主であり、その思想は、言ってみればピープルとしての生き方、考え方、文化、言葉を昇華させたものです」とも言われます(＊22)。「生き方、考え方、文化、言葉」とは、総じて言えば生活の場における諸「実践」でしょう。その実践に繰り返し反省を加えて、つまり「磨きに磨いて」、より抽象度を高め、普遍性をもった思索内容へと「昇華」させたものが「思想」になるということではないでしょうか。

「隠れ思想」とは水俣の作家・石牟礼道子さんの言葉(＊23)ですが、ピープルは、生活現場での実践に根づいた「思想」を「隠れ」た(未自覚な)状態ながらすでに胚胎しています。その「隠れ思想」を自覚的な「思想」へと昇華させるための、ソクラテスの言う「産婆(助産師)」役となるのが、直接的なものを「概念的に」「総体的に」「根拠から」「批判的に」「体系的に」考える哲学的思考(方法としての哲学）なのです。ピープルの「生活現場（における実践）」と「哲学（すること）」（行為としての哲学）がこのように結びつくことで初めて、人びとを内奥から動かす力をもった「思想」（成果としての哲学）が生まれるのだと私は考えます。

ここにおける「生活（実践）」と「哲学（実践）」を、「生活者」と「哲学者」という別人格による分業と捉える必要はありません。むしろ、生活者が同時に哲学者であり、哲学者が同時に生活者であること（万人哲学者でありかつ万人生活者）がより望ましい姿でしょう。先に見た「専門人」から「普遍人」への志向です。もちろん、すべての人が「生活の必要な万般の技能を身につけ」た「普遍人」にただちになるのは難しいことでしょうが、与えられた分業的役割を無批判に固定化することなく、「生活」と「哲学」を双方向から意識的に結びつける努力を各人が自ら直面する諸問題に即してなすべきですし、生活の場で哲学する文化が、ごく当たり前の市民の文化にならねばならないでしょう。大阪哲学学校が開校以来目指してきたものは、このような「生活」と「哲学」の接点の一つになることだと私は考えています。

最後に、中村哲さんが生きる場から私たちに投げかける言葉にもう少し耳傾けてみましょう。世界の「最貧国」の一つと一般にはみなされるアフガニスタンの人びとの生活に根を張った視座から「先進国」の現状を逆に照らし出すと、「富」に振り回され「自然から遊離」した「豊かな」生活がいかに虚飾に満ちた、人間性を侵食しているものであるかが浮き彫りにされてきます。

暴力と虚偽で目先の利を守る時代は自滅しようとしている。今ほど切実に、自然と人間の関係が根底から問い直されたときはなかった。決して希望なき時代ではない。大地を離れた人為の業に欺かれず、与えられた恵みを見出す努力が必要な時なのだ。それは、生存をかけた無限のフロンティアでもある。（略）

いたずらに時流に流されて大切なものを見失い、進歩という名の呪文に束縛され、生命を粗末にしてはならない。今大人たちが唱える「改革」や「進歩」の実態は、宙に縄をかけてそれによじ登ろうとする魔術師に似ている。だまされてはいけない。「王様は裸だ」と叫んだ者は、見栄や先入観、利害関係から自由な子供であった。それを次世代に期待する。

「天、共に在り」

本書を貫くこの縦糸は、我々を根底から支える不動の事実である。やがて、自然から遊離するバベルの塔は倒れる。人も自然の一部である。それは人間内部にもあって生命の営みを律する厳然たる摂理であり、恵みである。科学や経済、医学や農業、あらゆる人の営みが、自然と人、人と人の和解を探る以外、我々が生き延びる道はないであろう。それがまっとうな文明だと信じている。その声は小さくとも、やがて現在が裁かれ、大きな潮流とならざるを得ないだろう。

これが、三十年間の現地活動を通して得た平凡な結論とメッセージである。（＊24）

ここに、中村さんら日本人ワーカーたちが、かの大地を生活の場とするアフガニスタンの人びととともに、彼らこそが主人公となるべく積み重ねてきた協働の実践を通し、磨きぬかれた（哲学されてきた）「ピープルの思想」が表現されているのではないでしょうか。

哲学とはこのように、人間たちの生きる営みに深く根ざし、それと結びつき、そこにおいて活きて働くものだと思います。

*

本書は三部構成になっています。生きる場から哲学することを多様なトピックスや切り口で論じた第Ⅰ部と、特定の哲学・哲学者や思想を取り上げ今日的な問題意識から読み直した第Ⅲ部は、在野か否かを問わず哲学研究に携わってきた者が各自の研究を踏まえて執筆したものです。

それに対して「生きる場からの思索と哲学」と題した第Ⅱ部は、一般市民が生活の当事者（生活者）として、固有の体験をもとに哲学しつつ紡ぎ出したいわばそれぞれの「ピープルの思想」です。荒削りなところがあるかもしれませんが、本書の特長が最もよく出ているのは、この第Ⅱ部と言ってよいでしょう。

本書を読まれた方が、それならば自分も生きる場から哲学してみよう、そしてそれを口頭であるいは文章で他者に向かって発信してみようと思われたなら、本書の存在理由はみなさんの手によって満たされることになるでしょう。

註

(1) シンポジウムの成果は、大阪哲学学校編著の最初の出版物『天皇制を哲学する』(三一書房、一九八七年)として世に問うた。
(2) 大阪哲学学校ウェブサイト(http://oisp.jimdo.com)。
(3) 全文は同ウェブサイトに掲載。
(4) とくに、「ベルリンの壁」崩壊を挟み、一九八七年と一九九〇年の二度実施したソ連・東欧の視察と現地での哲学者たち(『ドイツ哲学雑誌』編集部、ルカーチ・アルヒーフ、ソ連科学アカデミー哲学研究所)との交流は、東西冷戦対立構造の地殻変動を体感しつつ、哲学のあり方についてあらためて深く考えさせられた刺激的な経験であった。
(5) 山本晴義編『現代日本の宗教——宗教イデオロギーへの批判視角』新泉社、一九八五年。
(6) この「宗教回帰」は、その後のオウム真理教事件にもつながる社会現象であった。
(7) 季報『唯物論研究』一三一号、二〇一五年。
(8) 『生きる場の哲学——共感からの出発』(岩波新書、一九八一年)の著者であり、かつここに述べたこともあって、大阪哲学学校開校一五周年記念集会(二〇〇一年一一月二四日)に花崎さんをお招きし、「〈生きる場の哲学〉を求めて」と題する記念講演をしていただいた。
(9) 花崎皋平『天と地と人と——民衆思想の実践と思索の往還から』七つ森書館、二〇一二年。
(10) 花崎皋平『ピープルの思想を紡ぐ』七つ森書館、二〇〇六年、六七頁。
(11) 同前、一一八頁。
(12) 同前、一二二頁。
(13) 二〇一〇年には全長二五キロメートルにおよぶ最初のマルワリード用水路が開通し、現在もこの事業は拡大継続されている。
(14) 組織の維持が自己目的化しないようにあえて法人化を避けているとのことだが、ここにも中村さんの思想がよく表れている。

(15) 天皇への直訴を決行する三日前に田中正造が甥に宛てた書簡の次の言葉。
「毒野も、ウカト見レバ普通の原野ナリ。涙ダヲ以テ見レバ地獄ノ餓鬼ノミ。気力ヲ以テ見レバ竹槍、臆病ヲ以テ見レバ疫病ノミ。」(田中正造書簡、一九〇一〔明治三四〕年一二月七日)

(16) 中村哲『医者、用水路を拓く――アフガンの大地から世界の虚構に挑む』石風社、二〇〇七年、二〇四―二〇五頁。

(17) 同前、三四三頁。

(18) 同前、三五四頁。

(19) シモーヌ・ヴェイユ『根をもつこと』上巻、冨原眞弓訳、岩波文庫、第二部「根こぎ」。

(20) 中村哲、澤地久枝(聞き手)『人は愛するに足り、真心は信ずるに足る――アフガンとの約束』岩波書店、二〇一〇年、九七頁。

(21) 花崎、前掲『ピープルの思想を紡ぐ』六八頁。

(22) 同前、一一九頁。

(23) 石牟礼道子『最後の人――詩人 高群逸枝』(藤原書店、二〇一二年)所収の「〃隠れ〃の思想と壮大な自己復権」(執筆は一九六四年)。

(24) 中村哲『天、共に在り――アフガニスタン三十年の闘い』NHK出版、二〇一三年、二三九―二四六頁。

第Ⅰ部

生きることと哲学すること

第一講　民衆思想とその方法について

花崎皋平

今日の話は民衆思想という、私が一九七〇年くらいからずっと自分の問題としてきたものですので、これまでの繰り返しになるかもしれませんが、反復、繰り返すということも非常に意味のある重要なことです。これは実は田中正造から教わったことで、彼は「真理は芋を洗うが如し」、里芋を桶に入れてゆすりながら洗うことを言っているのですが、「同様類似の古き話をいくどもいくども繰り返すうちに、自ずと真理に徹底するものなり」と言うのです。これは大事なことを教えてくれているように思います。

民衆思想史の専門家は民衆思想とは何かを定義しますが、私はそのように包括的に考えるのではなく、自分が出会ったり学んだりした民衆思想家に即してお話しするしかできません。私は、民衆思想とはその言葉どおり、生活の中での実践、生きる活動、具体的な働きをしながらつくり上げられてきた思想だと考えています。

丸山眞男さんは、「である」と「する」という二つの書き方を分けて、「である」は記述で、「する」は陳述、陳述は私という一人称の主語のもとに考えてきたことを述べることだと言います。民衆思想は、あくまでも一人称の私が考えたことを中心に言い表されているものです。民衆思想家は、本に著述をしたものを残すとは限りません。そういう方もおられますが、それよりも友人や周りの人たちへの話、日記や書簡という形で思想を語っている場合が多いのです。著書が無いのでアカデミーの研究には乗りにくいのですが、振り返ってみると、世界の古来の大思想家はみんな本を書いた人じゃないのです。釈迦も孔子もキリストもソクラテスも、新しくはガンジーも、話したことを周りの人が書き留めたり伝えたものがその人の思想として残っているわけです。時代を経て、文字を使って本を書くのが主流になったのは一つの進歩ではありますが、元はそうではなかったことを忘れないようにした方が良いという気がしています。

例えば高齢者の介護（ケア）は、私の母親の世代に対しては社会化されていませんでした。みんな家族で、主として女性が世話をしていました。そのノウハウ＝経験は客観化されず個人に蓄積されるだけでしたが、とても大事な内容を含んでいました。それがだんだん社会化しマニュアル化してくると、人と人との関係の中で生み出されたものとは少し違ってきてしまうところがあるように思います。だから、そういう介護のような活動の中で女性は思想的な営みを行っていたのだと考え、そこから女性の持つ思想を発見していくことも大事じゃないかと思っています。

本論に入りますが、私が民衆思想に興味を持って考えようと思ったのは、一九七〇年頃です。当時、田中角栄首相の新全国総合開発計画で、沖縄と北海道はエネルギー基地にするとして開発が進められ始めました。北海道では、石炭に代わって重油をたく火力発電所の建設が企画されました。古くからアイヌの村「コタン」があった伊達という所に住んでいたアイヌの漁師、和人(日本人)の漁師が、それに反対して立ち上がりました。その当時は、反公害、反開発の運動への関心が非常に強く、私たちは漁師のところへ行って泊めてもらい、漁業を手伝わせてもらいながら話をするという活動をかなり頻繁にやっていました。そこで私はアイヌの人に初めて出会い、その人たちに非常に魅力を感じました。それをきっかけに、昔から北海道を歩いてアイヌのことをくわしく記した松浦武四郎の書いたものを、主として地理を作る調査の日誌ですが、読むようになりました。松浦武四郎はいわゆる大文字の思想家ではなく、むしろ実践家であり記録作家と言ってよい人です。彼は、アイヌの人に案内してもらって北海道じゅうを何回も歩き回り地理を調べたのですが、アイヌ語を話せる珍しい人でした。

彼はたくさんの日記を残していますが、途中から松前藩のアイヌに対する非常に暴虐なやり方に怒りを覚えるようになります。しかし松浦は下級官吏として幕府に雇われている立場なので、何をしたかと言うと、訪れた村の戸籍を徹底的に調べるのです。すると、労働できる若い人たちが無償労働に駆り出されている。そういうことを繰り返し書いているのです。一種の告発です。

北海道という名前は松浦武四郎が命名したことになっていますが、少し違います。彼が五つ提案した中に、「北加伊道」という名前がありました。北加伊道とは、アイヌ自身が自分たちを「カイノ」と呼んでいたので、「カイノの居る島」という意味で提案したのですが、それが取り上げられた時には「北海道」になってしまいました。私が松浦武四郎に感銘し重要だと思ったのは、松浦が書いた『近世蝦夷人物史』という本を読んだことによります。これは、出会ったアイヌの人びとの中で、彼が「人物」と呼ぶような人を書き上げている本です。その選び方が本当にユニークなのです。まず、熊や鹿や魚を獲る猟の達人はもちろんですが、それとまったく横並びで、障がいを持ちながら不自由の身で暮らし働いている人を非常に重んじています。それから、貧しいけれど健気に頑張って生きている人や親を大事にする人、自然死ではなくて自殺してしまった人なども「人物」として取り上げている。その見方が、いわゆる普通の社会の価値評価を越えていて、私は非常に感銘を覚えたのです。それから、本の一番終わりに、まとめのように役人と場所請負人という今でいえば商業活動をして搾取の一番担い手になっている人とが函館で宴会をやっている夢の話を書いています。その宴会で食べている刺身はアイヌの肉で、飲んでいる酒はアイヌの血。そしてアイヌの人たちが外でうらめしやと言っている。そういう夢を見たという終わり方なのです。この本は、明治政府が出版相成らずとした発禁本でした。それほど分厚いものではなく、文章は古いけれど読みにくくないので、東洋文庫か岩波文庫に入れてくれと言ったのですがまだ入れられていません。この本に出会ったのも、私が民衆思想ということを考えるきっかけでした。

私が民衆思想家で一番重んじているのは、田中正造です。田中正造は、足尾鉱毒事件で農民の先頭に立ち政府と戦った人で、最終的には衆議院議員を辞めて谷中村《やなかむら》に入り、農民と一緒に活動した人です。その前に明治天皇に直訴をしています。だから「義人田中正造」が一般的なイメージで、それは間違いではないのですが、一九六六年に木下尚江編『田中正造の生涯』の復刻本が出ます。晩年、宗教に傾いた木下尚江は、田中正造を聖人と考えるので、私はその評価には賛成しませんが、正造晩年の日記や書簡をたくさん収め、それがすごいと木下尚江は述べています。田中は、もう足尾で敗北したといってよい晩年に、今度は渡良瀬川の治水問題に熱中するのですが、七二歳で死ぬ前の六十歳代後半からの数年が田中正造の思想として実に素晴らしいことを、私もそれを読んで知りました。

田中正造も、公害に反対する農民たちを知るには、外側から見ていたのでは真の姿を捉えることができないと考え、谷中村に一緒に住みついてしまう。これも民衆思想家の一つの在りようを示している気がします。田中正造は、人だけではなく大地の側に一体化するような、そういう思想に立ちます。

農民を立ち退かせようとした政府は、谷中村を洪水防止の遊水池にするために耕作禁止にするのです。それに反対する田中正造の文章があります。耕すというのは何も耕す人が食べるためだけにするものではない。大地の富を実りの形にすることが大事なので、作ったものを収穫せずに鳥が食べてもいいからともかく作らせろ、という議論の仕方をするのです。こういう態度は治水問題にも現れていて、水を治めるには水の心にならなければだめだと言います。水の心とは何かというと、水は高い低いに自然に任せて海に流れて行きたいものだということです。

谷中村でずっと昔から暮らしてきた農民は、ほとんどが非識字者です。文字を読めないから愚かだと馬鹿にされてきたのですが、そういう人の中に田中は神を見る。神を見るというのは、その人たちがいかに人間として真剣に生きているかに注目して、確かに谷中村の人びとは人には騙されるけれど、天の眼から見たらそれは愚ではない。「衆愚は人に愚にして天に愚ならず」、そういう言葉を発するのです。ある種の弁証法だと思いますが、徹底することによって逆転させるという考え方の人なのです。

田中正造は自分の実践をもとに、ある種、独特の抽象作用を加えています。彼は、学校で勉強したことがなくて寺子屋に四、五年行っただけの人ですが、思想にするための抽象化の作業をしている。初めにあげた「真理は芋を洗うが如し」も、反復を通じて偶有性が削ぎ落とされ核芯が残る、という考え方なのです。

岐阜、愛知の被差別部落が残した民衆思想の例ですが、その被差別部落の民話が三冊本になっています。『部落に伝わる根っこ話』という名前ですが、なぜそういうかというと、人から人へと語り継がれるうちに、葉っぱが落ち枝が取れ幹も無くなり、根っこだけ残った話という意味だと言われています。これも抽象です。偶有的な「枝葉」が落ちて残った根っこにエッセンスがある——これはやはり民衆が思想を形成する仕方だと私は思いました。

民衆思想を学びたいと考えるようになったきっかけは田中正造ですが、私が生きた人から具体的に学んだのは前田俊彦という人です。この人は戦争中に治安維持法で捕まって、七年ぐらい投獄されていました。福岡の田舎の素封家《そほうか》（財産家）の出で、戦後、村長をしばらくしたのですが、後に彼は、村民のために善政をしくという考えにとらわれていたのはまったくの間違いだったと強く反省します。そうではなくて、村長などいなくてもいいように、村民自身が自立するようにしなければいけなかったというのです。その後村長をやめて「瓢鰻亭《ひょうまんてい》通信」という個人通信を出し始めます。この通信はほとんどが対話体です。誰かと誰かの対話を文章にするように、具体的で実在的な対話体で表現することが、民衆思想の大事な方法ではないかと私は思います。前田さんはその後、べ平連運動に積極的に関わり、それから三里塚空港廃港の会のリーダーになり、その延長上でフランスの反原発運動と交流しに行ったり、中国の文化大革命を体験しに行ったりと、広く歩き回って通信に自分の思想を書いた人です。

「瓢鰻亭通信」の基本的な考え方・書き方について前田は、「我々は不滅の金字塔を建てるとか、青史《せいし》に名を残すといった野心で、つまりは自分個人の功績のために、モノを書いてはならんのじゃ。お互いにもっとよく考えてみようじゃないか、という問いかけとして、モノを書かねばならんと思うのじゃ。あんたはどうかね」と言われました。自分個人の業績にしたいという気持ちが私の内にも無意識に働かないとはいえませんでしたので、そうではないあり方が大切だと言われて、胸に響きました。

もう一つ、「ブレーンとハート」という話が心に残っています。「ブレーン、つまり脳味噌は、人によって上等であったり下等であったりすることは避けられません。しかし、たかが味噌の問題なのです。万人は脳味噌において、あるいは腕力において千差万別であることは明らかですけれども、ハートに至っては何らの差別は無いということが、私どもが、万人が平等であると称する最大の根拠であるのです」と言っています。私は「たかが味噌の問題」というこの言葉を大切にしています。民衆思想というのは、繰り返し平等というところに戻ってくることだと感じています。

そして、前田さんから学んだ運動の在り方で私が非常に大事に思っているのは、「百姓は米を作らず田を作る」という言葉です。米は工業製品ではない。米粒自身をそのものとして工業製品のように作ることはできない。田を作りそれを豊かにすることによって、米はできるものなのです。人を考えてもそうです。人は作れるものではなく、育つ場所を作ればそこで育つという考え方が正しい。社会運動もそのように考えようと思ったのです。いきなり結果をもたらすような活動も必要な場合がありますが、そこで人が育つという関係の中で運動が行われることが、大事ではないかと思うようになりました。

それから前田さんは晩年に、人間の罪ということを言うようになりました。初期のキリスト教は、人間の罪を人に知らしめたという大事な役割を果たしました。しかし、キリスト教もだんだん教団を作り制度を作り、そこから逸れていってしまった。大事なのは、何を人間の罪と考えるかです。前田さんは最晩年に、人と人、人と自然との間の約束を守らない、契約を破る、これが人間の罪だと言い出したのです。それに対する普遍的な共感が、人間の尊厳ではないのかという考え方です。もう少し生きてもっと展開してほしかったのですが、そういう所に行き着いています。

それから、沖縄の金武湾《きんわん》の石油基地反対運動で中心的な働きをした安里清信《あさとせいしん》を、私はすぐれた民衆思想家だと思っています。戦後、妻と子を朝鮮で亡くして帰ってきて、生涯中学校の先生でしたが、いつも鍬を持って学校の畑に行き、職員室にいたことがあまりなかった先生だといわれていた人です。この人の語ったものを本にした『海はひとの母である』(晶文社、一九八一年）があります。金武湾のお宅に会いに行って、お話を聞かせてもらいましたが、彼は沖縄のアイデンティティを強調した人です。沖縄の大事なものはもともと自分たちの中にある。その大事なものをどうやって学ぶかというと、地元で生きている人たちの、生きてきた歴史から学ぶことである、それに徹底しろというのです。村人が信じている沖縄の神様、霊性、スピリチュアリティ、そういうものをちゃんと受け止めて大事にすること、土を大事にすることに徹底しようと考えたのです。そして、住民運動に代表はいらない、みんなが代表だ。すると、沖縄県と交渉する時に県の側が困るのです。「代表でなければ話すことができない」、「いやそんなことだめだ。みんなが代表だ」と言って頑張り、それを貫いた人です。ベトナムのホーチミンはこんな感じの人だったのじゃないかと思う風格のある人でした。私は、地域に根ざした生き方を貫いている人の中に生まれてくるものが民衆思想ではないかと考えています。沖縄にはまだまだいろいろな人がおられます。

民衆思想というからには女性を欠いてはならないと思います。石牟礼道子さんは文学者ですが、文学の中に彼女の非常に深い思想が盛り込まれています。石牟礼さんはある講演の中で、方法という言葉は使っていませんが、方法に当たるものを述べておられます。それは、目をうんと低くして、海や川やそこにいる魚やそれから牛や鳥や木そのものや、そういうものと同じ高さの眼差しで辺りを見渡すと、人間が偉くて自然を支配していいのだというのではなく、自然と人間との間が見えてくる、それが自分の方法だと考えておられるようです。ですから、石牟礼さんの書かれるものには、木だとか虫だとか鳥だとか魚だとか、そういうものとの対等性があります。木に語りかけるように、地を這うようにして底の方からものを見ると見え方が違ってくる、ということが石牟礼さんの書かれたものを読むと如実にわかってきます。

『西南役伝説』（一九八〇年）には、西南の役の戦闘や武士はまったく出てこないのです。西南の役で武士たち、兵士たちが行ったり来たりした地域に行って、そこの百姓農民たちの日々の暮らしがどうであったか、それを聞いたものです。

そして、最後の小説『春の城』（二〇一七年）は、クリスチャンの天草四郎が担がれて戦った天草島原の乱の小説ですが、これも同じで、戦いや武士そのものはほとんど出てこない。出てくるのは天草にいた半農半漁の家族で、その家で働いていた下女が主人公です。物語の一家は原城に入って殉教すると心が決まっているのですが、下女にはキリシタンではないから故郷に帰りなさいと主人が言います。下女は、お父さんが熱心な仏教徒で、だから私は耶蘇《やそ》（クリスチャン）にはどうしてもなれないが、ご主人を見ていると、耶蘇は人をほんとうに美しくする、清めるというか、良いものだということを見させてもらいましたと言った後に、ここでマリア様と観音様がお会いになったら、お互い仲良う話し合われるでしょうなぁと言って、キリスト教徒ではなかったのに一緒に原城に行って殉教する。石牟礼さんは、一番下層の民におけるそういう優しさと、宗教が持っていた人を分ける力とともに、実は人をつなぐ力という側面もあったのだと言いたかったようなのです。そういう意味で石牟礼さんの思想には、非常に大事な民衆の思想が含まれていると私は思いました。

最後にアイヌのことを少し話そうと思います。私は一九七〇年頃に初めてアイヌの人たちと親しくなり、それ以後ですから四〇年以上になります。アイヌの人たちの仲間に入れてもらいたいという思いで付き合ってきました。アイヌ語を学び、ユーカラとかアイヌの語りが非常に面白くなってきています。そこで学んだことですけれど、アイヌの社会は進歩発展しないのです。三〇年前も三〇年後も暮らし方が全然変わっていないのです。漁師にしても農民にしても、例えば耕耘機とか自動車とかの生産手段は新しくしますが、住む家は全然進歩していない。新しくしようという気がない。お金を貯めようとか、そういう欲望が少ないのです。ただ自給自足みたいな暮らしですから、アイヌの人たちが一番困るのは、子どもの教育費分を賄う可処分所得がないことです。だから私の知り合いのいま六十、七十代ぐらいになる女の人たちは中卒で働きに出ています。男の人は良くて定時制高校ぐらい。最近は少しずつ大学に入る人も出てきていますが、これまでの大多数の人は学歴が高くないので仕事も限られています。しかし、進歩とか発展を望むという欲求が少ない。ところが、お金はないけれど心は豊かなのです。春は野に山菜が豊かにあるのでそれを採り、川には鮭が上がってくる。自然の物を採って暮らしを立てていることによる豊かさ。自足性ですね。アイヌの昔話には一つのパターンがあって、「私はもう歳をとったけれど、年に一頭の鹿とかの獲物に恵まれ、それで何が欲しいとも何が食べたいとも思わずに幸せに暮らしています、と言って世を去りました」という終わり方なのですね。そういう一種の自足した暮らしで、楽しみは歌、踊り、そして語り。この頃は囲炉裏で語り部が語り、それをみんなが聞くというのはさすがになくなりましたが、語りのユーカラが残っていて、語り手はそれを今では勉強して覚えます。

これは最近聞いた話ですが、子育てが終わった女性は、大体四十ぐらいから「カムイに呼ばれる」といわれます。どういうことかというと、その頃から刺繍とか織物とか、男だったら彫り物とか、アイヌの手仕事を熱心にやり始める。もともと手先は器用ですから上達するのです。今はかなり都市化も進んで、普通の日本人と違った暮らし方はしていないけれど、カムイに対する信仰は残っているのです。アイヌの信仰は、キリスト教や仏教みたいに人格神はいません。山菜を採りに山に入る時には、山の入り口でお酒を捧げて、採らせてもらえますか、すみませんお願いしますとことわって入るのです。これは今でもやっています。若い人も親に習って同じようにやっています。狩りをする時とかは一人とか少数でするのです。だからみんなで集まって大きいことをするというのはあまり得意ではないようです。それはそれで良い生き方ではないかと思います。人柄も非常に温和で、喧嘩がないわけではないと思いますが、アイヌの人の間で殺人事件があったと私は聞いたことがありません。

日露戦争のちょっと前、樺太（サハリン）はロシアの流刑地だったのです。一八八七年のアレクサンドル三世暗殺未遂事件の時に首謀者としてレーニンのお兄さんが処刑されますが、まだ二一歳の若い学生だったブロニスワフ・ピウスツキというポーランド人がその事件に連座して懲役一五年で樺太に流されてきます。結局一〇年で恩赦されますが、そのピウスツキがニブフとかギリヤークといわれる樺太原住民とアイヌの人たちに強い関心を持ち、釈放された後に研究者になります。アイヌ語を勉強して、アイヌの民話をアイヌ語と英語のテキストで残しています。それは、日本人もまだやっていなかった頃の非常に貴重な研究書です。彼は、村長の姪っ子になるチェフサンマという樺太アイヌの女性に恋をし、彼女と一緒に暮らして子どももできます。

このピウスツキも民衆思想家に通じるのですが、アイヌの人たちに上から見下ろす接し方をしません。研究するには、仲間になってアイヌの言葉を学ばなければならないと、アイヌ語をちゃんと学んで、アイヌの人たちと非常に親しくなります。ところが一九〇五年に日露戦争で日本が勝つと、日本兵が樺太にも入ってくる。そのため樺太にいられなくなるのです。そこで妻と子どもを連れて帰ろうとするのですが、妻の叔父の村長が許さなかった。だから結局一人で帰るのです。彼の書いたものを読むと、その頃に日本の学者が、珍しい人種の研究をするといって墓を掘り返して、骨、とくに頭骨をたくさん集めます。北大に今でもありますが。今それを、アイヌの方から返してくれと要求されて大きな問題になっていて、少しずつ返されているのです。しかしピウスツキは、アイヌの人たちが悲しむから、墓標とか頭骨とかは収集しなかった。そういう人なのです。ポーランドでは今でも彼は尊敬されています。また元帥であった弟のユゼフ・ピウスツキもポーランドをロシアから独立させた英雄として尊敬されています。二〇一八年がアイヌ研究をしたピウスツキの没後百年になるので、ポーランドでは大きな催し物があるらしいのですが、北海道のポーランド協会でもピウスツキがあらためて関心の的になっています。私も興味を持ち、資料を図書館から借りて読んでいます。

民衆思想は、思想という容れ物に入っているとは限りません。ちょっとくだけた言い方をすれば、思想というレッテルを貼ったコップに入っていないと思想ではないと見るべきでないと思っていて、バケツに入っていても思想というのは取り出すことができれば生きてくる。自分のことで気が引けますが、伊達火力発電所の反対運動の中で公有水面埋め立て反対の裁判を漁師たちが起こします。公判には私たちも必ず行って傍聴していましたが、裁判の休み時間に漁師が口にした「俺たちは魚に頼まれて反対している」という一言を私が聞きつけ、それをタイトルに反公害運動を闘っている各地に流しました。すると、「漁師たちは魚に頼まれて反対するって言っている」ということが反対のシンボルのようになりました。その時は冗談みたいに言われた言葉ですが、そういうものを誰かが取り出して意味づけると思想として作用するのではないかと思ったりしています。

もう時間になりますが、反復抽象化するということを民衆思想の方法として言いましたが、もう一つ、民衆思想家はよく歩く。いろいろなところへ出かけて行く。歩くというのは、現場に行くという意味がありますが、もう一つ、何時間も歩き続けると、雑念がどんどん消えていってすごく単純になるのです。その単純さは、ある意味で複雑なものを圧縮してなる単純ではないかと思っていて、歩くことによって生み出される思想ということを方法として考えることができるのではないかと考えるのです。そこで振り返ってみると、いわゆる哲学者はよく歩くのです。カントも歩くしデカルトも歩く、もちろんキリストとかブッタもよく歩くし、ソクラテスもそうです。西田幾多郎ものちに哲学の道と呼ばれるようになった散歩道をよく歩いていたそうです。歩くという行為には、思想をつくる役割もあるのではないかと思っています。

〔質疑〕

二つお聞きします。

まず民衆思想の方々は、自分の経験や学んだことから、現実には認められていないことでも本当は正しいと信じることが原動力になっていると思ったので、その信じることと民衆思想との関係をうかがえたらと思います。

もう一つは、話にはなかったですが、戦争と民衆または民衆思想の関係です。戦争に向かう国家との関係で民衆思想がどういう風に練られてきたのか、どういう相互の関係があったのか。民衆思想または民衆それ自体と、戦争のような契機がどう関係しているのかについてです。

〔応答〕

今日お話しした安里清信さんは、自分の中に大事なものがある、自分を信じることと強く言いました。しかし、何かを考えたり認識することは賭けを含んでいます。賭けには必ず失敗や間違いがあります。だから自分を信じるといっても、それが違うと知らされることがある。それはとても大事なことだと思います。だから信じるというのは、そういうことの繰り返しの中で深まっていくということか、培われていくことがなければ、実際の力にはならない。認識で賭けるということは、誰か他の人に従うのではなくて、私はこの認識を取るという一人称の判断でなければはっきりしないと思います。

戦争についてのご質問ですが、民衆思想家だけではなく、思想を考える時に伝統ということを考えますね。伝統から学ぶことは大事ですが、近代日本の思想の伝統というのは、天皇崇拝の国家主義に行く傾向が先達の思想を見ているとどうしてもあります。田辺元もそういう人です。だから、伝統を大事にしながら国家主義やそれと結びつく形で戦争をする方向が出てきますから、そうさせないためにはどういう伝統を大事にしないといけないかを考えるのです。近代日本では内村鑑三は、全然その方向に行かない。貴族や軍人の日本と働く庶民の日本をくっきり分けて、庶民の日本にもっとつながらなければならないと主張します。そのように、戦争を許さないような思想の伝統を自分から見つけ出して自分のものにしていくということが思想の問題としてあると思います。私は一四歳まで太平洋戦争を経験しましたが、東京にいたので、実際に戦争末期は飢えとの闘いでした。食べ物がまったくない。軍国少年でしたから日本に勝って欲しいとは思うけれど、実際の戦争というのは日々食べ物がないとか、日々焼夷弾が落ちてくるとか、そういう直接的な出来事でした。歴史を大事に考えて、歴史を振り返る形で戦争を考えるのが一番の手がかりになると思います。

〔質疑〕

ある形にこだわる発想がどうもそちらの方にいくのではないか。とかく形式主義に陥って実態が伴わないと思います。私の考えでは、形へのこだわりが現在の日本の主流だという気がします。

〔応答〕

私は、とくに今の制度教育、公教育が、指示・命令に従うという秩序をつくってきていると思います。それは形です。整列したらきちっと四列にならないといけないとか、それを当たり前のように訓練されてきている。しかしそれでは、自由にものを考える力が出てこない。たとえ滅茶苦茶なことを言うことがあっても、自由にものを考える力の方が大事です。記録映画で見ましたが、フランスの小学校の生徒にはアラブ人やユダヤ人やいろいろな人がいます。そこで、英語の勉強で先生が、ジョンは何とかしましたとかメリーは何とかしましたと黒板に書くと生徒が、「先生、なぜジョンやメリーなんですか、なぜモハメッドやカナじゃないのですか」と言うのです。そういう自由な問いかけは日本の学校では生まれないと思います。間違いとか変だと思われることでも言える自由がないと思想は育たない。抑えつけるのは思想を殺すことだと私は思います。形から入る教育というのが昔は言われていました。形が大事で、先生が教室に入ってきたらさっと起立、礼と、この形ができていると良い教育をしているという考え方です。それではだめだと思います。

〔質疑〕

現在、都市化の流れに地方文化が呑み込まれ、また限界集落のように地方での生活自体が成り立たなくなってきているところがあります。花崎さんが語られた、地方の文化や民衆思想家というものが、この五年、一〇年でまったく姿を消してしまうのではないかという危機意識があり、どう新しく地方・地域をつくっていけばよいのか、そこでの運動をどう展開していけばよいか、お聞きしたいと思います。

〔応答〕

私もよくわかりませんが、旧東ドイツは、シュタージという秘密警察が支配して非常に弾圧が厳しかったですが、他方でドイツはプロテスタントの本家本元のようなところがあり、毎週日曜日と金曜日に必ず教会に集まる。すると教会ではいろいろな話が交わされます。飲み屋とかでも社交クラブ的な関係があって、「そこがおかしい」「これを何とかしよう」といった話が交わされる場になったようです。日本の場合は、少なくとも明治以前には各藩に藩校がありました。そこは、テキストの勉強もしますが、主として喧々諤々の論議をする場所だったといいます。福沢諭吉が学んだ大阪の適塾はそうだったらしいです。自分たちの考えをあまり警戒しないで話せる自由な空間が、人が育つ場ではないかと思います。

一昨日、名古屋で集まりがあり、そこに木曽川の上流と下流を結んで交流し、地域の活性化をはかる活動をしている人がいました。小さい集落に「講」がまだ生きているところがあるのです。それはある意味では古いかもしれないけれど、みんなで花火を上げたりして、共同する可能性を持っていると言っていました。誰か外から関わりを持つ人がいると共同体の閉鎖性が緩みます。媒介者といってもいいですが、自分たちだけではなく、旅人でも何か活動をする人でも、外から来て意見を言う「他所者の口出し」が地域運動で大事だと思います。

〔質疑〕

私は、北摂ワーカーズという協同組合を作って大阪で活動していますが、お話の中で視線を低くしてということがありました。例えば大阪とか東京みたいな都会でイメージすると、視線を低くするとアスファルトと人の足しかないイメージがあって、都会の民衆思想と実践というのはどういう形になるのか、花崎さんの経験の中から何か語っていただけることがあればお聞きしたいと思います。

〔応答〕

経験の中でと言ってくださったので申します。一九七〇年代のウーマンリブが始まった頃、二十代のリブの女たちが男女のペアを組み、クズ屋をやったり儲からない呑み屋をやったり、暮らしは最低なのですが、女たちが元気に集まっていました。都会の暮らしといっても、貧乏とか豊かさがのっぺらぼうにあるのではなく、下の方だからすごく貧しいかといえば、下は下なりに何とかやっている。暮らし方はいろいろで、必要な限度しか物を買わないとか、捨てられた大型のゴミを拾って使うとかするのです。お金がなくて保育園に入れられないと、自分たちの保育所をつくりました。男親も保父さんとして、交代で子どもたちをみて育てました。そこに仲間の共同性が出てきます。十数名の小さなグループでしたが、いろいろな意味で豊かだったと思います。鍼灸も覚えて自分たちで打ち合うし、お産は自主出産で、自宅で産む。チームを組んで男も一緒にそれに加わる。食べ物などは、もらったりあげたりの授受関係で助け合う。田舎からジャガイモがきたとか鮭がきたとか、それをみんなで分け合うという暮らし方ができた。

共同性をつくるといっても、今はまた少し違います。「つどい学ぶ場」というグループが八王子にあります。学習や食べ物と暮らしや、福島の被災した子どもの保養とか、いろいろやっていますが、それぞれ独立したファミリーのままに友達、仲間としてつながっています。つなぐ意思とつなぐ人がいれば、ずいぶんあちこちでできるのではないかという気がします。札幌では、さっぽろ自由学校「遊」という市民の自主学習組織を作って、一九九〇年から現在も続けています。

〔質疑〕

今日、反復・繰り返しの大切さという話があり、その時に思い出したことです。『忘れられた日本人』を書いた宮本常一さんという、日本列島を地球四周分ぐらい歩いた旅の民俗学者といわれた方の評伝に、とても貴重な古文書があるので見せていただきたいと村の人に頼むと、一存ではお見せできないので、村のみんなで話し合い、それで決まったらお見せしましょう、という話があります。そして、二日も三日もえんえんと話し合いが行われる。しかもその話し合いは繰り返しで、古文書を貸すかどうかという結論には決して一直線に向かわない。世間話が始まったり、作物の出来具合の話になったり、昔はこんなことがあったという伝説の話になったり、あっちこっち巡りながら、家の仕事で話し合いが中断したりもする。そんな長い長い村の人びとの寄り合い話の末に、やっとお貸ししましょうとなる。そういう村での話し合いの中に、西洋の民主的な話し合いとは違う、村の中で大事にされている独自の流儀による民主的な考え方、民衆的なものの考え方があるのだという宮本さんの話を思い出しました。

もう一つ思い出したのは、『日本人とユダヤ人』を書いた山本七平さんです。この人はクリスチャンで、お父さんが神父で大逆事件に関わった親族もある方です。問題はありますが、戦後の捕虜収容所でいったい何が起こったかという話を書いています。収容所にはさまざまな人が集まって、当然宮本常一さんが見たような流儀を身につけた人もたくさんいたはずなのに、集まってしまうと軍隊の秩序からたちまち力の強い者の暴力支配になってしまう。それを見ると、民衆の思想というのは、伝統や土壌から切り離されてしまうと、ほとんど無力になってしまう。むしろそういう時にこそ民衆思想の力というのが出てくればと思います。戦後の闇市の暴力支配にも通じると思いますが、そういう所でこそ民衆思想が力を発揮できないものか、お考えをお聞かせ願えればと思います。

〔応答〕

『忘れられた日本人』に出てくる対馬の話ですね。私の経験ですが、富山の反原発の民衆運動で、富山の人たちを中心に各地の活動をしている人たちが二〇人くらい集まって議論しているところで、司会の男性が「そろそろまとめてください」と言ったのです。よくあるまとめ方として、結論を出して「いいですね」と承諾を求めようとしたのです。すると、フェミニストの女性が、「私たちの議論の仕方はそうではない、ここでやめにしないでください」と言ったのです。「じゃあ話を続けましょう」となりました。その話し方を注視していたら、ある人が話すと次の人が連想ゲームみたいに話を重ねていく。必ずしも会話が重ならなくて、外れたり余計な話や雑談になったりすることがあっても、基本的には話を重ね合わせて、みんなが話し終えたところで、命題の形ではなく、これで合意して良いですねとなるのです。きちっと結論を出す話も大事だけれど、やはりこういう語り方も殺してはだめだと思いました。

〔質疑〕

私は最近、雑誌『インパクション』の目次を整理していたのですが、そこにピープルズ・プラン研究所の季刊誌の話が出てきます。ピープルズ・プラン研究所と花崎さんとの関わりを簡単にお話しください。

〔応答〕

一九八九年ですが、アジア太平洋の人たちを招いて「ＰＰ21国際民衆行事」という日本全国の民衆運動団体が力を合わせた民衆行事が行われ、北海道から九州までいろいろな集会をもち、北海道では先住民の人たちが世界先住民会議を行いました。当時としては非常に有意義な会議だったと思います。それを一回限りで終わりにするのはもったいないから継続させようとしてピープルズ・プラン研究所を作ることにしました。最初は、市民運動で積極的に働いた人たちが自分の考えを語ったり、自主研究するのが狙いでした。ところが、全共闘運動の時に学生や院生で元気に活動していた私たちの次の世代の人たちが、大学の教員になったりして、みんなすごく忙しくなったのです。

そこで、もう少し違った社会的思想的な関心のある市民層を対象にした政治社会問題関係の雑誌を発行し、研究会を組織して、現在まで細々とですが続けています。しかし、だんだん運動そのものが活発でなくなるものですから、それほど元気に発展しているとは言いにくい状態です。

第二講　砂漠のなかのオアシス

――沖仲士の哲学者ホッファーに学ぶ、生きる場で哲学するためのルール

三浦隆宏

はじめに

人間は、誰しもが生活の現場をそれぞれにもっています。そしてものごとを問い、経験を元手にしつつ考えてゆくのが哲学であるとするならば、その営みは、個々の生活の現場から乖離していてはおよそ生じえない。生きる場とは、哲学的な思考にとって、いわばその〈土壌〉であるはずです。生きる場、そこでの日々の生活のなかから、哲学は生まれうる。そう言ってもよいのではないでしょうか。

とはいえ、見方によっては、生きる場と哲学はそもそも矛盾する関係にあるとも言えるのではないか。少なくとも、哲学という営みの発祥の地・古代ギリシアにおいて、両者は相容れない間柄にあった、とは言えそうです。なぜなら、生きる場に関わる事柄はすべて女性や奴隷らに任せて、その些事から解放されたごく一部の男性らが、気ままに行っていた営為こそが、哲学であったからです。例えば作品社から数多くの『入門講義』シリーズを出しておられる仲正昌樹さんは、ある解説のなかでつぎのように述べています。

古代のポリスにおいては、家長の地位にあり日々の生活に思い患わされる必要のないごく一部の者だけに「市民」として「公的領域」に「現われる」資格が限定されていた。人々の日々の生活に必要なものを生産・調達する「経済 economy」——〈economy〉は語源的には、〈oikos〉(家)を運営する術、つまり「家計術 oikonomia」ということである——は、他の市民たちの眼に触れない「家」=「私的領域 private realm」の内部において、奴隷などを労働力として営まれていた。そのおかげで、「市民」たちは、お互いに「政治」における「演技=活動」の業を磨き合うことに専念できた。(*1)

「私的 private」という語を、「真に人間的な生活に不可欠な物が『奪われている deprived』ということを意味する」という語源の観点から、すなわち、「他人によって見られ聞かれることから生じるリアリティを奪われていること、物の共通世界の介在によって他人と結びつき分離されていることから生じる他人との『客観的』関係を奪われていること、さらに、生命そのものよりも永続的なものを達成する可能性を奪われていること、などを意味する」という観点から記述した、『人間の条件』でのハンナ・アーレントの議論（＊2）は、よく知られていることと思います。つまり、日々の生活にがんじがらめになっている人びと――彼女の考えからすると「人」ではない、〈労働する動物〉としてのヒト――は、哲学する自由、あるいは余暇そのものが奪われているわけです（「学者」を意味するscholarが、「暇」を意味するギリシア語のスコレーに由来することは、ご存じの方も多いことでしょう）。先の引用では、「日々の生活に思い患わされる必要のないごく一部の者だけ」が行える営みとして、「政治」における「演技＝活動」が挙げられていましたが、これは「哲学」にしても同じです。少なくとも、「思考と活動、哲学と政治とが分離したり対立したりしない時代」（＊3）までは。というのも、「古代ギリシアのポリスの時代、学問としての哲学が発明される前、アテナイの市民は思考と活動とが結合している生活を送っていた」（＊4）とも言われるからです。

このように「生きる場」と「哲学」とは、元来折り合いの悪い間柄にあるとも言えるのですが、とはいえ、生活の現場を哲学した人物が皆無なわけではありません。例えば、花崎皋平さんの『生きる場の哲学』（岩波新書、一九八一年）をご存じの方もおられるでしょうし、あるいは内山節《たかし》さんを想い起こす方もおいででしょう。お二人に共通しているのは、いわば「学問としての哲学」ではない哲学を営んでおられるという点、と言ってもよいでしょうか。

さて、本稿で焦点を当てたいのは、「沖仲士《おきなかし》の哲学者」エリック・ホッファーという人物です。彼については二〇一六年に、荒木優太さんが『これからのエリック・ホッファーのために――在野研究者の生と心得』（東京書籍）というタイトルの本を出版されましたし、二〇一四年には彼の著作である『波止場日記——労働と思索』が、みすず書房の《始まりの本》シリーズの一冊として再刊、また『現代という時代の気質』が二〇一五年に文庫化されるなど、近年、ふたたび脚光を浴びつつあります。とはいえ、本書の読者の方々であればすでにお馴染みの名前かもしれませんので、彼と政治理論家アーレントとの〈邂逅〉という思想史上の一ドラマをも織り込みながら、ホッファーにおいて「生きる場」と「哲学」はどういう関係にあったのかを瞥見してみたいと思います。

1　エリック・ホッファー、その〈声〉と〈思想〉

ホッファーは一九〇二年に、ドイツ系移民の子としてニューヨークで生まれました。「ホッファー小伝」などを頼りに彼の人生にまつわるエピソードを記しておくと、おおよそ以下のようになるでしょう。——「ホッファーは七歳のときに母親と死別し、同年視力も失った。（略）原因は不明で、家が貧しかったため医者にもかからなかった」（＊5）。しかし、「盲目生活は八年間続いた後、一五歳のとき（一九一七年）に、失明時と同様まったく突然、どういうわけか視力が回復した」。以後、彼は「夢中になって読書にとりかかった」とのことです（＊6）。「ちょうど学齢期に視力を失っていたために、学校教育をうけなかったホッファーにとっては、この読書がその代わりであった」（＊7）。ちなみにアーレントは、一九〇六年にドイツ系ユダヤ人としてハノーファーで生を享け、「七歳になる月に」（＊8）父親と死別しています。

その後、一九二〇年に父親とも死別したあとホッファーは、「誰とでもいつなんどきでもまったく何の苦悩もなくすぐ別れられる」をいわば人生の格律としつつ、ロサンゼルスのスキッド・ロウ（ドヤ街）で一〇年を過ごし、ついで一九三〇年からの一〇年間は、「渡り農業労務者としてカリフォルニア州中を移動しながら暮らしていた」といいます(＊9)。その間の一九三六年の冬にモンテーニュの『エセー』と出会った彼は、「この一六世紀の貴族ミシェル・ド・モンテーニュ卿は自分（ホッファー）のことばかり語っている」との印象を受け、「生まれて初めて、私にも何かこういったものが書けるかもしれないと考えた」とのことです(＊10)。

いっぽう、同じ年の春にアーレントは、亡命先のパリでのちに二番目の夫となるハインリッヒ・ブリュッヒャーと出会い、「以後二人は生涯にわたって、互いの最も大切な対話の相手、精神的な故郷ともいうべき存在」(＊11)となってゆきます。

一九四一年のアメリカの開戦によって、渡り農業労務者としての生活に終止符をうったホッファーは、つぎに「サンフランシスコでの港湾荷役の仕事」を見つけます。「沖仲士の生活は労働と思索の生活を送るホッファーにとって大変好都合なものであった」(＊12)。「何にも縛られまいとする精神」のゆえに「工場労働に従事することを拒否」した(＊13)という点で、彼と同じ《日記》体の書物を著した『工場日記』の著者、シモーヌ・ヴェイユ（一九〇九―四三）とは、対をなしていると言ってよいかもしれません。というのも、「工場の中で多くの悪と悲惨さを見きわめ」(＊14)、三四歳で夭逝したヴェイユと異なり、「ホッファーの家系は皆短命で彼も四〇歳までしか生きられないと言われた」(＊15)にもかかわらず、ホッファーは八〇歳までその人生をまっとうしたからです。

一九六四年には、カリフォルニア大学バークレー校の政治学部に教員として着任。もっとも、「コースを担当するわけではなく、毎週一回水曜の午後与えられた研究室に出かけ、話を聞きにやって来る学生たちを相手に討論し、ときには指導もする」(＊16)程度だったそうです。なにより彼は、テレビ出演を機に「一躍全米に知られる存在となった」(＊17)一九六七年まで、沖仲士の仕事をし続けていたのです。なお、ここでもアーレントの人生の軌跡と照らし合わせておくと、ホッファーが最初の著作『大衆運動』(原題は *The True Believer*)を出した一九五一年に、彼女は大著『全体主義の起原』を刊行しています。

さて、このような数奇な人生をたどった沖仲士の哲学者ホッファーに、早くから注目していたこの国の人物の一人に柄谷行人さんがいます。一九七二年に『現代という時代の気質』を翻訳した彼は、ホッファーについて、こう評しています。——「ホッファーの声は、原型的といっていいほど単純で明確な生活の場所から発せられる。それは人間が自然に対して存在する場所としても、自己自身に対して存在する場所としても、最も直接的かつ明確な場所である」(＊18)。じっさい、ホッファーはその思索を「学校や工場ではなく、(略)社会の最底辺であり、社会的不適合者《ミスフィット》たちが掃きだめのように集まる場所」(＊19)で開始し、終生そこを離れることはありませんでした。彼のこの態度は、「生きる場」で哲学するとはどういうことなのかを如実に伝えているのではないでしょうか。ふたたび柄谷さんの言葉を引くならば、それはこうなります。「自己自身の観察、これがホッファーの思想のアルファでありオメガである。したがって彼の思索は断片的であり反体系的であり、アフォリズム的であるほかはない」(＊20)。

柄谷さんによってこのように特徴づけられたホッファーの〈声〉と〈思想〉を、アーレントという補助線を介して、よりくわしく見てゆくこと、これが本稿の以後の課題です。

2　一九五五年二月、バークレーでの出会い

アメリカ生まれのホッファーとドイツを祖国とするアーレント、両者の出会いは、アーレントが一九五五年の二月から六月にかけて、カリフォルニア大学バークレー校の政治学部に客員教授として勤めた(＊21)ことによって実現します。ニューヨークに住む夫ブリュッヒャーに宛てて書いた彼女の手紙の中から、引用してみましょう。

このまえの土曜日にエリック・ホッファーと知り合いました。労働者、それも港湾労働者で、ひじょうに好感がもてます、才気はないけれど、誠実で、ひじょうにドイツ的な変人。（一九五五年二月二一日付）(＊22)

この手紙のわずか二日まえに、アーレントは「手紙を定期的に書いてくださいね、さもないとわたしはここで死んでしまいますよ」という一文ではじまる手紙を「最愛のひと」に向けて書き送っており、そのなかでホッファーの名を挙げ、「この人が何者か、たぶんご存じですね。おもしろいことになりそうです」とも記しているのですが(＊23)、それよりも興味深いのが、カリフォルニア大

学バークレー校でのアーレントの人気ぶりを示す、以下のエピソードです(＊24)。三〇人収容の部屋が当初割り当てられるも、大勢の学生が廊下にまで立っており、三度の教室変更の末、一二〇人収容の教室で講義をすることになったとか、学部ゼミナールも三五名に限定しておいたはずが、約一二〇名が登録したというのです。「わたしの講義はこの点で早くもキャンパス中の噂のたねになっていて、わたしの心配をみんなおもしろがっています。わたしにはおもしろいどころじゃない。(略)こんなでは、わたしは六月までもちそうにありません」(＊25)との悲鳴を、彼女はブリュッヒャーに伝えています。

このような日々のなか、アーレントにとってホッファーと過ごす時間が「大きな気分転換」(＊26)となったのは想像に難くありません。例えば三月一日付のブリュッヒャー宛て書簡を引用してみましょう。

金曜日にはサンフランシスコへ行って、哲学する沖仲士、エリック・ホッファー(ドイツ系の労働者、典型的な労働者＝知識人)にあちこちを案内してもらいます。(土曜日は、彼は港で時間外労働をするのでだめ。)ね、おわかりでしょ、人間はどんなにじたばたしても、いつもまた同じ行動パターンにはまってしまうんですねえ。彼はとても感じがよくて、半ば深淵、半ばそうでないといったところが少しあり、とても分別のある人。わたしにとっては砂漠のなかのオアシスです。(＊27)

ホッファーに対する同様の賛辞は、アーレントの師カール・ヤスパース宛ての書簡においても見られます。こちらも引用しておきましょう。

ところでオアシスといえば、最初のほんもののオアシスが、サンフランシスコの一港湾労働者の姿をとって出現いたしました。彼は私の本をすでに読んでいて、いまはあなたの本を英語で読めるかぎりぜんぶ読んでしまったところです。自分でも書くし、発表もしています。フランスのモラリスト風のものを。あらゆることを――あなたについても――知りたがり、私たちはたちどころに仲良しになりました。サンフランシスコを案内してくれましたが、そのさまは、尊敬する客人に自分の王国を示す国王さながらでした。彼が働くのは週に三日か四日だけ、それで十分、あとは読み、考え、書き、散歩する。名前はエリック・ホッファー、ドイツ系ですがアメリカ生まれで、ドイツ語は知りません。彼のことをお話ししたのは、こういう人がいるということがまさにこの国のいちばんいいところだからです。(一九五五年三月二六日付)(*28)

くり返される「オアシス」という形容。この言葉をアーレントは、バークレー校での講義「政治理論の歴史」の結論部分においても用いています。そこで彼女は、「現代《モダン》における無世界性(worldlessness)の拡大、人間と人間の間にある、ありとあらゆる事柄の衰退は、砂漠の拡がりと言うこともできる」(*29)と述べ、現代心理学を「砂漠の心理学」と痛烈に批判していました。なぜなら、彼女の見るところ心理学は、「私たちを砂漠の生活に順応させようとひたすら努め」ることで(*30)、

「砂漠に生きてはいるが砂漠の民ではない私たちが砂漠を人間的な世界に変えることができるという希望を、奪い去ってしまう」からです(＊31)。

「危険なのは、砂漠のほんとうの住人になることであり、その中で居心地良く感じることなのである」(＊32)——そう彼女は言います。そして、「オアシス」を「政治的情況とは無関係に(略)存在する生命＝生活《ライフ》の領域」としたうえで、それは『息抜き《リラクセイション》』の場所ではなく、私たちが砂漠に甘んじられるようにならずに砂漠の中で生きるための活力を与えてくれる源」であると、学生らに語りかけたのでした(＊33)。ですから、ホッファーとともに過ごした時間も、アーレントにとってたんに「息抜き」だけのようなものではなく、「活力を与えてくれる源」だったのだと私たちは考えるべきなのでしょう。なお、『思索日記』によると、彼女はこの時期にのちに『人間の条件』(一九五八年刊)として刊行されることになる「政治理論に関する」書物を準備していました(＊34)。ちなみにホッファーが一九七三年に刊行した二冊目のアフォリズム集(一冊目は一九五五年に出版された『情熱的な精神状態』で、ホッファーはこの本をアーレントに贈っています)は、『人間の条件についての省察』と題されています。

3　ホッファーとアーレントの共通点と相違点

思想史の観点からアーレントを研究している矢野久美子さんは、その著書『ハンナ・アーレント——「戦争の世紀」を生きた政治哲学者』の第四章において、アーレントとホッファーの交流の様子をややページを割いて描きだしましたが、その最後を「思考や叙述のスタイルはまったく異なるが、ホッファーとアーレントの現代社会にたいするまなざしには重なり合う部分があった」(＊35)という一文で結んでいます。年の差がわずか四歳ほどの二人は、同時代を生き抜いたと言ってよく、それゆえ「全体主義」に対する考察や「大衆」への着目、あるいは「アメリカ合衆国」へのまなざしなど、たしかに多くのテーマを共有しあっています。

例えば、アーレントが〈革命〉という点で合衆国を高く評価していたのと同様に、ホッファーは〈組合〉に合衆国の独自性を見いだしていました。――「アメリカという国と同様に、組合はあるすぐれた指導者によって創設されていた。創設者ハリー・ブリッジスは、トーマス・ジェファソンのようなものだ。そして、ジェファソンのように、指導者なしでもうまく機能する組織を彼は作り上げたのである」(＊36)。

著作にかんしても、〈人間の条件〉という同じ文言を冠した書物については先にも触れましたが、ホッファーが研究書という体裁で『大衆運動』を著したのと同じようにアーレントは『全体主義の起原』を書き記しましたし、『現代という時代の気質』という社会評論に対応するものとして、『過去と未来の間』を挙げてもいいでしょう（ちなみにホッファーが死の前年に出した自撰集のタイトルは、*Between the Devil and the Dragon* です）。

とはいえ、「思考や叙述のスタイル」という点で、二人が「まったく異なる」のも事実です。モンテーニュがホッファーに与えた影響についてはすでに述べましたが、ほかにエルネスト・ルナンやパスカル、ベルクソン、トクヴィルといったフランスの思想家らをホッファーは愛読していました。そのいっぽうで「プラトンからは何も教えられなかった。ドイツ人の本から学んだことは一つもない」(*37)と彼は言って憚りません。それに対し、アーレントがハイデガーやヤスパースのもとで哲学を学び、プラトンやアリストテレスといった古代ギリシア哲学、そしてカント、ヘーゲル、マルクスといったドイツ哲学と対峙することで、自身の政治理論を形成していったのはみなさんもご存じのことでしょう。ホッファーがアフォリズムという形式によって、「人間についてのシニカルな洞察、人間を突き放し、人間から一歩離れた視点に立った人間考察」(*38)を書き連ねようとしたのに対し、アーレントは豊富な文献の引用・参照をもとに〈世界〉や〈政治〉について考え、改行の少ない独特の長文を多数書き残しました。両者のこの相違点もまた興味深いものがあるとは言えないでしょうか。

そこで、じっさいにホッファーとアーレントの二人の文章を読みくらべてみましょう。例えば「誕生」と「始まり」について、両者はこう書いています。

> 新しいものの誕生は危機を引き起こす。そして、その克服には部族的団結の美徳、狂暴さ、子どもじみた軽信性、従順さが極限にまで達した粗野で単純な精神、つまり戦士の精神が呼び戻される。こうして、新たな始まりは多かれ少なかれ、人間の原初のくり返しとなる。(*39)

> 新しい誕生ごとに新しい始まりが世界に生まれたのであり、新しい世界が可能的に存在することになった。(*40)

「始まりが為されんために人間は創られた」とアウグスティヌスは言った。この始まりは一人一人の人間の誕生ということによって保障されている。始まりとは、実は一人一人の人間なのだ。(*41)

あるいは「愚かさ」についてはどうでしょうか。

愚かさとは、必ずしも単なる知性の欠如ではない。それは堕落の一種でもありうる。善良な心の持ち主が、本当に愚かになりうるかどうかは疑わしい。(*42)

彼は愚かではなかった。まったく思考していないこと――これは愚かさとは決して同じではない――、それが彼があの時代の最大の犯罪者の一人になる素因だったのだ。このことが〈陳腐〉であり、それのみか滑稽であるとしても、またいかに努力してみてもアイヒマンから悪魔的なまたは鬼神に憑かれたような底の知れなさを引き出すことは不可能だとしても、やはりこれは決してありふれたことではない。(*43)

「文は人なり」をまさに地で行く、その地声までもが聞こえてくるかのような、特徴的な二人の文体であるように思います。

4 ホッファーにおける「生きる場」と「哲学」

アーレントとの〈邂逅〉を手がかりにしつつ、ここまでホッファーの人となりとその思想の一側面をたどってきたわけですが、私たちが彼から学べることとはどういうものでしょうか。

ホッファーは、あるインタビューのなかでこう述べています。――「わたしは専門的な哲学者ではない。抽象的なことは扱わないからだ。一枚の葉や一本の枝が幹から育つように、わたしの思想は、生活のなかから育ったものなのだ」(＊44)。

ホッファーが日々の生活を規則正しく送ることによって、自身の思想を磨きあげていったこと、それは彼が七二歳のときに受けたインタビューでの発言からも窺えます。

私はこれまでずっと、肉体労働をしながらものを考えてきました。すばらしい考えは、仕事をしているときに生まれて来たのです。同僚と話しながらくり返しの多い作業に汗を流し、頭の中では文章を練り上げたものです。(略) 頭を下げ、背中を伸ばしているのが、何かを考えるには最善の姿勢なのかもしれません。あるいは、魂は、同時に二つの方向に引っ張られることによって、生産的に働くようになるのかもしれません。(＊45)

〈労働／仕事〉と〈思索〉とが両立しうること、いや、ことによると前者によって後者がより生産的に働きうるとの認識が、ここでは示されています。

もちろん、アーレントのいう〈労働する動物〉――それは「人間のあらゆる能力を『生命の必要』に従属させてしまった」(*46)存在です――とならないためには、労働/仕事に対するルールの制定が必要です。ホッファーにとって、そのルールとはつぎのようなものでした。「私は、一日六時間、週五日以上働くべきではないと考えています。本当の生活が始まるのは、その後なのです」(*47)。港湾荷役の仕事に従事しつつ、「昼休みや小休止には読書をしたり、仕事中に浮かんだ考えをノートに書きとめたりしている」その姿から、沖仲士の仲間たちから「プロフェッサー(教授)」と呼ばれるようになったというホッファー(*48)、彼のこの生活スタイルは、「生きる場」で哲学する実例そのもののように思われます。アーレントにとってホッファーが、まるで「砂漠のなかのオアシス」であるかのような存在であった点についてはすでに触れましたが、ホッファーその人にとって、仕事後の「本当の生活」の時間は、港湾荷役の仕事という「砂漠」のなかの「オアシス」のようなひとときだったのかもしれません。吉本隆明さんの「二十五時間目」という言葉も、おそらくは同様の意味をもっていたのではないでしょうか。生活の現場で哲学するためにも、私たちは一日のなかに〈オアシス〉のような時間をもつようにしなければならないのです。

ホッファーの思想でもう一点注目したいのは、彼の〈技術〉観です。ここでの技術とは、テクノロジーとしてのそれではなく、「生きる場」において「本当の生活」を確保するために彼が取り入れていた規矩《きく》のようなもの、すなわち〈テクニック〉を意味しますが、例えば「情熱的な精神状態は、多くの場合、技術、才能、力量の欠如の証拠である」という言葉や、「山を動かす技術があるところでは、山を動かす信仰はいらない」という文言に顕著なように（＊49）、彼は二〇世紀に世界を席巻した、「宗教的・民族的・イデオロギー的なファナティシズムの罠に陥」らないために、「情熱を飼いならし、加工し、創造的な力へと変容させること」を実践し続けました（＊50）。

ホッファーがこのように〈魂の錬金術〉によって、情熱を飼いならそうとしたのは、彼が「生きる場」をともにし続けた不適応者《ミスフィット》らへの観察ゆえでしょう。ホッファーの自伝『構想された真実』の「訳者あとがき」において、ミスフィットらが抱く「精神状態」について、中本義彦さんはつぎのように述べています。

「普通の安定した地位に留まることができず、社会の下水路へと押し流された人びと」、「居心地のよい家を捨てて荒野に向かった者たち」――こうした人々の内面に鬱屈する「こんなはずではない」という不満と「別の人間になりたい」という変身願望を、ホッファーは折に触れて感じていたのかもしれない。そして、自分の内面を厳しく見つめ、自分が存在する歴史的世界を認識することによってこそ、あの近代人の「情熱的な精神状態」を見抜くことができたのであろう。（＊51）

国内および世界における格差の拡大に伴い、国内外を問わず、人びとの〈分断〉が深刻となりつつある現在の社会状況において、「情熱的な精神状態」に振り回されないために私たちはどうしたらよいのか、この問いに対するひとつの処方箋をも私たちはホッファーの生き方から学ぶことができるのではないでしょうか。近年、ホッファーにあらためて注目が集まっているのも、このようなところに理由があると言えそうです。

このように「自分の内面を厳しく見つめ」続けたホッファーは、「自己の様々な欲求をおさえ」、「生活を簡素にし、生き方を恬淡《てんたん》としたもの」にすることで、ある意味「きわめてストイック（禁欲主義的）」ともいえる生を送りました（＊52）。そのような彼から出てくる〈声〉の特質について述べた、柄谷行人さんの言葉――柄谷さんの「E・ホッファーについて」という論考じたいが以下の一節でもって締めくくられています――を最後に引用することで、本稿を終えることにしたいと思います。――「ホッファーの発言は『低く輝きのない』ものだが、不透明なところも混濁したところもない。それは、彼の声がつねに自然と直接に向かいあった場所、自己自身と直接に向かいあった場所から発せられているからである。それは急進的《ラディカル》ではないが根底的《ラディカル》な声である」（＊53）。

註

（1）ハンナ・アーレント著、ロナルド・ベイナー編（仲正昌樹訳）『完訳　カント政治哲学講義録』明月堂書店、二〇〇九年、「訳者解説」、三〇六頁。
（2）ハンナ・アレント（志水速雄訳）『人間の条件』ちくま学芸文庫、一九九四年、八七頁。
（3）マーガレット・カノヴァン（寺島俊穂・伊藤洋典訳）『アレント政治思想の再解釈』未来社、二〇〇四年、三三一頁。
（4）同書、三二九頁。アーレントは、哲学と政治との緊張関係を一貫して主張し続けた思想家ではあるものの、彼女の考えでは、「哲学と政治の間に深淵が開いたのは、ソクラテスの裁判と有罪宣告」を契機とするものであり、したがってソクラテスその人においては、哲学と政治に対立は生じていない。ハンナ・アレント（高橋勇夫訳）『政治の約束』ちくま学芸文庫、二〇一八年、五五頁。
(5) 「ホッファー小伝」、エリック・ホッファー（田中淳訳）『波止場日記――労働と思索』みすず書房、二〇一四年、二三七頁。
(6) 同書、二三七―二三八頁。
(7) 同書、二三八頁。
(8) 矢野久美子『ハンナ・アーレント――「戦争の世紀」を生きた政治哲学者』中公新書、二〇一四年、六頁。
(9) 「ホッファー小伝」、二三八―二三九頁。
(10) 同書、二四〇―二四一頁。
(11) 矢野、前掲書、五七頁。
(12) 「ホッファー小伝」、二四一頁。
(13) 田中淳「訳者あとがき」、『波止場日記――労働と思索』、二四八頁。
(14) シモーヌ・ヴェイユ（田辺保訳）『工場日記』ちくま学芸文庫、二〇一四年、「解説」（田辺保）、二七六頁。
(15) 「ホッファー小伝」、二三八頁。
(16) 同書、二四三頁。
(17) 同書、二四四頁。
(18) 柄谷行人「E・ホッファーについて」、エリック・ホッファー（柄谷行人訳）『現代という時代の気質』ちくま学芸文庫、二〇一五年、一六〇頁。
(19) 同前。

(20) 同書、一六二頁。

(21) 石田雅樹は、アーレントが「制度としての大学それ自体から距離を置き、『パートタイム』としての大学教員というスタンスを貫いた」という視点のもと、彼女の大学教員としての主要経歴をまとめているが、それによると彼女が「常勤の大学職員であったのは、シカゴ大学とニュースクールのみであり、それ以外のほとんどの大学では客員教授 visiting professor という肩書でしか〔大学と〕接点を持たなかった」とのことである。そして、「常勤として勤めたシカゴ大学とニュースクールにおいても、講義を行ったのは一年に一学期のみであったという」。したがって、大学への関与の仕方という点においても、ホッファーとアーレントは似ていると言える。石田雅樹「『教育者』としてのハンナ・アーレント――あるパートタイム大学教員の『教育』と『研究』」、『宮城教育大学紀要』四八巻、二〇一四年、七九―八八頁。

(22) ロッテ・ケーラー編（大島かおり・初見基訳）『アーレント＝ブリュッヒャー往復書簡 1936－1968』みすず書房、二〇一四年、三〇四頁。

(23) 同書、三〇〇―三〇二頁。

(24) 石田、前掲論文、八四頁参照。

(25) 『アーレント＝ブリュッヒャー往復書簡 1936－1968』、三〇一頁。

(26) エリザベス・ヤング＝ブルーエル（荒川幾男ほか訳）『ハンナ・アーレント伝』晶文社、一九九九年、三九八頁。

(27) 『アーレント＝ブリュッヒャー往復書簡 1936－1968』、三〇七頁。

(28) L・ケーラー／H・ザーナー編（大島かおり訳）『アーレント＝ヤスパース往復書簡 1926－1969 2』みすず書房、二〇〇四年、三三頁。

(29) アレント（高橋勇夫訳）『政治の約束』、三四一頁。

(30) 同書、三四三頁。

(31) 同書、三四二頁。

(32) 同前。
(33) 同書、三四三―三四四頁。
(34) ハンナ・アーレント著、ウルズラ・ルッツ／インゲボルク・ノルトマン編（青木隆嘉訳）『思索日記II 1953―1973』法政大学出版局、二〇〇六年、九四―九五頁。
(35) 矢野、前掲書、一四〇頁。
(36) エリック・ホッファー（中本義彦訳）『エリック・ホッファー自伝――構想された真実』作品社、二〇〇二年、一四九頁。
(37) 田中淳「訳者あとがき」、『波止場日記――労働と思索』、二四九頁。
(38) 同書、二四八頁。
(39) エリック・ホッファー（中本義彦訳）『魂の錬金術――エリック・ホッファー全アフォリズム集』作品社、二〇〇三年、一八〇頁。
(40) ハンナ・アーレント（大久保和郎・大島かおり訳）『新版　全体主義の起原3――全体主義』みすず書房、二〇一七年、三三二頁。
(41) 同書、三五四頁。
(42) 『魂の錬金術――エリック・ホッファー全アフォリズム集』、九五頁。
(43) ハンナ・アーレント（大久保和郎訳）『新版　エルサレムのアイヒマン――悪の陳腐さについての報告』みすず書房、二〇一七年、三九五頁。
(44) 中本義彦「訳者あとがき」、『魂の錬金術――エリック・ホッファー全アフォリズム集』、二一二頁。
(45) 『エリック・ホッファー自伝――構想された真実』、一六九頁。
(46) 川崎修『ハンナ・アレントの政治理論――アレント論集I』岩波書店、二〇一〇年、三三頁。
(47) 『エリック・ホッファー自伝――構想された真実』、一六七頁。
(48) 『波止場日記――労働と思索』、二四二頁。

(49)『魂の錬金術——エリック・ホッファー全アフォリズム集』、一二頁。
(50) 中本義彦「訳者あとがき」、『エリック・ホッファー自伝——構想された真実』、一八五頁。
(51) 同書、一八四頁。
(52) 田中淳「訳者あとがき」、『波止場日記——労働と思索』、二五〇頁。
(53) 柄谷行人「E・ホッファーについて」、一七七—一七八頁。

第三講　現代の仕事とアイデンティティ
――対人的サービス労働のために

細谷　実

1　労働の素晴らしさ(?)

「働くことは善いことで素晴らしいことである」――。現在の労働の実態からは、そんなことはなかなか言えないでしょう。しかし建前として、それは近現代の日本社会、また世界各地の近代化した社会において、ひろく共有された考えでした。

もちろん、近代以前にも人びとは働いていました。しかし、M・ヴェーバー(一八六四―一九二〇)が二〇世紀の初めに述べていたように、資本主義に初めて接した人びとは、ある程度稼いでしまうと、それ以上の労働を忌避しました。ヴェーバーは次のように書いています。

〔企業家が出来高に対する支払額を引き上げて、労働者にもっと働かせようとしても——細谷補足〕報酬の多いことよりも、労働の少ないことの方が彼（＝労働者）を動かす刺激だったのだ。彼が考慮にいれたのは、できるだけ多く労働すれば一日にどれだけの報酬が得られるか、ではなくて、これまでと同じだけの報酬（二・五マルク）を得て伝統的な必要を満たすには、どれだけの労働をしなければならないか、ということだった。これはまさしく〈伝統主義〉と呼ばれるべき生活態度の一例だ。人は〈生まれながらに〉できるだけ多くの貨幣を得ようと願うものではなくて、むしろ簡潔に生活する、つまり、習慣としてきた生活をつづけ、それに必要なものを手に入れることだけを願うに過ぎない。（『プロテスタンティズムの倫理と資本主義の精神』大塚久雄訳、岩波文庫）

人びとは「失うもの」と「手に入るもの」とを比較しながら、労働量を決めていたわけです（＊1）。その昔、仕事というものは、日々を安泰に過ごすために最小限行うべき手段にすぎませんでした。彼らは、仕事以外に大切なものを多くもっていたのですね。

かつての労働者（同業組合職人）たちの余暇、仕事以外の大切な活動について、K・マルクスの娘の夫であったポール・ラファルグ（一八四二—一九一一）が、一八八〇年にいきいきと描いています。

（最近の）プロレタリアートは、人間と機械の競争が十二分に発揮されるように、昔の同業組合職人がおこなった、労働を制限する賢明な掟を破棄してしまった。彼らは休祭日を取り止めた。連中（＝昔の同業組合職人たち）が水と空気だけで生きていたと、嘘八百の経済学者どもが言うようなことを、プロレタリアートは信じているのか。いやはや！　昔の連中は、この世の喜びを味わい、恋をし、浮かれ騒ぐための余暇をもっていた。〈なまけ者〉の陽気な神様を褒めそやし、たのしく御馳走を食べるための。（略）ヨルダンスやフランドル派の画家たちは、楽しい画布の上にその光景を描きとめた。大食漢のすばらしい胃袋よ、おまえたちはどうなったのだ。人間的なあらゆる思想を包みこんでいた素晴らしい頭脳よ、おまえたちはどうなったのだ。われわれはまったく衰弱し、退化してしまった。（『怠ける権利』田淵晋也訳、平凡社ライブラリー）（＊2）

仕事への価値づけということについて、ジグムント・バウマン（一九二五―二〇一七）は、次のような議論をしています（『労働、消費主義、新しい貧民』二〇〇五年＝伊藤茂訳『新しい貧困――労働、消費、ニュープア』青土社）。――近代社会は労働倫理を普遍化させた。労働を善とし目的とする価値観への、大多数の人びとの包摂である。働いている人びとは、職業に貴賤をつけられずに肯定され、失業者でさえ、産業予備軍として労働の体制の内部に包摂された。だからこそ、福祉システムによって、失業者をさえ教育することは、正当化されるアイデアであった、と。

なるほど、労働に対する手段視から目的視への転換、個人のアイデンティティにとっての労働の中心化、社会の価値評価における労働の君臨、それらはここ二、三世紀の間、体制派にも革命派にも共有されてきたイデオロギーでした。労働は、封建貴族に対抗するブルジョワジーにとっての旗印でありました。同様にそれは、ブルジョワジーに対抗する労働者にとっての旗印にもなりました。

2 労働の地位の低下――職人倫理の提案について

（引き続いて、バウマンの見方）――ところが、二〇世紀末のＩＴ（情報技術）を組み込んだ機械化の進展とグローバリゼーションと新自由主義化によって、労働は評価を下げられた。とくにかつて重んじられた熟練仕事が多くの製造業で不要となり、労働が断片化され規格化され、さし替え可能で世界中に移転可能なものとなったからである。

今や先進諸国では、一部の専門職における熟練仕事だけが金銭的かつ世評的に報われて、個人のアイデンティティの源泉となっている。それ以外の多くの職種にあっては、熟練仕事はかつてのように報われなくなった。断片化し流動化する雇用のせいで熟練を習得する時間も失われ、労働が個人のアイデンティティを支えるものではなくなりつつある。――以上、バウマンの見方です。

この観察は、先進諸国で減少している製造業に関して当たっていますね。しかし、先進諸国において増加しているサービス業についてはどうなのでしょうか？

サービス業の中には、対人的サービスを行うものが少なくありません。そのなかで、機械によって代替可能なものは、やがて代替されていくでしょう。工場でのオートメーション化と同じ歩みです。そうした途上において、いくつかの仕事は、いまだ人間によってなされていても、金銭的かつ世間的評価を下げ続けるでしょう。例えば、スーパーマーケットなどのレジ打ち作業です。工場での単純作業と同様に、すでにかなり機械化され、かつ大部分がパートタイム労働化されています。また、各種窓口業務や教育サービスやレストランでの接客や顧客運輸サービスなどにおいて、機械への労働者の代替が今後進んでいくかもしれません。こうした問題を論じる中で、リチャード・セネット（一九四三―）は、音声認識機械によってコールセンターの労働者たちが代替される可能性を述べています（『新しい資本主義の文化』＝森田典正訳『不安な経済／漂流する個人――新しい資本主義の労働・消費文化』大月書店）。ここから、ロボットへの窓口業務の代替はほど遠くないでしょう。

一方、対人的サービスにおいて機械による代替が難しい職種には、当然のことながら熟練が大切なものが多いのです。そうした職種では、人間が働き続けます。しかし、その希少性が認められて良好な労働条件が保障される職種と、そうは認められずにパートタイム労働化が進んでいる職種とがあります。前者は、バウマンが述べていた一部の専門職、例えば医師、看護師、弁護士、企業コンサルタント、投資コンサルタント、研究者などの仕事です。後者は、例えば介護職、保育職、美容師、ウェイトレス／ウェイター、ホステス、キャビンアテンダント、塾講師、スポーツインストラクター、図書館司書、ツアーコンダクター、宿泊業従業員などです。後者においても、本当は熟練が大切です。そのために、それらの職種でパートタイマー化が進むと、サービスの質の低下は免れません。

繰り返しますが、対人的サービスであることや熟練の大切さなどは、一部の専門職でもそれ以外でもまったく同じです。だけど、社会的資格設定、供給構造、需要構造のあり方、業態設計、政治的力関係などによって、大きな格差が生じてきます。

ところで、一般に職業は、市場的評価と労使間関係によって金銭的報酬の額が決まり、世間的評判によって心理的報酬が与えられます。しかし、対人的サービス労働は、それに加えて個々の顧客からの直接の反応や評価によって心理的報酬が得られるという側面があります。だからこそ、対人的サービス業では、顧客への奉仕や顧客の幸福への使命感を強調することでやりがいの搾取を行う「ブラック企業」が多く出てくるのです。

けれども、そうした搾取をなくしていくならば、人間に直接関わるサービスという行為は、モノに関わる職人技（後述）と少なくても同じくらいには、人びとのアイデンティティの源泉となるものではないでしょうか？　このことには、のちほど立ち返ることとして、サービス業については、ひとまず棚上げしておきましょう。

先に見た、主に製造業における労働の評価の引き下げを論じるバウマンの議論は、説得力のあるものでしょう。たいていのサービス業でも、一部の専門職を例外として、似たような現状あるいはその見通しです。しかし、労働でのアイデンティティの解体という問題に対する彼の処方箋は、次に見るように、あまり説得力がありません。彼は、市場的評価と結びついた労働倫理からの解放の道として、職人倫理（an ethics of workmanship）に伴われた職人の本能に立ち返ることを提案します。そうした転換だけが、市場的値踏みや効率性基準によって浸食された、家族やコミュニティなどの人間関係や人間同士の道徳的絆の根ざす土壌を再生させることができ、同時に、市場的値踏みや効率性基準を伴う労働倫理が否定してきた、人びとの尊厳や社会的に承認されることの意義をとり返すことができる、と主張します(＊3)。

バウマンが主張する職人倫理や職人本能に近い、職人技(craftsmanship)を提唱しているセネットの議論も参照してみましょう。と言うのは、バウマンが主張する職人倫理は、市場的関心の否定態として観念的に語られるのに対して、セネットの議論の方が具体的な像を結ぶものだからです。

セネットは職人技を、「それ自体をうまく行うことを目的として何ごとかを行うこと」と定義し直します。その抽象的な定義は、昔ながらのモノ作り、現代の情報処理の手際よさ、文章作成へのこだわり、などを含むものとしてです(＊4)。現代において、多くの職人技は、一方で機械によってとって替わられ、他方で、一つの作業や手順等へのこだわりは柔軟性を欠くのめり込みとして否定されるものとなっています。それで、今や、残っている職人技は断片化してきていること、それでも、それが個人の充足感とアイデンティティの要素たりえていること、を指摘しています。

セネットは、彼の学生が行った調査に依拠して、白人宅から依頼を受ける黒人女性清掃員(サービス業従事者です)について印象深い言及をしています。「感謝されることがほとんどまれでも、彼女たちは一日の労働の終わりに、家をきれいに掃除し終えたというわずかばかりの自負心を抱く」(セネット前掲書)。ここでの清掃作業は、住居というモノを対象とした手作業の職人技としてとらえられています(＊5)。

バウマンの言う職人倫理やセネットの言う職人技は有効性のあるものでしょうか？　バウマンで

は、職人倫理への転換の可能性に向けた期待が語られているだけです。また、セネットでは、職人技への転換の現実性の無さが語られています。もちろん、彼が言及していた黒人女性清掃員に見られるような職人技は、いつの時代にもあるものです。しかし、それがもたらすものは「わずかばかりの自負心」であり、貴重なものではありますが、生存の他の諸条件が劣悪化していく流動的労働者の生活にあっては、たまに一息つける程度、うまく自己コントロールに組み入れれば日々仕事へ向かう気持ちをどうにか維持していける程度のものにとどまるでしょう。

以上から考えて、労働倫理に替えて、職人倫理や職人技をもち出すことは、それだけで有効なものとは思えません。思うに、むしろモノに関わる生産以外の活動に目を転じた方がよいのではないでしょうか？

3　消費の美学化の可能性について

そこで、バウマンが論じるもう一つのテーマを見てみましょう。労働倫理から消費の美学への近年のシフトの話です。

労働が個人のアイデンティティの中心にあった体制、労働を社会の中心に置いていた体制は衰退し、今や先進諸国では、消費を個人のアイデンティティの中心に置く体制、消費を社会の中心に置く体制が出現してきたという見立てです。単に「消費は美徳」や大量消費ということなら、大量生産と表裏一体の活動であり、むしろ労働倫理の盛んな時代の話です。そうではなく、商品が飽和している時代に、次々と現れては消えていく新商品やその想像上の効用を前に、上手に選択を行い欲望を更新させていくというゲームについての話です。かつては産業予備軍として労働の体制に包摂されていた失業者や貧困層は、今や、消費ゲームの中で適切な選択を行い消費することができない不適格者として排除され、アンダークラスとされます。

バウマンは言います。「消費社会の中心的で、おおむね異論のないルールは、自由な選択には適性が必要だというものである。つまり、選択という力を行使するスキルと判断である」（バウマン前掲書）。「機会はそこにある、（略）しかし、機会をつかむには、機会を見つけ、それを積極的につかもうとする必要があり、それには能力が求められる。つまり、一定の知力や意志や努力が必要である。貧しい人々は明らかにこの三つをすべて欠いている」（同右）。いや、それだけにとどまりません。「現在おこなわれているゲームを念頭に置けば、そこからしめ出された人々の悲惨（かつては集合的な手段によってとり組む必要のある、社会に原因のある荒廃とされていた）は、それぞれ単なる犯罪と片づけられてしまう可能性がある。その結果、〈危険な階級〉が犯罪集団として定義し直されることになる。刑務所が今や、完全に、また本当の意味で、衰退しつつある福祉施設の代役を務める……」（同右）ということです。

以上のように、労働の機会に乗りそこねた人びと（失業者や半失業者）は、消費の美学からも閉め出されているわけですから、それは、彼らにとって、オルタナティヴなアイデンティティの源泉にはなりえません。

では、どこにその源泉を求めうるのでしょうか？　候補としては、例えばハンナ・アレント（一九〇七―一九七五）が『人間の条件』（一九五八年＝志水速雄訳、ちくま学芸文庫）の中で言う《活動（action）》に類似した行為にです（以下、アレントの意味での活動については《活動》と表記します）。しかしながら、それをラディカルに換骨奪胎していくことが必要です。まず、《活動》について、アレントによる労働（labor）と制作（work）の区別立てと一緒に考えてみましょう。

アレントの言う《活動》は、主にポリスにおける公的な政治として行われます。ただし、立法行為は含まれず、政策決定での討論や戦争での振る舞いなどを指すようです。《活動》の要点は、多数の人びとの前で競って、言葉や振る舞いによって自分の考えや人柄を顕示すること、自分が何者であるか（何を考え・意志し・決断したか）を人びとの意識と記憶の中に出現させることです。そうすることによってのみ、自分が世界に存在すること、自分の存在に確固としたリアリティを与えることができると考えられているのです。

現代だと、政治と言うよりも、広く社会的活動での話となって、ボランティア活動や市民運動やコミュニティ活動や文化活動や社交なども含めてイメージした方が良いものでしょう。ただし、アレント自身には、そうした留意は見あたりません。だから、アレントの議論では、今は《活動》の領域は消滅してしまっている、とされます。

一方、アレントによって低く評価されている労働は、モノ（生活消費財）の生産に関わる行為であり、今ならば、その産業的分類は農漁業と製造業でしょう。なおかつ、今ならばさらに、多くの対人的サービス業も入ってくるでしょう。なぜなら、現代において対人的サービス業として行われる活動の多く（主に低い時給の職種）は、古代ギリシアにおいては家庭内で奴隷たちが担っていた仕事であり、かつ、生物学的必要性に基づくモノの生産・消費に近接して行われるものであったからです（＊6）。

バウマンが言うように、労働倫理が多くの人びとのアイデンティティの中心になったのは、近代社会においてです。古代ポリス社会では、市民たちのアイデンティティの中心は、公的な《活動》でした。アレントに照らして言えば、古代においては低い評価しか与えられず奴隷によって担われていた労働が、近代になると逆転して社会の中心原理になったのです。その時から労働に与えられた威信の個人向け変奏が、労働倫理というものにほかなりません。ところが、バウマンの見立てによれば、その労働倫理も衰退し、かわって消費の美学が登場してきているわけです。

なお、労働とは区別されてアレントによって高い評価を与えられている制作という行為は、生物学的必要性に基づかず、生命代謝のサイクルから独立し、建築物や芸術作品として後世に残っていくものを創り出すものです。作品は、人びとによって享受され称賛されますが、その場限りで消費されるものではありません。この、《活動》と並んで高く評価されている制作という行為は、昔も今も、少数の人びとにしか担えないものでしょう（＊7）。

4　人びととじかに関わる活動の取り戻し——そのための条件

さて、筆者が考える代替提案を述べましょう。まず、アレントが区分した《活動》に、アレント本来の位置づけではそれと対極にあるケア労働的なサービスもあわせて、次のような諸行為からなる一つのグループを設定して考えたいと思います。政治、公務、ボランティア活動、市民運動、コミュニティ活動、家族的ケア、さらには市場的な対人的サービス労働などです。《活動》のラディカルな換骨奪胎です。

それらは、人間関係や社会形成につながる対人的活動であること、熟練によって質が向上する活動であること、相手からの直接的な反応・評価によって心理的報酬を得られる活動であること、を考えますと、いずれも条件次第で、人びとにアイデンティティを供給する活動となることが十分考えられます(*8)。そのアイデンティティは、アレントが高く評価した、多数の人びとに対して顕現することによって獲得される、耐久性を持ったアイデンティティとは、かなり異なるものもあるでしょう。「貢献と承認」というテーマにおける他者論の違いが関係しています。

アレントでは、他者は、差異性を持った多数の多様な公衆でなければいけません。そのような人びとから構成される場で認められてこそ、個人はその存在を確固としたものとし、輝かせられるとするのです。しかし、そのように定義された公衆に対してではなく、親密な間柄や顔の見えるコミュニティで、比較的少数の他の人びとと一緒に必要なことや善いことを話し合って成し遂げていくということはありふれた事態だし、人びとに楽しさや満足を与えてくれることではないでしょうか? もちろん、親しい人びとや隣人たちへのケア(世話)も、顧客が必要としているサービスの提供についても同様です(その顧客は、不特定な少数でありますが、モノの購入の場合におけるよりも、顔が見える相手となります)。ケアやサービスという活動は、相手(としての他者)の幸福に寄与し、相手から評価を受け、提供者の側にも喜びを与えてくれるものではないでしょうか?(*9) そうした事態は、「貢献と承認」に値します。それらを貶めるのは、アレントが《活動》にだけ偏狭な価値づけを行っているからとしか思われません。

さて、本章冒頭で挙げたひとくくりの諸行為を適切に処遇し活性化していくためには、以下の二つのことが必要です。

第一に、対人的サービス労働におけるやりがいを、搾取に悪用されないようにしていくことが必要です。「やりがいの搾取」とは、やりがいというモチベーションを持たせることによって、低賃金や劣悪な労働条件を甘受させることです。そうしたやりがいに駆られたサービス労働は、贋物とは言えませんが、自発的でなく、無理を含んでいるという点で、真正さを欠いています。やりがいの洗脳・押しつけを止めさせること、そのために、そうした洗脳・押しつけを必要とさせる低賃金と劣悪な労働条件を改善することが課題となるでしょう。似たことは、家事育児についても言えます。

第二に、古代ポリスの市民たちの自由な《活動》は奴隷労働の生み出す富が支えていましたが、その代替として、二〇世紀における生産性の増大（後述）の果実を、現代の市民たちが活用できるよう、彼らの手に果実への権利を移すことが必要です。そうすれば、その果実は、公務やボランティア活動や市民運動やコミュニティ活動を可能とする資源となるでしょう。

ボランティア活動や市民運動やコミュニティ活動は、利益追求を目的とするものではないし、参加者も報酬のために行っているのではありません。そこで、それらについては、報酬はさておき、活動の保証を確保していくことが課題となります。諸々の活動の際に必要な交通費や宿泊費や事務所費用や会場費用や機材費などの支出への公的な補助制度、ならびに公的な休暇取得制度が充実すると良いでしょう。このように言うのも、困ったことに、近年、ボランティア活動や市民運動やコミュニティ活動を行うための人びとの資源が乏しくなってきているからです。

まず、人びとの経済的なゆとりがなくなってきています。例えば、かつて日本的経営に包摂されていた専業主婦たちが、右記の諸活動の有力な担い手（活動専業主婦とも呼ばれた）でしたが、夫たちへの家族賃金の削減によって、彼女らの多くが賃労働に就くようになりました（そのこと自体への評価は措くとして）。中高年の男たちは、賃金の低迷、出世の停滞、雇用不安によって多く疲弊しています。若い世代には、ワーキングプアが増加しています。学生たちも、その少なからぬ割合がアルバイトに明け暮れないと学生生活を続けられなくなってきています（しかも、多くの学生が社会人になるとき、奨学金という名の数百万円のローンを背負います）。

加えて注目すべきは、人びとに時間的なゆとりがなくなってきていることです。昨今「ワーク＆ライフ・バランス」が主張される場合、最低水準では過労死・過労自死・健康毀損をしないような生命への顧慮が主張されます。もう一つ上の水準では、家庭生活への顧慮、出産＆子育てや介護への顧慮が主張されます。一般には、そこまでが主張されています。

しかし、さらに別種の水準、すなわち（経済生活以外の）社会的生活としてのボランティア活動や市民運動やコミュニティ活動を行うことができるためのバランスが大切です。例えば、そうした活動のために休暇をとれるようになるといいと思います。そうした活動のための時間の保証を市民的権利としていく必要があります（社会的有給休暇の権利）。地域自治や民主主義が機能不全となっている日本では、労働のためではない時間をどれだけ確保できるかが、とくに大切です。

一九三〇年にジョン・メイナード・ケインズ(一八八三―一九四六)は、「孫の世代の経済的可能性」というエッセイを書きました(参照:『ケインズ説得論集』山岡洋一訳、日本経済新聞出版社)。「孫の世代」というのは、ちょうど二〇世紀最後の四半世紀くらいに現役世代である人びとです。二つの予測がなされています。一つは、技術進歩によって、生産性が飛躍的に向上するだろうという予測。もう一つは、その結果として、人びとの自由時間が飛躍的に増加するだろうという予測。ケインズ研究者のロバート・スキデルスキー(一九三九―)らは、二つの予測について検討して次のように評しています。――生産性向上の予測については、おおむね現実の動きは合致した。しかし、自由時間の増加については、まったく見当はずれだった、と(*10)。

また、ケインズの予測では、生産性の向上がもたらした富はおよそ全員に配分されると想定されていました。しかし、実際は、ピケティが示すように、第二次世界大戦後にそうした傾向が見られましたが、近年では格差拡大化の傾向の方が顕著です。しかも、ケインズは、富を得た人びとは「足るを知り」、労働時間を削減していくと考えていましたが、実際はさらなる富の獲得のために、富裕層も労働時間を増やしていきました。

ここに、市場経済がもたらす二つの問題が見て取れます。一つは、それが基調として富の格差を広げていくという問題。もう一つは、貧困層は生活のために長時間労働を強いられ、その対極にいて一生優雅に暮らすに十分なほどの富を手にしている富裕層も、さらなる富の獲得競争に駆られてしまい、現代のすべての人びとが、時間およびエネルギーを、経済活動において使い果たしてしまという問題。当然ながら、政治的活動、市民的活動、コミュニティ活動、文化的活動、家庭的活動、宗教的活動には参加できなく／しなくなります。

近代において市場的労働に高い評価が与えられるようになり、そのあげくの現在、市場的労働以外の諸活動は軽視されて、社会的富が与えられません。社会的富の獲得・配分原理として、贈与・互酬・再配分の原理は軽視され、市場的交換原理しか機能しなくなっているのです。

しかし、宗教的活動はひとまず措くとしても、政治的活動（アレント的意味でもマルクス的意味でも）、市民的活動、コミュニティ活動、文化的活動、家庭的活動は、社会的富を分配していくにふさわしい活動とみなせます。なぜなら、それらの活動は、商品（市場で交換される売り物）とは無縁でありますが、人びとの平均的な幸福の維持にとって不可欠な活動であり、民主主義的な社会の運営・維持に貢献する活動であるからです。

むすびにかえて

もしも前節で述べた代替提案が実現できるならば、人びとにじかに関わるサービスやケアの仕事は、それらに本来相応しい評価と処遇を受けるようになり、それを担う人びとは真正なやりがいとアイデンティティを手にすることになり、現在の労働の布置の中で彼らが置かれている苦境から、多少なりとも抜け出ることができるでしょう（＊11）。

註

（1）「働くことで得られるもの」は金銭、「働くことで失うもの」は余暇時間である。双方から得る効用の和を最大化する最適な時間配分をグラフによって導出するための曲線は、たいていの労働経済学の教科書に出てくる。効用についての人びとの主観に左右される二つの曲線のありさまは、これまでと同様に、今後も、文化と人びとの価値意識によって変化していく可能性はある。

（2）ラファルグはアナキスト的志向を有しており、彼の労働観に、マルクスは賛同できなかったらしい（邦訳書訳者解説参照）。

（3）労働倫理に対するバウマンの評価は二面性がある。一面では、労働倫理が失業者まで包摂した多くの人びとの倫理であったことが肯定される。他面では、それが市場的生産を支え、それ以外の仕事を軽視するもので、市場取引以外の人間的絆・道徳的絆を棄損するものと見て、否定的に語られる。だから、職人倫理は、労働倫理の単なる次期代替物ではなく、もっと善い代替物と見られているのである。

（4）二〇一六年の芥川賞受賞作『コンビニ人間』（村田沙耶香）は、コンビニのアルバイト店員として商品管理や店内管理やマニュアル化された接客などでのスキル向上に自負をもっている、コミュニケーション不全の女性を描いている。現代の小売業における新しい職人技の物語だろう（セネットの定義で）。

（5）個人宅の清掃というサービス仕事は、ここに挙げたようなモノに対する職人仕事という側面もあるが、モノへの関わりを介しつつも、相手の顔が見えるサービス仕事という側面もある。とは言え、「感謝されることがほとんどまれ」な仕事らしい。

（6）ただし、現代のサービス業には、正反対に、《活動》に連なるような種類のものもある。もとよりアレントの区分は古代に範を取るものであり、現代の産業および職種区分と対応させるには、そもそも無理があるのだが。なお、古代において、野外で使役される奴隷は、農作業や鉱山労働など、モノの生産に関わっていた。

（7）アレントの発想からは難しいが、人びとから称賛されるような歌唱やダンスなどをも《活動》や制作として認めるならば、それらはかなり多くの人びとにとってアイデンティティを支えうる行為になりうる。また、モノ作りとしての職人仕事と制作には共通性もある。しかし、例えばセネットが語った黒人女性清掃員の仕事は、職人仕事との重なりを持つが、制作とは重ならない。

(8) アレントは、例えば家族へのケア的関わりや狭いコミュニティでのサービスや感情の交換やボランティアや労働での対人的サービスの提供などにおける人びとのアイデンティティの獲得について、低い評価しか与えないことだろう。その点について、彼女の階級的・ジェンダー的(ただし男性的)な偏見がみえて、賛同できない。

(9) 意外な人選のようだが、冨山和彦の文章を引いておこう。バス運転手などに関しての言及である。「ローカル経済圏のサービス産業は、公共サービス系の仕事が多い。本質的に誇りや社会的意味合いを持ちやすい仕事である。スマートフォン向けのソーシャルゲームをつくるより、俺はよっぽどいい仕事をしているという感覚を持てるのではないだろうか。介護や看護などの大変な仕事を、経済的な打算だけで喜んでやる人などいない。(略)矜持を持つことができて、それほど生活に困らない安定した収入があれば、自分なりの幸福感をつくっていける。おそらくこれが、これからのローカル経済圏のゴールになる」(『なぜローカル経済から日本は甦るのか』二〇一四年、PHP新書、二四八―二四九頁)。

(10) ロバート&エドワード・スキデルスキー『どのくらい豊かならば十分か?』二〇一二年(=村井章子訳『じゅうぶん豊かで、貧しい社会――理念なき資本主義の末路』筑摩書房)。

(11) 筆者の代替提案に、実現可能性はあるか? 社会的富の獲得や分配の仕方は、あたかも自然現象あるいは市場の必然性であるかのように、近年の多数派の経済学は描き出している。もしもそれが正しいならば、筆者の提案はまったく実現の見込みなしだ。

しかし、ジョセフ・シュティグリッツ(一九四三―)やロバート・ライシュ(一九四三―)などの経済学者たちは、経済活動のルールと行政のルールを変えていくことで、現行の富の動きと行方を変えうることを主張している。シュティグリッツは、支配層によるさまざまなルール設定・ルール変更に基づくレント(一種の独占利益）が近年の経済格差を生み出して民主主義社会に危機を招いていることに警鐘を鳴らしている（参照：『アメリカ経済のルールを書き直す』二〇一三年＝桐谷知未訳『これから始まる「新しい世界経済」の教科書』徳間書店）。また、ライシュは、二〇一五年の著書『資本主義を罪から救済する』（＝雨宮寛・今井章子訳『最後の資本主義』東洋経済新報社）において、市場的経済行為における富の獲得場面に関する諸ルールについて検討し、近年それらが富裕階層に有利に変更されてきたこと、それらを再変更していく必要があることを論じている。

彼らの主張の方が正しいとすれば（筆者はそう考える）、近年の多数派の経済学の見方は、いろいろな前提条件の上で存立している市場が有する傾向・法則を、前提条件に目をつぶることによって絶対視（かつ正当視）したものだ、という話になる。

第四講 「子どもを産む」ことに関する事柄
——自然から自由へ

大越愛子

はじめに

現在生じている「少子高齢化」現象を〝国難〟と呼ぶ人たちがいます。意味内容が曖昧ですが、これほど失礼な表現はないと思いませんか。少子化は「子どもを産む／産まない」を自由意志で選択できるために闘ってきて、それをある程度実現しえた女性たちがもたらした時代状況の結果でもあるのです。男女はなぜ性関係を営み子どもを産むのでしょうか。その「なぜ」の理由は個々人が決定するもので、国家や、社会、家族関係などが介入することではありません。

だが長い間、出産は女性に課せられた自然現象とされてきました。それは家父長男性から強いられた女性の義務とされ、それを遂行できない女性は無価値化されてきました。女性自身も出産を義務化されてきたことに疑問を持てなかったし、それを許されなかったのです。

二〇世紀に生起したフェミニズム運動は、こうした女性の出産の義務化を自然現象とする発想を告発し、その思考法を解体分析することを試みました。本論で私はフェミニストの一人として、私自身の体験と思索に基づいて、女性の運命とされてきたこの問題を明らかにしたいと思います。

ふりかえれば、日本では七〇年代以降の女性解放運動、そして八〇年代の国連による女性差別撤廃条約の成果として、女性を家庭に閉じ込める社会常識は緩和されたといえます。長い間強要されていた結婚制度は、男女の自由な選択の問題とみなされるようになったといわれています。その結果、恋愛と結婚は別ものと考えられるようになりました。女性の結婚願望は減少していませんが、適当な人がいないなどの理由で晩婚化が進んでいます。「シングル」「おひとりさま」といった言葉が社会的に流通し、そうした言葉からマイナスイメージは払拭され、自由な人生を謳歌しているというプラスイメージが付与されています。

若い女性向けの雑誌では、女性の選択肢が増えたこと、それが女性の自由の証であるという記事が増えています。大きく分けて「結婚し家庭に入って子どもの出産・育児を中心とする」、「結婚せずに仕事に邁進し、シングルライフを楽しむ」、「仕事を続けながら、伴侶と共に子どもを出産し育児を行う」などです。

仕事と出産・育児の両立のためには、出産当事者以外の人あるいは社会制度からの支援が必要ですが、日本ではその必要性の認識が低く、当事者の女性の主なる責任問題とされています。つまり「出産」か「仕事」のどちらかを選ぶ自由は確かに与えられていますが、それらを両立することは困難な事態にあります。こんな状態を自由といえるでしょうか。

子どもを産み育てるのは、当事者である女性が担うのが最も自然で、子どもにとっても良いという発想が根強いことが感じとれます。これは見えない形での強制の作動といえるのではないでしょうか。「出産・育児」は女性の身体に根ざす自然な営みという神話が現代も依然として有効に機能しています。女性は自由な選択という錯覚の中で、何らかの強制によって産む／産まないに関する選択に追い込まれているようです。そこに作動するメカニズムを暴くことで、「産む」ことの意味を再考したいと思います。

1 「妊娠・出産」という労働

女性の多くは十代になってまもなく初潮期を迎えて、自らが妊娠・出産能力の可能性を持つことを知ります。平均的に二八日周期で月経が到来します。

女性の解放において常に桎梏とされたのは、女性の身体をめぐる「自然主義」(＊1)です。女性の身体が妊娠・出産能力を持つということが、女性という個人の生き方を定めてしまったのです。だが能力を持つことと、その能力を行使しなければならないなどの強制とは結びつく必要はないはずです。その能力を行使せずに自分らしい生き方を選ぶことは可能だし、現にそうした人生を歩んでいる人たちがいます。
ここで少し人類の歴史を振り返り、女性は性と生殖に関しての決定権を行使していたかどうかを問うてみましょう。古代から中世にかけては村落では女性の性的自由はあったという説もありますが、概して女性はその身体を男性の性的欲望に委ね、その結果として妊娠、受胎する運命の下にあったといえます。しかし受胎が出産に自然的に結びつくわけではありません。いろいろな理由で流産したり、出産に至らなかった女性たちも少なくないのです。出産を望まない女性はさまざまな方法で堕胎を行ってきました。そうした女性たちを助ける女性のネットワークもありました。その隠された歴史は女性たちによって発掘されつつあります。

だが、そうした形での女性の身体管理を望まない宗教規範や国家の法が、女性たちの身体に介入し、女性たちがその身体を自らのものと主張することは禁止され、あえて行ったものは罪人とされてきました。欧米中世の魔女迫害の背景には、そうした事象があったことが解明されています。男性は理性的とする一方、女性の身体を自然視し、男性の性的管理の下においたのは近代社会です。それは、近代国民国家の人口政策と結びついています。例えば、M・フーコーは次のように指摘しています。

第二の極は、やや遅れて、十八世紀中葉に形成されたが、種である身体、生物の力学に貫かれ、生物学的プロセスの支えとなる身体というものに中心を据えている。繁殖や誕生、死亡率、健康の水準、寿命、長寿、そしてそれらを変化させるすべての条件がそれだ。それらを引き受けたのは、一連の介入と、調整する管理であり、すなわち人口の生‐政治学である。身体に関わる規律と人口の調整とは、生に対する権力の組織化が展開する二つの極である。（フーコー 1976＝1986: 176）

難解ですが、かみ砕いていえば、一八世紀からヨーロッパで開始された近代国民国家成立の時代、国力の源泉は国民の人口数であったということです。戦争へと駆り立てうる人間、労働する人間の数をどれだけ持てるかが支配者たちの主要関心となったのです。男性はそれに耐えうる強い身体の持ち主となるべく育成され、他方、女性の身体は国民を産むための出産器械とされ、その存在意義は育児担当へと追いやられました。そこで使われたイデオロギーが、女性の身体の自然化とそれに基づく性別役割分業です。男性は家外で賃金労働を行い、女性は妊娠・出産し、家事・育児を担当するという分業体制のことで、後者は女性の自立を不可能にするため無償労働であったことが重要です。

このイデオロギーがいかに強固であったかは、女性解放の戦略の中にもそれが利用されたことからも明らかです。女性の労働をお金には換えられない「愛の労働」として、それを高く評価することを求める立場もあったのです（＊2）。こうしたイデオロギーを利用して女性の解放戦略が立てられたことの意義を否定するつもりはありません。女性はどのような社会の下にあっても、どのような戦略をとってでも、その自然化つまり奴隷化の軛《くびき》から解き放たれようと闘ってきたことの意味は大きいからです。

現代、女性たちは自らの身体を「自然」の枠組みに押し込められることの不条理を自覚し、自らの身体的可能性を自由という観点から捉え直そうとしています。女性の身体的自然に基づくとされていた「懐胎・分娩」を、単に自然的能力の結果としてではなく、女性自身の自由意志に基づく行為（エージェンシー）として再定義するのです。とはいえ生命を産み出すという行為は、個人的問題で終わらせられるわけにはいかないのです。その行為の遂行のために女性の身体は不自由な状態に入るからです。さらに出産後の子どもの養育という新たな問題に直面するからです。

「生殖」という女性の身体を現場として行われる闘いにおいて、女性の自由意志に基づく行為が、同時に社会的に共有される問題として認識される必要があります。現在、少子化という現象が社会的問題とされていますが、それも単なる現象的レベルでしか捉えられていません。現代は、生殖をもはや自然現象として放置するのではなく、それを「自由」な労働と社会の関係として原理的に考え抜かれるべき時期ではないでしょうか。

私は、「自由」という論点から生殖のプロセスを検討したいと考えています。産む行為は果たして自由な行為でありえるのか、「産まない」という選択の自由がなにゆえ必要なのか、「産めない」状況をもたらしているものは何かなどを論じたいのです。もし生殖が自由な行為でないならば、それはいかなる原因によってか、さらに自由な行為であるためには、いかなる概念の転換が必要かを明らかにしようと思います。それは同時に、生殖と切り離されてきた「自由」そのもののあり方を問い直す試みとなるはずです。

ところで生殖を自然主義の軛から離脱させ、自由な選択に基づく主体的行為とみなす立場を主張したのが、フェミニズムです。私はこの立場に基づいて議論したいと思っています。その際、何をもって「自由」と定義するかは大きな問題ですが、ここでは「強制を受けることなく、自らの決断と責任に基づいて行為する可能性」としておきます（大越2012）。

フェミニズムは、人間を（男女ともに）根源的自由な存在と捉える近代以降の人間観の下で、生殖もまた自由な主体行為であり、その意味で倫理的課題であると論じてきました。さらに、女性と子どもを無条件に結びつける母性本能神話を批判し、子どもを持つ自由、持たない自由は、女性の自己決定権に属すると宣言しました。他方、このような女性の自己決定権の主張が、生殖の私事化に帰結し、女性の自己責任という罠に陥り、いっそう追いつめられる状況が生じたのです。しかし安易に社会問題化を要求すると、保護の対象とされ、自由が奪われるというディレンマに陥ることになります。

このような閉塞状況を打開できるものとして、懐胎・分娩・育児を女性の身体という場において遂行される「再生産労働（Reproductive Work）」とみなす論点を導入したいと思います。つまり生殖を、「女性の身体内で受精卵を胚、胎児、新生児へと育成していく労働」と定義するのです。懐胎・分娩の当事者は、再生産労働者とみなされます。この論点に立つならば、生殖を自然的プロセスとみなすことが、それを強制労働としてのレイバー（labor）になるのは明らかです（＊3）。それならば、生殖がレイバーではなく、自由な労働となる可能性はどうすれば開かれるでしょうか。そのための理論的可能性を探っていきましょう。

2　「生殖」と自由

◉——自由の喪失に関する考察

　ここからは自分の体験を手がかりにお話しします。私はいまから四〇年前に結婚しました。当時大学院生だったので、新聞記者で遠隔地にいるパートナーへの通い婚でした。「結婚したなら子どもを」という周囲の声に反発して避妊を続けていました。大学院を卒業し、仕事につく予定でした。夫と離れている間に実家で姉の子育ての手伝いをしました。男の子一人と女の子が二人、とくに女の子を可愛いと思いました。三年たった頃、私は自由意志で避妊をやめ、妊娠状態に入りました。

　その過程において「妊娠」は、医学が発達しているとされる現代においても、女性の身体にとっては危険な労働だと実感しました。世界的に見れば、出産の死亡率は依然として高いのです。これはもちろん出産をめぐる環境の劣悪化、出産を支える医療体制に潜む問題もあるでしょう。しかしどのように環境が整っても、医療体制が万全でも、妊娠が胎内で生命を育むという点において、身体に危機的な状態をもたらすことに変わりはないのです。

　私は思想系を専門分野としていましたので、妊娠とはいかなることなのかを哲学的に洞察したいと思います。自然な労働ではなく、私の自由意志によるワークと捉えたいからです。「死にいたる存在」として人間をとらえる実存哲学が全盛の頃です。だが「産にいたる存在」に関する言説はそこにはなかったのです。懐胎に関しては、「胎児は女性の内臓の一部」とみなすローマ法から、神の子の御宿りとして受胎に関心を寄せるキリスト教などさまざまな言説が見つかりました。だが、いずれも当事者としての女性の意識を問題としていないのです。

他方、女性自身はこれをどのように捉えてきたでしょうか。近代は、女性と胎児を一体化する母性幻想が強化された時期でもありましたが、同時にその母性幻想からの離脱がはかられた時でもあります。次のボーヴォワールの言葉は、この二律背反状況を示唆しています。

> 妊娠はとりわけ、女のうちで自分と自分とのあいだで演じられるドラマである。女は妊娠で豊かになったように感じると同時に自分が損なわれたように感じる。胎児は女の体の一部であり、また女の体を養分にする寄生物である。女は胎児を所有し、また、胎児によって所有されている。（ボーヴォワール 1997: 328）

ここで懐胎を、特権的なものの侵入に身を委ねるということでもなく、母性という一体化幻想に安住させるのでもなく、むしろ他者関係の一形態として捉えようとする視点が提示されています。つまり、「内部に他者が住みつき、成長し、産出していくプロセスにおいて一定期間身体を提供し、その他者の成長・変化を促進するドラマ」という観点です。産むということは、生成しつつある他者とともにドラマを演じていくということなのです。

もう少しくわしく考えてみましょう。受精卵が着床し、胚が生成し、妊娠・懐胎へ至るプロセスとはいかなることでしょうか。ここで浮上するのは身体の意味です。妊娠・懐胎する身体は、他者関係のただ中に入るものとして、社会的・文化的身体となるのです。身体が他者といかなる関係を結んでいくのでしょうか。そこに自由の問題が現れます。

ところで生殖技術の発達は、子宮内で発生しない受精卵の存在を可能にしました。「代理母」とは、自らが関与することなく生成した受精卵を医学的操作によって胎内に入れ、「懐胎する身体」となることを選択し、胎児を育成し、分娩するというプロセスを引き受けることで対価を得る再生産労働者をいいます。

「代理出産」に関しては、それは生殖の自然性を破壊し、血縁の絆を断ち切り、女性の生殖能力を売買し、すなわち女性の身体のパーツ化、女性を人口孵化器とするなどの反対論が強かったのです。その金銭的側面を重視して、豊かな階級の女性が身体の自由を失うことなく子どもを得るために、貧しい階級の女性の出産能力を搾取するという議論もありました。たしかに「代理母」には、金銭やその他の理由のために、他人の受精卵の懐胎・分娩という、危険で厳しい労働を強いられるという点において、再生産能力の搾取としてのレイバーという側面を否定することはできません。しかし、それは「代理母」にだけ見られる問題ではないのです。

自らも関与した性関係によって発生した受精卵を、自らの胎内で着床・懐胎・分娩することもまた、再生産能力を最大限に発現することを強いられる労働ではないでしょうか。その労働が厳しく危険なものであることは、「生命賛歌」などのイメージの強要で隠蔽されてきました。また、その労働が、誰のために、何を目指して行っているのかも、必ずしも明らかにされていなかったのです。それは女性の胎内で発生している個別的な問題で、そのプロセスに関しては、女性にのみ責任があるとみなされてきたからです。前提となる受精卵と、分娩以降に出現する子どもに関心が寄せられて、「懐胎・分娩する身体」が行う労働は無視されてきました。このことは、母の認定を卵の所有者でなく、分娩する身体の所有者とする日本の場合(＊4)でも同じです。

懐胎に関しては、「産む自由」「産まない自由」という論点がもっぱら注目されてきました。しかしながら、「産む自由」を選択するということは、一定期間にせよ、個体としての自由の喪失を意味します。その論点が看過されてきたことを問題にしてみましょう。

私は妊娠した時、身体がいかに不自由となるかを体感しました。懐胎は他者を自らの中に受け入れ、育む容器となることからみて、自己を物権化する行為であるといえます。一定期間にせよ、個体としての自由の喪失を意味するという自己矛盾を抱え込むことなのです。

「産む自由」の賛美において、あるいは「産む」ことと結びつけられる「愛」という感情の強要において、こうした論点は曖昧にされてきたのです。ここでは、そうした感情的問題を括弧に入れて、「産む自由」とは、自らの自由を喪失することを選択する自由であるという私の考えを述べてみます。具体的にどのような自由が失われるかは、各個人の状況において多種多様ですが、ここでは私の体験に基づいて五点にまとめます。

第一に、「懐胎」において身体的自由が奪われます。身体は、自分のものでありながら、もはや自分のものではなくなります。運動、その他さまざまな身体に関する欲望は制限されます。さらにそれまで自己完結していた身体が、他者を受け入れるために不適応が生じます。胎児は母胎からさまざまな養分やバランス機能を奪うため、悪阻《おそ》その他の失調が起こります。分娩時には、壮絶な痛みに耐えることを要請され、また生命の危険にさらされることもあります。

第二に、自由な選択の両義性。胎内に他者が突然発生するという実感から他者関係が始まります。その他者を受け入れるか、受け入れないかは選択の自由に見えますが、どちらを選んでも心理的負担を選択する者に与えます。生命をこの世に送り出すことが幸福か、むしろ無理な状況に陥れるのではないかを迷いつつ、二者択一の決断を迫られるからです。そこに第三者の視線（例えば宗教とか親族など）が入ると、罪悪感が強要されます。

第三に、自己統治的自由が奪われます。個的主体であることを基盤とした発想や行動は制限されます。自らに依存する他者を受け入れつつ、その身体的不自由をサポートする他者（父的立場を選択する者あるいは社会）への依存を要請することになります。

第四に、経済的自由が奪われます。懐胎する身体では通常的な意味での労働能力は著しく落ちます。とくに出産前後にはそれが強まります。その期間、経済的自立は困難です。さらに社会は、そうした懐胎する身体を口実に、女性の労働能力に対して低い評価しか与えないのです。

第五に、自らの可能的未来を追求する自由が奪われます。出産後に現れる他者への育児責任を、現状では全面的に負うことが求められます。他者の生存可能性に責任ある期間は、その他者優先の生活を行わねばならないのです。

このような自由の喪失という観点からだけ見れば、懐胎は苦役にほかならないのです。そのことは何を意味するのでしょうか。懐胎を再生産労働と捉えるならば、それは自由が奪われた状況下で行われる労働として、レイバーであることは否めないでしょう。実際、歴史的に見れば、家父長制の下で、女性の身体は家父長の種を根付かされる場所であり、その意味で奴隷状態にあったといえます。さらに家父長の子どもに身体を占有されつつ、それを育み、分娩する行為は、無償労働であったのです。心身の負担が大きく、リスクの高い労働は対価を受けることはなかったし、それどころか担当者は経済的無能力者扱いを受けてきたのです。

自らの選択として、その労働から降りること、つまり中絶は、一方的な社会的非難を受けてきました。子どもが生まれた場合も、その子どもに関する責任は「懐胎する身体」の持ち主に負わされ、無力状態で産まれてきた子どもの養育という厳しい状況に対しても、身体的・心理的・経済的保証はほとんど皆無か、あったとしても恩恵という形態でしか与えられてこなかったのです。

このような不当な労働評価に対して、フェミニズムが抗議したのは当然のことでしょう。とくに七〇年代のイタリア・フェミニズムは、女性の身体が「再生産器械」とされてきたことを告発しました。それは、避妊・中絶・出生率低下を、レイバー化した再生産労働を拒否する女性たちの闘いの一環、「出産拒否」と主張しました（ダラ・コスタ 1970＝1986）。「懐胎」という労働への正当な評価を求める動きが、有史以降初めて出現したのです。

女性の身体に起こる自然現象であるかのごとく捉えられ、そうした現象に対して一方的に女性の自己犠牲を要求する不合理によって女性が個別化され、心身の負担を強要されてきた状況が明るみに出されたのです。またこの懐胎・分娩が、その労働者に多大なリスクをもたらすことが明らかにされ、それに対して子宮を使用する子ども、懐胎労働を実際には行わないにもかかわらず、その成果に対する権利を請求する子どもの父、子どもを次世代成員として必要とする社会が、それぞれどのようなリスクを共有するか、対価を支払うかが、問われたわけです。

懐胎・分娩を自然ではなく、女性の身体に強いられた不合理な労働という観点からみるならば、それを引き受けることを拒否する女性の増加を、誰が咎められるでしょうか。やむをえず懐胎・出産したことの負荷が、その子どもに向けられてしまうこと（虐待・育児放棄など）を避けるためにも、「自然」という責任の所在の不明な用語ではない、新たな論点での思考が必要なのです。

◉――フェミニズムと「生殖」

「懐胎」を労働と言い切ることに関しては、物ではなく人を産むという「懐胎」の尊厳的価値を希薄化している、あるいはその充実感や快楽を捨象しているなど、反論も多々あるでしょうが、ここではそれを踏まえた上で、「懐胎労働」と言い切ることによって見えてくる問題を考察したいと思います。「懐胎労働」に対してどのような評価がありえるでしょうか。私個人は妊娠・出産を経験した者として、生命の創造に対して畏敬の念をもっていますが、ここではあえてそうした感情を括弧に入れてその形式的意味を考えましょう。

第一には、現在までは、女性の身体にのみ課せられた労働ということがあります。第二に、それが血縁幻想の媒体であることです。第三に、それが共同体の存続の資源とされてきたことです。第一に関しては、懐胎労働がジェンダー化された要因です。しかし問題をそこにとどめず、人間の直面する根源的差異の問題という観点から論じるとどうなるでしょうか。両性生殖の出現以来、「懐胎」が雌の占有となり、人間において「女性の身体」にのみ課せられているのは、不条理と言えないでしょうか。その身体を持つからといって、「懐胎・分娩」が女性の運命とされてしまうのもまた、根源的不条理と言ってもいいのではないでしょうか。これは子どもがかわいい／かわいくないという感情的問題ではないのです。子どもへの愛情に関しては男女とも変わらないはずなのに、身体を使ってリスキーな労働をしなければならないのは女性だという点です。

こうした問題が意識化されないようにと、さまざまな理屈が作られてきました。その根源的不条理を女性に忍従させるべく、その不条理を女性の罪やカルマ（業）とする宗教言説が量産され、女性差別の根拠となりました。またその不条理ゆえに女性がもつ選択可能性（産む／産まない）を封印するために、女性の選択権を剝奪し、家父長制は存続してきたのです。こうした不条理を自然視し、そこから利益を得ていたのは誰だったのか、今こそ追及されねばならないでしょう（大越1996: 15）。

女性の身体が「種の存続」に奉仕するべく作られているという理由で、女性の生に制限をおく思想や制度に抗したのがフェミニズムです。女性にのみそのような不条理が課せられるのは、「自然」から女性に付加された暴力ともいえます。その「自然の暴力」を自然視して、それに隷従することを求めるのは、それを女性にのみ求めるのは、自然的なものとされてきた暴力の克服という合意によって成立している現代社会では、不正義と言ってもよいでしょう。女性はまず人間なのであり、その意味で根源的な選択の自由を持っています。彼女が「産む」選択をするのは、懐胎によって生ずる不自由をあえて選択する決断なのであり、そのような行為として尊重されるべきです。

もちろん女性の懐胎能力を、女性の特別な能力として積極的に評価する立場もあります。しかしその能力が備わっているからといって、それを強要されるいわれはないでしょう。その特別な能力を行使するかどうかは自由な選択に委ねられるべきです。

胎内に芽生えた生命にとって、抹殺が選択されることは、暴力にほかならないでしょう。しかし抹殺の選択は、その到来を「自然からの暴力」としか受け止められない状況（強かん、強制妊娠なども含む）において行われたのであり、そこにあるのは「暴力の循環」です。女性の生が、懐胎によって制限されることがない、あるいはその制限をできるだけ取り除くという配慮がある場合には、「産むことからの自由」という消極的自由ではなく、「産むことへの自由」という積極的自由に向けての選択が可能となります。その可能性が整わない条件下で中絶を選択する女性を、一方的に断罪できないはずです。むしろ彼女も、胎内の生命も、「循環する暴力」の犠牲者として捉えるべきと思います。

さらに「懐胎する身体」に加えられてきたあらゆるマイナス要因が取り払われねばならないでしょう。「懐胎労働」に関しては、すでに述べた自由の喪失以外にも、さまざまな社会的・文化的負荷が賦与されています。社会的には、弱者の立場に追いやられる場合が多いのです。その身体は脆弱な状況にあり、さまざまな暴力への抵抗は弱く、生存の危機と隣り合わせです。

文化論的には、懐胎する身体に「穢れ」「罪深い」などのスティグマが貼られてきた問題があります。例えば日本でも、女性は不浄であるとみなして、参詣するのを拒否してきた寺社や聖地がありました。近代化のプロセスで、そのようなスティグマが解消されたかのごとく論じられてきました。しかし、婚姻外性交後の妊娠（権力を持った者の許可を受けていない妊娠）に対して偏見が強い社会は依然として多いのです。そして民族差別その他の諸差別の温床ともなっていました。

また労働としても、他の生産労働に比べて低い評価しか与えられていません。効率主義がどんどん進む世界で、その非効率性は懐胎労働者自身を不安定な状況に置きます。さらに周囲の支えのない状況では、心身の貧困という深刻な事態が起こります（柘植 2012）。

3　自由な関係とは

◉——血縁幻想を断ち切る

代理母の衝撃は、懐胎・分娩が賃金労働となりうるということだけではなく、それが血縁幻想を断ち切ったことにあります。懐胎・分娩は、血縁関係の存続のためにのみ行われるわけではないのです。それでは人が子どもを産もうとする目的は、いったい何なのでしょうか。私は生まれたのが男子であるのに最初当惑しましたが、すぐにそうした「男女産み分け」のような考え方を一瞬でももった自分を反省しました。そのとき私にヒントを与えてくれたのが、哲学者カントの次の言葉です。

産出されたものは一個の人格であり、そして、自由を賦与された存在者が何か或る物理的プロセスによって産出されるというようなことは理解できないことなのだから、出産という働きを次のようなものとみなすこと、すなわち、それによってわれわれが或る人格を当人の同意なしにこの世におらしめ、専断的にこの世の中に持ち込んだ、そうした働きとみなすことは、実践的見地からすれば、まことに正当かつ必然的な考え方である。ところで、こうした行ないのゆえに、両親にはまた、子供らがこの世におかれたという状態に満足するように、両親の力の限りをつくすという拘束性も課せられるのである。——両親は、その子供をいわば自分たちの製作物として（取り扱ってはならないのであり）〔なぜなら、自由を賦与された存在者は断じてそんなものではありえないであろうから〕、また、自分たちの所有物として破壊したり偶然の成り行きのままに放置したりすることもできない。というのは、彼らはその子供（の産出）において、単に一個の世界内存在者であるだけでなくさらには一個の世界公民でもあるものを、或る状態へと持ち来たらしたわけであって、この状態はいまや彼らにとっても法概念にてらしてどうでもよいものではありえないからである。（カント 1972: 412）

哲学者らしく難解ですが、要するにカントは、産出された子どもに関しては、それはもはや親の私物ではなく、「世界公民」とみなすべきと主張しているのです。ここで彼は血縁幻想を切断したわけです。私自身、子どもを出産した時、この子はこの世界に生きていく場を得ることができるだろうかと不安に駆られ、どうかそうした場所を与えてほしいと何ものかに祈った経験があります。そのために尽力する責任があると感じました。これは自分の分身だからという意味ではなく、新たな人格の生成を前にして抱いた感情であり、それはカントの「世界公民」という用語にぴたりとはまったのです。

さらに思考を重ねると、「懐胎・分娩する身体」の中に宿るが、その身体を超えて世界公民となる存在の生成は、自由な生成であらねばならないのですが、それはどのような意味において成り立つでしょうか。カントは性交を「対人的権利が同時に物権的様相をもつ関係」（カント 1979: 409）と述べていますが、この議論を「懐胎・分娩」にも当てはめて、「懐胎・分娩」をめぐる自然主義神話の呪縛を解く論拠としたいと思います。これは、ジェンダーを超えたカント的理性の公的使用の実践例と言っていいでしょう（＊5）。

「懐胎する身体」は自然因果律の支配下におかれますが、その身体は同時にその支配を承認するかしないかの自由、リプロダクティブ・フリーダムをもつ身体でもあります。自然因果律の支配を受動的に受け入れる限りは、そこに自由は存在しないのですから、その労働はレイバーであり、そこからは自由な存在は生成しえないでしょう。しかし自然因果律が自由な意志の承認によって受け入れられるならば、そこに自由が発生するでしょう。つまり強制によって身体を物権化つまり孵化器とするのではなくて、自由意思によって自己物権化の選択をすることで、受精卵として到来するものを受け入れたとき、「対人的物権的」関係が始まるのです。

現象的にいまだ物としてしか現れていないものを、あたかも「自由な存在」のごとくみなしうるのは、反省的判断力の発動によってです。「自らの自由を侵害する異物」としか現象してこないものを、あたかも「自由な世界公民」の到来のごとく捉え直すのです。「自由な世界公民」の産出は、「自由な労働」を通してしかありえないでしょう。逆から言えば、「自由な労働」の遂行は、血縁という所有関係とは無縁なところで行われねばならないということになるでしょう。

◉——「世界公民」の出現

血縁的な親子関係に執着せずに、世界公民の産出・育成のための次世代育成関係へと読みかえられた時、「自由な労働」が現れます。自由な再生産労働者であろうとする者は「自由な世界公民」の誕生に向けて、直接的な不自由を受け入れ、新たな自由の実現に踏み出そうとします。その時、懐胎労働がレイバーではなくなるためには、身体的制約を超えた他者との協働作業が必要です。その場合の他者とは誰でしょうか？

ひとつは胎内にいる他者（胎児）です。もちろんそれは自然的に他者なのではなく、承認を通して「他者」となった存在です。自由な判断力によって、その他者は生命的存在として胎内で動き回り、その日々の成長は労働者に悦びを与えることができます。「自由な世界公民」に向けて何万年の生物進化のプロセスを一気に体験していく旅を共にたどろうと意志することは、レイバーではなく「自由な労働」となりうるからです。その時、協働者としてのシンパシーが生まれ、そこからエモーショナルな感情が生じるのではないでしょうか。

「懐胎する身体」において何が目撃されるでしょうか。そこは二つの自由な存在の相対する葛藤といえます。近年の胎児研究では、子宮は胎児にとって決して天国ではなく、さまざまな軋轢とストレスの場であることがわかっています。その中で、胎児は成長のプログラムに従って、一定の変化のプロセスをたどっていくのです。胎児はいまだ言葉を持たないわけですが、すさまじいエネルギーで膨張していくのです。これは高度のハイ・テクノロジーも及ばぬ連続作用であり、その意味で出産器械化は促進されています。「懐胎する身体」はサイボーグと化していきます。

それはジェンダー、血縁幻想の枠内にとどまるものではないのです。個別として捉えるならば対立関係にありますが、それが自由の生成する場、エイジェンシーと捉えられることで、両者の間に交渉、宥和、共生、分離へと絶えず揺れ動く空間が開かれることになります。それが自由な労働であるためには、各プロセスにおいて、さまざまな選択肢がなければならないでしょう。一方が他方のためにすべてを犠牲にすることがあってはならないのです。エネルギーをもった存在としての胎児を抱えつつ、それに従属することなく、それと向かい合う自由な存在であり続けることが、「自由な労働」の成立条件といえるでしょう。

葛藤の極致は、分娩の時にやってきます。分娩労働の選択肢は、できるだけ多様であってほしいのです。分娩をレイバーではなく、創造的なワークもしくはアクションへと転換していくためには、分娩を危機ではなく、解放と捉える方法が編み出されねばならないのです。激烈な痛み、生命の危機への恐怖は、緩和されることが必要です。そこに豊富な知識と体験をもつ助産師、不必要な身体的負担を解除する医師、分娩の苦痛と悦びを分かち合う存在が、「自由な労働」への共闘者となるでしょう。

自然分娩、アクティヴ・バース、無痛分娩、帝王切開など、さまざまな選択肢が、どれかが絶対視されることなく、労働当事者の自由に委ねられた時に、「自由な労働」が可能となるでしょう。過剰な自然分娩イデオロギーを強いられたり、医者の管理下での無痛分娩や計画出産を強要されることなく、各同等の選択肢として提供される必要があります。

新生児の誕生は、「自由な世界公民」の可視化となります。その時、「懐胎・分娩する身体」との分離が完遂します。その後の育児ワークは、世界公民の可能態であるものを現実態とするプロセスであり、それはジェンダーを超えた、血縁幻想をも超えた社会的ワークとなるはずです。自由な人間を育成することは、複数の人びとが関与する「自由な労働」によってしかありえないからです。「産む」選択によってこの世界に生を受けた存在は、ある時期までは「一方的贈与」を受けることが許されますが、しかし社会的存在としての自覚を持つときは、自分を生み出した懐胎労働の意味の理解が必要となるでしょう。それは「私はこの世に生を受けた。そうでない可能性もあったのに」という自らの存在の偶然性と必然性の了解です。

「かけがえのない生命」というのは「生まれない可能性もあったけれども、生を受けた」という自覚であり、そうした生を受け入れた社会に対して「生きさせろ」と要求する契約、つまり根源的契約に入るのです。ただしこの議論は、「誕生」を産まれた者にとって肯定的現象とする論点に基づきます。誕生を否定的に捉える立場において、新たな問題設定が必要ですが、今回は指摘にとどめます（加藤 2007）。

最も問われるべきは、妊娠のもう一方の当事者でありながら、懐胎労働という困難な労働を女性に委ねてきた男性の立場です。男性は、根源的不条理を担っている他者に対して、どのように関わりうるのでしょうか。

まず、胎内の他者の父親を名乗る者との関係があります。冷凍保存の精子で懐胎した場合は、この関係が欠落しています。それ以外にも、レイプをはじめとする避妊をしない性行為の帰結として、懐胎者が父親を特定することを放棄する場合も当てはまります。

父という定義は、自らを受精卵の一方の当事者と認める者のみならず、当事者でなくても懐胎労働の協力者となることを選ぶ者も含まれます。レイバーでありうる労働を「自由な労働」へと転換するために、彼は何をすることができるのでしょうか。彼もまた、それを「自由な世界公民の産出」と捉えるべきです。もし懐胎・分娩する身体や子どもを私物化するならば、彼はその労働をレイバーに貶めることになります（＊6）。

顧みれば家父長制とは、そもそも血縁幻想に基づいて存続してきたのです。男性の「懐胎する身体」への関心は、自らの血を受け継ぐとみなす子どもへの関心となり、それは「懐胎する身体」の管理につながったのです。女性たちはこうした管理を強要されてきたのですが、現代では、このような姿勢の男性を拒絶する女性が増加しています。シングルマザーをあえて選ぶ女性たちですが、彼女たちは子どもを自由な労働で育てることを選んだともいえます。もちろん経済的困窮や男性側の責任放棄などもあり、社会的問題にする必要がありますが、ここでは論じる余裕はありません。

男性側から、管理とならない「懐胎する身体」への関わりを提示することができるでしょうか。他の男性によって妊娠した女性と恋愛関係に入り、その女性の「懐胎・分娩労働」を助ける男性の実例は少なくないのです。そこで問題なのは、再婚禁止期間などを設定して、その子どもが前夫の子か現在のパートナーの子かを明確にせよとする日本の法律です（＊7）。フランスをはじめとしてヨーロッパ諸国ではとっくに廃止されているこうした法律が日本には依然としてありますし、廃止の議論すら十分に行われていません。ここからみても、「懐胎・分娩」は個人の問題ではなく、社会とくに国家によって介入されている問題であることがわかります。その点にもっと注目する必要があるでしょう。

そして次世代を迎え入れる社会です。子どもの出生は、世代間の継続が重要なテーマとなった近代国民国家体制以降、個人の問題にとどまらず、社会的問題となりました。未来投資型の資本主義経済システムにおいては、人口の増減はその死活問題だからです。そのために政府や行政機関は出生率に重要な関心を持ちますが、しかしそれは出生の結果に対してだけでした。現代は「個人の自由」を絶対化する新自由主義が世界的にヘゲモニーを握っていますが、それは表現とは裏腹に、人間の自由の多様性、例えば逡巡し、迷い、過ちをも犯すという多様な可能性を許さない瞬時の合理的判断を要請する超効率化社会となっています。それゆえ出生率もまたコントロール下におこうとしますが、生殖が人間の自由な営みである限り、国家政策からはみ出さざるをえないのです。

さまざまなリスクにさらされている「懐胎・分娩労働」を、人口政策と結びついた国家的観点からではなく、「自由意志」に基づいたさまざまなサポートが行われる社会のあり方という観点から捉え直そうと思います。懐胎・分娩は病気ではないものの、多大な身体的リスクを担う労働、あえて自由を喪失するリスクの大きい労働に関わる者が、それをレイバーとみなさずに、新たな意味での自由な作業もしくは活動として取り組めるための環境づくりが必要です。

環境づくりとして最も現実的に問題にすべきなのは、自由の喪失が単なる自己犠牲とならないために、それが社会的に有意義なものだという実感を分かち合うために、この人間を産出する労働を有償化する必要があります。近年、一人の人間が存在することに関して、国家がベーシック・インカム(＊8)を保証すべきという議論がありますが、こうした議論はこの問題にこそ当てはまります。この世にかけがえのない存在を到来させる労働には、ベーシック・インカムが保証されて当然です。この世に到来したが依存状態にある者(一定期間にせよ、常態的にせよ)の世話をする労働を「依存労働」と呼び、それが社会的に不当な扱いを受けてきた不正義を主張する先鋭な議論も生じています(キティ 2010)。

「親」の認定に関しては、現在、諸国家において「受精卵」中心、「懐胎・分娩する身体」中心で差異的に規定されていますが、いずれにせよ、そうした決定権を国家から取り戻されねばならないのです。親であることは、受精卵の当事者でもなく、懐胎・分娩の身体の持ち主でもなく、出生児を養育・育成することを自由意志で決断した人に委ねられるべきでしょう。出生児を「世界公民」として育成するためには、世界との契約(出生届)、子どもとの契約(養護契約)、自己との契約(育児義務)が要請されることになりますが、従来的な血縁幻想に基づく親族法は再考されねばならないのではないでしょうか(＊9)。

近代的家族法が血縁家族を基盤としているため、性の多様化、生殖技術の発展や国際間養子システムなどの現状において生じる新しい家族のあり方に不適切だとするフェミニストたちの見解も検討する必要があります。ここでは指摘にとどめますが、こうした新たな問題の解決の模索ぬきに人間の自由を語りえないはずだということは明記しておきたいと考えます(＊10)。生命の誕生の後、その育成に関して自由の観点から論じる必要があります(＊11)。それには自由だけではなく、「愛」という論点が必要ですが、今後の課題にしたいと思います(＊12)。

註

(1) ここでの「自然主義」とは女性のさまざまな性と身体の可能性を「産む性」に限定し、それに向けての準備期間、「妊娠・出産」、「母性活動」が自然に課せられた運命だとみなす考え方を指す。

(2) 「母性主義フェミニズム」を指す。日本では女性は「産む性」として国家に貢献すると二〇世紀前半に平塚らいてうなどによって唱えられた。それは戦時中の「産めよ・殖やせよ」政策に利用された。その後も批判されつつ綿々と続いている。

(3) ハンナ・アーレントは、労働の中にレイバー、ワーク、アクションの三側面を指摘し、「自由な労働」の可能性を追求した。とはいえアーレントは賃金労働の意味を「自由な労働」としては捉えず、マルクス的な「疎外された労働」とみなし、賃金を媒体としない創造的な活動を「自由な労働」とする、脱「賃金労働」化というユートピア幻想に向かう。契約労働としての「賃金労働」と「自由な労働」との関係は、彼女によっても解かれていないという問題は残る。この問題を解くために、ここでアーレントが意図的に脱落したカントの二世界論を導入して、二つの労働を対立的に捉えるのではなく、多層化という論点で捉え直してみたい。

(4) 向井亜紀さんの実例(向井亜紀『家族未満』小学館、二〇〇七年、一七二頁)。彼女は病気のため子宮を失ったので、夫との間の受精卵を米国ネバダ州の女性に預けて代理出産契約を結び、無事出産して双子を得たが、日本の品川区役所は、向井さんの「分娩の事実」がないとして、彼女を戸籍の母と認めることを拒否した。向井さんは裁判に訴えたが、一審で日本は「分娩主義」を慣例とするとして否決、二審は再考の余地ありとしたが、最高裁で一審の判決が採用された。

(5) カントの自由論の男性中心主義を批判しつつ、それを脱構築して、女性の生殖の自由を人間的尊厳として新たな議論を提起しているのが、アメリカのフェミニズム法学者ドゥラシラ・コーネルである(コーネル 2001, 2005)。

(6) 近年、避妊しない性交をすべて性暴力とみなす議論がある(森岡 2008 参照)。

(7) 再婚禁止期間とは、日本では民法七三三条の規定により、女性(妻)は前婚の解消又は取消しの日から六カ月間は結婚することができない。これは父性推定の混乱を防ぐ目的による。女性のみに課せられていて、男性にはない。

(8) ベーシック・インカム(basic income)は最低限所得保障の一種で、政府がすべての国民に対して最低限の生活を送るのに必要とされている額の現金を無条件で定期的に支給するという構想。基礎所得保障、基本所得保障、国民配当とも、また頭文字をとってＢＩともいう。

(9) 欧米フェミニストたちは、血縁幻想や異性愛主義、国籍主義から離脱した家族法を模索している。コーネルによれば、フランスのイリガライや、アメリカのファインマンの議論が示唆的とするが、彼女独自の養子縁組の多様化の議論も提示している。

(10) こうした自由に関する議論は、現在、巷に溢れている自由論、新自由主義が浸透させている自己決定・自己責任原則に固執する個人主義的自由とは異質なものであるに違いない。新自由主義のいう自己決定・自己責任原則には基本的に自己利益の観点しかなく、他者への配慮が欠落しているからである。それは、他者を懐胎し、存在へと到来させる労働の価値を認めることはできないのである。

(11) 自由が根源的不条理の上で成り立っているということは、それが自己完結的なものではありえないことを示唆している。自由は、自由ならざるものとの相克にあるのであり、それは偶然性にさらされているのである。

(12) 再生産労働は「アンペイド・ワーク」と読みかえられることにおいて、社会的位置づけを得た。つまり資本主義以降の体制においては、労働は「ペイド」「アンペイド」の二元論で分類され、後者が実質的に低い評価しか与えられていなかったことの不当さがあぶりだされた。他方「ケア・ワーク」と言い換えられることで、「愛の労働」の脱ジェンダー化、脱血縁幻想の可能性を開いたといえる。

文献

ボーヴォワール、S（1997）『第二の性II』中嶋公子・加藤康子監訳、新潮社
コーネル、D（2001）『自由のハートで』南野佳代他訳、情況出版
———（2005）『女たちの絆』岡野八代・牟田和恵訳、みすず書房
ダラ・コスタ、M（1986）『家事労働に賃金を』伊田久美子・伊藤公雄訳、インパクト出版会
フーコー（1986）『性の歴史I　知への意志』渡辺守章訳、新潮社
カント（1972）「人倫の形而上学」加藤新平・三島淑臣訳、『世界の名著32　カント』中央公論社
加藤秀一（2007）『〈個〉からはじめる生命論』日本放送出版協会
キテイ、E・F（2010）『愛の労働あるいは依存とケアの正義論』岡野八代・牟田和恵訳、白澤社
ミース、M（1997）『国際分業と女性——進行する主婦化』奥田暁子訳、日本経済評論社
森岡正博（2008）「膣内射精性暴力論の射程——男性学から見たセクシュアリティと倫理」、『倫理学研究』三八号、関西倫理学会
内閣府男女共同参画局ウェブサイト「第四回世界女性会議　行動綱領（総理府仮訳）」(http://www.gender.go.jp/international/int_norm/int_4th_kodo/index.html)
大越愛子（1996）『フェミニズム入門』ちくま新書
———（2012）「懐胎・分娩はいかなる労働か」科学研究費報告集
リプロダクティヴ法と政策センター編（2001）『リプロダクティヴ・ライツ』房野桂訳、明石書店
林敬淳（2013）「国際比較の視点から視る日本女性のジェンダー意識」近畿大学修士論文
柘植あづみ（2012）『生殖技術——不妊治療と再生医療は社会に何をもたらすか』みすず書房
山森亮（2009）『ベーシック・インカム入門——無条件給付の基本所得を考える』光文社新書

第五講 「食の哲学」入門

——フォイエルバッハを参考に「食と宗教」について考える

河上睦子

はじめに

食の世界は二〇世紀後半以降、大きく変化してきました。一九世紀に食に関する科学（栄養学・食物学を中心とする食学や化学）が生まれ、食の自然科学的解明が始まるとともに、食の加工技術化、産業化、商業化が進められ、食の世界は様変わりしてきました。この変化は、食を支える「農」の脱自然的技術化（緑や青の革命など）とともに、食の世界の資本主義化を意味しています。そしていまや私たちは、食の世界のグローバル化に伴う大量の食べものの「物象化」が引き起こす、多くの問題を抱えるようになってきました。

食の生産と消費の分離、飢餓と肥満、「北と南」の格差、食の安全性の問題、遺伝子組み換え技術をはじめとする加工技術への不安、食をめぐる人間間の格差、食品ロスや膨大な食料廃棄物の産出、食情報の氾濫、さらには調理技術のテクノロジー化（AIまで）の影響などです。こうした現代の食の世界は「豊食・飽食・崩食」の世界であるといえますが、ここでは、食の役割や目的、食をめぐる人間関係のありようばかりでなく、「食べること」自体の意味も不明になってきています。「人間にとって食べることとはなんなのか」がわからなくなってきているのです。

でも、「食」は（ことの）意味を考究する学である「哲学」の主題にはまだなっていないようです。食の問題に関する哲学的考察もあまりみえず、「食の哲学」というような書籍も翻訳書以外ほとんどありません。どうも「食」の問題は自然科学や社会経済の分野で追求すべきもので、哲学の問題ではないと思われているようです。

このような考えは、哲学の伝統的な考えからきているようです。形而上学を出自とする哲学は、古来、事柄の本質・根源・意味を追求し、思考の論理性、明晰性、普遍性を追求する学問であるといわれてきました。それゆえ哲学においては、食の問題のような現実的な問題にはかかわらないと考えられてきました。この哲学の伝統的な考えは、古代のプラトン以後、近現代哲学まで継承されてきました。それでもアリストテレスやプルタルコスのような古代のギリシア、ローマの哲学者たちは、人間にとってよい食べものとはどういうものか？　人間にとっての食べることの意味とは？　食べることのルールのあり方とは？　などについて思考をめぐらしました。けれども伝統的には、食はあくまで「形而下的」な日常生活の問題として、哲学の主題とされてこなかったといえます。

しかし現代の食の世界は、人間にとっての食べることの意味の問題を投げかけているので、これまでの伝統的な哲学の考え方では済まされないように思います。もちろん現代社会が抱える多様な食の問題について、それを引き起こしている産業構造や社会制度の問題への論議を含めて、多様な専門学から問題提起がなされていますが、いまだ問題解決への方向性すら見えないように思います。なにしろ現代の食の問題は、現代社会の食にかかわる構造だけでなく、人間の生活や生き方にかかわるという困難さを抱えているからです。こうしたことから、レオン・R・カスは、食の問題の「難しさの根底にあるものは哲学的な問題ではないかと思う」(カス 2002: ix)と、食の哲学の必要性を説いています。このカスの指摘をあげるまでもなく、欧米では近年、現代の食の問題についての哲学的な研究が少しずつ始まっていますが、日本ではまだのようです。私たちは、現代の食の問題への哲学的考察とはどういうものか、その端緒を求める必要があるように思います。

1 「食の哲学」の必要性

ドイツの哲学者フォイエルバッハ(Ludwig Andreas Feuerbach, 1804–1872)は、一九世紀以降はじめて、「食」を哲学の主題にしようとした哲学者といえます。彼はキリスト教およびそれと一体となっているドイツ観念論哲学を、「人間学」の立場から批判した「宗教批判」の哲学者ですが、晩年、「食の哲学」といえる研究をしています。彼は「人間とは彼が食べるところのものである」という命題をもつ著のなかで、人間とは「食べる存在」であり、「食べる」という食活動は、人間が自然や人間同士とつながって生きていること（「人間の本質」）を明示している、と語っています。そしてこの食活動という人間の本質は、「宗教」においていわば「隠されて」示されているとみて、その仕組みを解明することを追求しました。彼は、食への宗教のかかわりについての批判的解明を通して、食活動の人間学的意味を明らかにする「食の哲学」を追求したのです。ここではこの彼の「食の哲学」を参考に、現代日本の「食」の問題について哲学してみたいと思います。

でも、なぜ「食と宗教」なのか。今日の私たちには食と宗教とは結びつかないように感じます。多くの人が、「食」は「生命」や「身体」にかかわることだが、「宗教」は「精神や心」の問題や「死や葬」にかかわるものだと思っています。また、食はすべての人間にかかわるが、宗教は個人の（信仰の）問題であり、私たちの時代や社会は宗教から「自由」になっていると思っています。ですが、フォイエルバッハによると、食と宗教とは別々ではなく、両者ともに人間の心身にかかわっています。実際、両者は歴史的にはつながってきたものであり、そのつながりは日本では今も「行事食」「冠婚葬祭の料理」などに残っています。「宗教」は歴史的・文化的には食の世界と深いかかわりをもち、とくに食をめぐる人間関係（秩序や差別）、タブーや儀礼、食の規範や倫理などについて食の世界の内実を構成してきたといえます。しかし、近代以降の産業経済と科学技術の発達および「民主化」によって、食の世界における宗教の位置は小さくなり、食と宗教とは徐々に切り離されてきたのです。

はじめに述べたように、現代社会は食に関する多くの問題を抱えていますが、その問題解決への糸口や方向性をみいだすのが困難になっています。ここから、近年、かつての伝統的食文化が見直され、食の意味・役割・つながりに関する宗教的な食観念に関心がもたれてきています。こうした関心は、人びとの宗教的意識が薄いといわれている日本でも大きくなってきているようです。これは、二〇一三年にユネスコ無形文化遺産に登録された「和食文化」という「日本人の伝統的な食文化」の再興のなかに典型的にみられます。他方でグローバル世界の登場によって、食と宗教とが密接につながっている「異文化」をもつ人びとと交流するようになって、宗教と食とのつながりについて関心をもつ人が多くなっていることもあります。かつての宗教的食観念への「関心」や「再評価」とは、どういう意味をもつのでしょうか。

近代まで食の世界は、地域や共同体や自然環境に依拠したローカルな農林水産業、食に関する長く積み上げられてきた知恵や習俗や宗教的世界観などに支えられてきました。しかし、現代の食産業の資本主義的グローバリズムや科学知識主義は、そうした食についての「伝統」やその独自性やローカル性を解体させてきました。その結果、食の世界には差異や多様性どころか、「北と南」に象徴される多くの格差や不平等があらわれてきました。こうしたことから世界のあちこちで、食についての脱・反グローバル主義、自文化中心主義、保護主義などの「ナショナリズム」的主張が、伝統的食文化や宗教的食観念の再興として提唱されるようになりました。日本でも政府主導で伝統的食文化や「地域の食文化」の掘り起こしや、かつての「食育」教育の見直しなどがなされています。そして学校給食には「パンや牛乳」より「昔ながらの米飯やみそ汁」を、教科書には「パン屋より和菓子屋」掲載を推奨するような動きまで出てきています。

でも、こうした食の「ナショナリズム」的主張を、反時代的だ、「イデオロギー」だ、と単純に批判すればいいようには思いません。なぜなら、そうした主張には、現代社会の食のグローバル世界における資本主義的マンモニズム（拝金主義）や物質主義への「批判」も含まれているからです。この問題は、単に「政治問題」や「イデオロギー問題」では片付かない、また「近現代対前近代」「科学対宗教」の思考図式で解決できる問題でもないように思います。

こうした「イデオロギー的」対立論を超えることは、フォイエルバッハの哲学の課題でした。彼の「食の哲学」は、宗教的食観念を単に批判するのではなく、それが指示している人間学的意味を解明することを目的にしたものでした。そして、人間にとって食とはなにか、食の本質を考えるために、同時代だけでなく古い時代の人びとの宗教や学問・文化などを研究しました。というのも、彼の時代の人びとの意識がいまなお宗教的な観念に専有・支配されており、そのことが人間にとっての食べることの本質や意味を見えなくしていると考えられたからです。

この宗教への姿勢は、彼の哲学の根本的立場でもありました。彼は宗教批判の哲学者といわれるように、宗教を「否定」するのではなく、「批判」した哲学者です。彼の哲学は、宗教の本質を人間学的に解明するものです。彼によれば、宗教的意識には「人間の自己疎外」が含まれています。人間は、自身の生命の有限性や自然制約性や人間関係や社会構造からくる「受苦」「困窮」「悩み」などの解決、自由・解放・超克への願望の実現可能性を、宗教の神（仏）などに投影し委託して、それを通して生きようとしてきました。そこでは、人間はこうした宗教への自己の（本質的）かかわりを知らないままに、むしろ宗教において投影された自己（＝類）の本質を「神」として崇め、それに支配され、宗教（神）のために生きようとします。それゆえ、こうした宗教における人間の「自己疎外」を脱するためには、宗教における人間自身のあり方や生き方の仕組みを明らかにすることが必要です。それには宗教を支えている諸観念や学問・政治社会文化の知の仕組みを批判的に考察し、宗教の考え方を哲学の批判的対象とすることが重要だと、彼は考えました。

彼の「食の哲学」はこうした宗教批判哲学の一環として出てきたものです。したがって彼は、「伝統対近（現）代」「宗教対哲学」というような思考図式をとりません。そうした二項的思考は食の本質解明に役立たないと考えたからです。

ところで彼が、「食」に注目するようになったのは、モーレショットの栄養学の本の書評（＊1）からでした。彼は、この本について、「哲学的にも倫理的かつ政治的な関連性においても極めて重要」であり、「食物・栄養が、精神と自然との同一性」を明らかにする「最高の哲学的意義および重要性を持っている」と述べます。そして、この本で示された「食」に関する自然科学的知見は、伝統的な宗教的知見と異なる新しい「革命的な」意義をもっているといいます。彼は、この本を通して「食」が時代の重要な課題であり、哲学の主題であると認識したのです。

けれども、彼は「宗教対自然科学」という対立図式で「食」について考えませんでした。食の宗教的知見は人間の精神的文化的側面を、自然科学的知見は人間の自然との関係をみるという心身二元論的思考をとらないのです。彼は、人間の食活動を心身連関した「身体的存在」（＊2）の感性的活動として、つまり「自然主義かつ人間主義」という観点から考えます。彼のいう自然科学的知見の「革命性」は、宗教的知見を自然科学的知見に置きかえるという「空想より科学へ」の提唱ではありません。それでは宗教がこれまで蓄積してきた食の文化や知恵の仕組みの解明がなされず、人間がふたたび宗教がもつ人間の自己疎外という「闇」に嵌まり込んでしまうと考えたからです。彼は、自然科学的知識の教示する「人間と自然との関係のもとにある食活動」を考えるためにも、宗教的知見のなかにある人間の食活動の役割・意味・目的を明るみに出す必要がある、と考えていたのです。

ここから食の人間学的意味への追求を中心に、食をめぐる人間と自然との関係、人間集団のあり方、食の社会的機能などについて、これまでの宗教のなかでの食に関する行為（「宗教的食行為」）の意味を解読しようとしました。そして、西洋のキリスト教だけでなく、自然宗教、古代宗教、（日本を含む）非西洋の宗教の食へのかかわりについても、哲学的解読を始めたのです。

2　日本の宗教的食観念の歴史

私たちは、二一世紀の日本の「食の世界」にいます。ここはグローバルな世界食市場を背景に、科学技術や産業技術が生み出す大量の食べものにあふれた「飢えない社会」です。こうしたなかで、伝統的な宗教的食観念の見直しについて考えるには、歴史を確認する必要がありますが、ここでは簡略に顧みるだけにして、現代の食の問題について、私たちの食観念と対照的と思われる宗教的食観念をとりあげ、その意味を哲学的に考えてみたいと思います。

日本の宗教のなかで、これまで、食観念（形成）に大きくかかわってきたのは、神道と仏教です。

この二つの宗教は「神仏習合」という形で融合してきた歴史をもち、食の習俗儀礼や人びとの食生活に大きな影響を及ぼしてきました。しかし明治以降、敗戦までは「非宗教という国家神道」と「廃仏毀釈」という国の神仏分離政策によって、神仏習合的な食観念も分断され、それまでの食の意味づけや役割も変容しました。しかも戦後は「食の民主化」によって「聖俗分離」の実態が失われ、宗教の食への規範力や慣習や倫理も時代に合わなくなってきました。こうした日本の宗教的食観念については、原田信男がいうように、「宗教のみならず、それを成立させた国家や社会という大枠のなかで検討されねばならない」ようです（原田 2014: 178）。

しかしそれでも、石毛直道を借りれば、次のことがいえるようです（石毛 1982, 2009）。日本を含めて近代以前の宗教的食観念は、民族性・地域性・伝統文化というローカルなものであったのに対して、近（現）代的食観念は、西洋のキリスト教を出自とするも、資本主義体制に支えられた強力な普遍性をもつ世界的な食観念です。内容的には、食の「機能性・合理性」を主軸として、食生活の物質面の均一化、食の産業化や民主化を基本とした脱宗教的性格をもっています。けれども日本においては、伝統的宗教的食観念が明治の近代化以降も非西洋的「文化イデオロギー」として機能していました。それが敗戦によって一挙に西洋化、世界化します。そうして今日では食の宗教儀式の形骸化や「ハレの日常化」が進み、宗教的食観念の社会的機能も衰退してきたといえます。

3 「禁肉食主義」と「快楽主義」

石毛直道によれば、今日の日本人の食（事）は「飢えない社会」の特徴である「食（事）の快楽化」の段階に入りましたが、これは日本特有のことではなく、食の産業化・民主化とともに進行してきた食の「近代化」を示すものです。現代人は、食生活全般についての功利性・合理化・道具化・技術化・多様化・情報化などの近代的理念とともに、食の「自由」「民主化」を象徴する価値観として「快楽主義」を受け入れるようになりました。これは、食べることを快楽と考える人が多くなることを意味しますが、それは私たちが「大食」「美味」「美食」「グルメ」やレストランのランク付けなどの食情報の「快楽の洪水」にさらされることでもあります。だがそれは、食の快楽の世界から「排除される」人びと（拒食や貧食や「孤食」など）を生みだす価値観でもあります。

現代日本のこうした食の快楽主義と違って、仏教の食観念には「精進料理」「禁酒」などに代表される「禁欲主義」が伝統的にあります。これは、原始仏教の五戒のうちの「不殺生」「不飲酒」に由来する日本独自の「自然主義」思想に支えられています。この禁欲主義は、「草木国土悉皆成仏」に示されている天台本覚思想を核として、自然・生命・人間のすべてが「成仏」可能性をもつという考えのもとで、とくに「人間と同じ」生きものを殺して食することを禁ずる「禁肉食主義」です。この禁肉食主義は、「殺生」という罪悪性に支えられた人間の食の「本性」の自覚を促すという目的をもった宗教的食観念です。こうした日本仏教の禁肉食主義は、七世紀の「殺生禁止令」

をはじめ、上層階級を中心に日本の食の規範となってきました。その意味では禁肉食思想は日本固有のものとして、西洋出自の肉食主義思想に同調しない宗教的食観念といえます(＊3)。

しかし、日本の禁肉食思想は実質的には「建前」であったようです。というのも古来、農林漁業に依存してきた日本の食の世界はローカル性をもつ自然主義に立脚しているため、一部の肉獣や魚介類は禁止対象から外されるという条件付きのものでした。つまり、日本仏教の食観念は厳格な禁肉食主義ではないのです。

こうした考え方を最も顕示しているのが、浄土真宗の親鸞の「肉食妻帯」思想です。これは、「不殺生・不邪淫」戒(＊4)を犯さざるをえない「人間の本性(罪性)」の認識を踏まえた独自の宗教的食思想として、また肉食のための殺生を行わざるをえない人びとと同一地平に立つ共生思想でもあったようです。それに対して禅宗系では、「聖(僧)俗分離」のもとで食活動を仏道修行の一環と考えてきました。禅宗内部では、栄西や道元(彼の二著、『典座教訓』：僧食のための調理・配膳の意味、『赴粥飯法』：仏道者の食事の心得)などの食(事)思想が伝統的に受け継がれ、仏教の禁肉食主義を継承してきたといえます。しかし、それは基本的に僧侶などの仏道者の食観念であり、儀式用の食事として「精進料理」にあらわされています。

こうした系譜をもつ日本の禁肉食主義は、明治政府による食の西洋化とともに、「肉食妻帯勝手なるべし」(一八七二(明治五)年)の法令以降、肉食を良しとする近代的食観念へと転換していきます。中村生雄によれば、この動きは、日本仏教の食観念が超越的な原理よりは現実的な世俗化された理論をもつ「日本人の現世主義的性格」や「非常に享楽的な日本民族の性格」に対応しており、仏教の厳格な戒律を相対化、「空洞化」しているといわれています（中村 2011: 38–39）。

こうして日本の仏教的食観念は近代以降、禁肉食主義を緩め、世俗化による商業主義と快楽主義を今日まで受け入れてきました。人間の「生老病死」の「苦」にかかわる日本仏教は、いまや食に関しては「苦」よりも「快」の視点が大きくなっているようにみえます。冠婚葬祭の儀礼食の「精進料理」も禁肉食主義を換骨奪胎され、健康食のレシピ料理として広がっているようです。もちろん寺社のウェブサイトには、お供えや仏式の食事法や「五観の偈《げ》」（＊5）などの食（事）の心得などが掲載されていますが、それらは宗教的「活動」よりは、寺社の「経営」手法や広報活動のミッションのようにも思えます。今日の日本仏教の食へのかかわりは商業主義に浸されているとみえるようです。

もちろん一部には開祖や教団の食（事）の考え方の紹介書などで、「快楽主義」への戒めもみられます。そこには、食（事）についての人びとや生命への感謝、徳行や正しい心をもって食すること、食（事）の身心への良き影響などが仏道による正しい食事だという「信念（観念）」が示されていますが、それらは一種の「宣教」のようにもみえます。仏教の「精進」の意味や食（事）の心得が、現代人の「幸福主義」や「健康観」に寄与すると語られる状況をみると、かつての宗教的食観念の特色である禁肉食主義の「精神」は、現代人の快楽主義と対立するのではなく、むしろそれに同調的なものであるようにも思います。

4　食の感性

ところでなぜ人間は、食について、宗教を含めて、禁肉食主義、快楽主義、幸福主義などの観念や思想をもつのでしょうか。フォイエルバッハによれば、それは人間の食活動が「本能的」ではなく「意識的」（改造と選択の可能性）であるという人間の「食の感性」と関係があるからです。人間の食活動は性的活動と並ぶ人間の主要な身体的活動ですが、これは感性的活動として作動しています。食活動における人間感性は、「食べる対象（食べもの）」と「食べる行為（食べること）」との相応的な関係として、快と苦の両面的作用をはじめ多様な感覚作用として働きます。ある個人にとって好味であるチョコレートも、他の人にとっては嫌味だというようにです。感性は基本的には個人の身体的活動に依拠しているので、個人差があるのです（＊6）。この人間の感性的な身体的活動は精神的な活動ともつながっていますので、快苦の感覚や幸福感や苦悩まで引き起こします。ここから同じ食べものを長く食べる人間たちは同じ味覚をもつようになり、食べものについての共通の観念や価値観が生まれるようになるのです。宗教的食観念は、必ずしも「作為的」「精神主義的」「トップダウン式」につくられるのではなく、食べものと人間（集団）との感性的活動がもつ共働作用に根拠があるようです。

食に関するこうした感性的作用には、個人的なものだけでなく、甘味・酸味・塩味・苦味・うま味などの味覚や腐臭の臭いの忌避という（人間に）共通するものもあります。今日の食の感性工学はこの人間に共通した食の感性を科学産業技術によって人工的につくりだそうとしています。この点ではフォイエルバッハの「感性哲学」は現代の感性学の先駆であったといえます。

禁肉食主義などの伝統的宗教的観念は、食の個人的感性を集団の統一的食規範によって支配しようとしてきたので、近代的個人の食の自由意識にそぐわなくなりましたが、快楽主義や幸福主義は個人の食の感性に依拠するものとして、近代的な食観念になったといえるでしょう。フォイエルバッハはこうした（個人的かつ集団的な）「食の感性」という視点から、宗教的食観念をはじめ、食の規範や倫理を明らかにする「食の感性哲学」を追求したのです。

5 「個人主義（孤食）」と「共食主義」

現代日本人の食（事）が、家族と一緒に食卓を囲むという形態よりは、一人で食事する「孤食」が多くなってきたといわれ、社会的な問題となっています。とくに子ども、若者、高齢者の孤食が問題とされていますが、孤食は、「食」の産業化と技術化の発達による「食べモノ」の個別化と「食べるコト」の個人化という、現代の食の世界全般の状況がもたらした食事のあり方です。これは近代化に伴う現代人の生活・労働・意識の変化や、家族や地域の共食共同体の崩壊と関係があります。孤食は、子どもの場合は教育（塾時間など）や貧困や親の就労状況が、若者の「一人食べ」は自由意識やコミュニケーションや労働状況が、高齢者の場合は家族状況や経済状態や介護ケアやＱＯＬ（クオリティ・オブ・ライフ）などとの関係が大きいのです。つまり、孤食は現代の社会構造や現代人の社会的意識などに関係しているのであって、個人や家庭の単なる食（事）の形態の問題ではないのです。

にもかかわらず、最近、「孤食」は人間の悪しき食事の形態とされ、親（とくに母親）、家族、若者自身に原因があると語られています。そして、孤食に対して「共食」は「人間本来」の「あるべき」食事の形態として「推薦」「指示」され、「食育基本法」などの「食育推進運動」のなかで、各家庭の共食回数を増やすよう指示されたり、地域の共食行事などが地域振興策として推進されたりする「共食運動」が盛んです。そうして全国各地で「子ども食堂」や「高齢者向けの地域の共同食堂」などが民間のボランティアたちの力でつくられています。この「共食運動」には宗教者も多く加わっており、宗教的活動にもなっています。

それにしても「共食」が「本来的」「人間的」な食（事）のあり方だというのは、どういう理由からでしょうか。たしかに共食は、人類誕生以来近代に至るまでの人間の食（事）形態でした。それが「食べもの」を介する人間と自然・社会との「共生」連関に相応する形態だったことや、共食共同体を通して人間性や社会性が形成・維持されることなどを考えると、「共食」が人間にとってよりよき食（事）形態だといえるでしょう。それゆえ文化人類学、教育学、家政学、発達心理学など、現代の多くの食の学問的知見もそのように語っています（河上 2017）。しかし、その共食が人間抑圧・差別の政治的なコミュニケーション機能を果たすことは、ナチスの「共食政策」で立証された事実です（*7）。また、共食の人間関係や社会が「引きこもり」「拒食症」「ぼっち食べ」などの「孤食」へと追いやっていることもあるように思います。

ところで、今はやりの「共食運動」は、近年の伝統的食文化や宗教的食観念の再興とセットになっているようです。世界文化遺産となった「和食文化」のなかでも、共食が日本の伝統的な食事形態であると紹介されています。日本料理史をひもとけば、時代時代の身分階層に応じた共食の形態があり、日本の伝統的宗教的食行為が共食にあるとわかります。イスラームをはじめ、世界の宗教も同様です。個人の信仰に依拠するキリスト教も例外ではないようです。

キリスト教の聖典（聖書）には、「共食物語」といわれている箇所があります。これは、イエスが少しのパンを五千（四千）人に分け与え食べる行為などについて書かれたものです（＊8）。キリスト教は言葉や精神の宗教といわれますが、もともと「食」と密接なかかわりのある宗教です。有名な聖書の「人はパンのみにて生きるにあらず」の言葉も、「食」を否定するどころか、いかに「食」が（宗教的にも）重要だと考えているかを示しています。むしろキリスト教は「食」（「食べること」や「食事」）の意味や役割を考えてきた宗教であり、「食の宗教」との解釈もあるようで、独自の共食の意味づけをもっています（主の食卓）。こうしたキリスト教は、今日の日本の「共食」の論議に、どのようにかかわっているでしょうか。

いうまでもありませんが、キリスト教は日本では、近世社会のなかで過酷な弾圧を受けた歴史をもち、明治以降の西洋化の流れのなかで徐々に宗教として受容されてきました。しかし、その後の日本の歴史のなかでもその影響力は教育や文化面に大きくとも、食の世界においては「西洋食」の導入以外あまり関心をもたれてこなかったように思われます。

でも、今日の日本のキリスト教（系）には、仏教のような商業的会食（事）はみられませんが、教会には「共食」にかかわる儀式をめぐって（興味深い）議論がなされています。これは、「最後の晩餐」に由来する宗教儀式（カトリックなどは「聖体」の儀式で、プロテスタントや聖公会では「聖餐」の儀式）の「公開性」をめぐる議論です。この儀式は、「キリストの体と血」（キリストの死と復活）という宗教的に意味づけされた「パンと葡萄酒」（現代はその代理物）を「飲食する」ことを通して、キリスト教徒になることが承認されるものです。この宗教的儀式に入信の「意志確認未定の」人びとを参加させるかどうか、キリスト教の入信儀式の公開性をめぐって、近年真摯な議論がなされてきたようです。プロテスタントでは「聖餐」と「愛餐」との関係の問題（＊9）として、先述した聖書の「共食物語」の記述に沿いながら、公開の意味をめぐって議論されています。プロテスタント教会の多くでは公開されているようですが（オープン）、カトリック教会では入信者のみのようです（クローズ）。この議論は、宗教が世俗化している日本社会のなかでの宗教の「共食」をめぐる議論として注目されます。「共食」が宗教的コミュニケーション（＊10）であるという認識のもとで、入信や宣教という最も重要な宗教儀式が個人の信仰を原則とするか、教会という集団の行為なのかの論議を含んでいるからです。また宗教の最も重要な儀式がなぜ「パンと葡萄酒」という特定の食べもの（物質的なもの）を通してなされるのか（＊11）という、食の「宗教的意味」にかかわる問題としても重要です。

6　共食の両面性

宗教もかかわっている今日の「共食論議」について、フォイエルバッハの「食の哲学」はどのように考えるでしょうか。参考になるのは、「供犠論」です。彼の供犠論は「供犠の秘密、あるいは人間とは彼が食べるところのものである（Das Geheimnis des Opfers oder der Mensch ist, was er ißt）」（一八六二年）の著で展開されています（＊12）。

人間の食活動の本質は、（同じ／違う）「食べもの」を「食べる」という「共食」活動にあり、その役割・目的は共食活動を介した人間の共同性の維持・実現です。共食活動とは「本質を同じくする者が同じ食べものを食べる」ことですが、これは「心情の共同、本質の共同」を前提としているので、人間同士を強く結びつけます。しかしこれは他方で、自分たちと同じ食べものを共食しない人間たちを憎悪し排除することを引き起こします。共食活動は、人間間の結合・連帯と排除・差別という両面的機能をもっているのです。こうした人間の共食行動の意味は、「供犠」という宗教的行為のなかにみることができます。

人間は食べものの供与者である（と考える）神々への供物として、集団にとって特別の「食べもの」を捧げ（神饌）、その捧げた食べものを下げて人間たちが共食すること（直会）で、「食」がもつ自然制約性の苦しみや悲惨（受動性）からの解放や自由（能動性）を得ようとします。「供犠」という宗教的行為は、「食べもの」をめぐる「人間と自然との対立的関係」を神の介入によって「和解と融和」することを、人間たちが食べものを共食することであらわすものなのです。それゆえにこの宗教的行為は、「食べもの」を介して神と人間との一体性よりは、人間たち同士の一体性を形成強化するための共通の価値観念を「共食」を通して形成することに意味があるのです。それゆえ共食活動は、同じ食べものをともに食べる者たちはお互いを確かめ合い結束し連帯を深めるが、それを食べないあるいは「違う」食べものを食べる者たちは排除されるという機能をもつのです。ここからある民族の特定の価値観が「食べもの」に表象され、その食べものを食べる人間たちはその価値観を共有することが生まれます。

フォイエルバッハの供犠についての「食の哲学」が明らかにしているのは、「食べもの」による人間の価値観念形成と、共同体や集団の「共食活動」のもつ両面的機能（結束と排除）です。今日、家族や地域の共食共同体の危機的状況のなかで、「孤食と共食」のなかにある食（事）のあり方について、私たちは食べものや共食活動がもつ意味や社会的機能を考えてみることが重要だと思います。

おわりに

「脱宗教的時代」といわれる現代社会が抱える「食」の問題についての宗教的食観念の見直しには、その現代的意味を哲学的に考えることが必要です。ここでは、「食の哲学」の端緒をつくったフォイエルバッハの考え方を参考にしましたが、それを継承し、「食の哲学」を新たに構築することが課せられているように思います。

註

（1）「自然科学と革命」は、J・モーレショットの以下の本の書評である（邦訳：モレスホット『市民のための食物学』井上剛輔訳、創英社、二〇一一年）。

（2）フォイエルバッハは彼の感性的身体論を、後期には「人間は身体をもつと同時に肉体を生きる」という受動的かつ能動的な感性的身体活動として考えるようになります（河上2008）。

（3）日本の伝統的な禁肉食主義は、今日のベジタリアニズム思想と同じではありません。後者は個人の意志選択によるものです。

（4）「肉食」に「妻帯」が付加されたことについては、食欲と性欲との関係を示していますが、男性中心主義が明確です。

（5）「五観の偈」：(1)功の多少を計り彼の来処を量る、(2)己が徳行の全闕と忖って供に応ず、(3)心を防ぎ過貪等を離るるを宗とす、(4)正に良薬を事とするは形枯を療ぜんが為なり、(5)道業を成ぜんが為に應にこの食を受くべし。

（6）こうした食べものと食べる人間との相応的関係は、ブリア・サヴァランの言葉にも見られます。「君がどんなものを食べているか言ってみたまえ。君がどんな人であるかを言いあててみせよう」（『美味礼讃』上、関根秀雄・戸部松実訳、岩波文庫、一九六七年）。

（7）藤原辰史『ナチスのキッチン』水声社、二〇一二年。

（8）共食物語といわれるのは、マルコ六、八章、マタイ一四、一五章、ルカ九章のそれぞれの一部です。

（9）「聖餐」はキリスト者たちによる宗教的に意味づけされた食事、「愛餐」は教会内で行われる兄弟的な食事といえます（『岩波キリスト教辞典』二〇〇二年）。この両者の関係は、救いを求める病者、障がい者、悩める者、苦にある者たち（「貧しき者」たち）へのキリスト教の救済の問題でもあるといわれています。

（10）聖餐の語は、ギリシア語「ユーカリスト」（感謝）に由来し、ラテン語「交わり」を意味する「コミュニオン」もあらわしています。

(11) これは、神道の「米」や仏教の儀礼食の「精進料理」にも該当する問題です。

(12) この著作の詳細は、河上(2019)参照。

文献

Ludwig Feuerbach (1862＝1982), Gesammelte Werke, 1-(22), Hrsg. v. W. Schuffenhauer, Berlin, Bd. 10, 11.
(『フォイエルバッハ全集』全一八巻、船山信一訳、福村出版、一九七三—七六年、第三巻所収)

河上睦子(2008)『宗教批判と身体論——フォイエルバッハ中・後期思想の研究』御茶の水書房

——(2014)「和食とイデオロギー」、季報『唯物論研究』一二六号

——(2015a)『いま、なぜ食の思想か——豊食・飽食・崩食の時代』社会評論社

——(2015b)「フォイエルバッハ後期思想の可能性——『身体』と『食』の構想」、『ヘーゲル哲学研究』二一号、日本ヘーゲル学会

——(2015c)「『孤食』という問題?-」、季刊『現代の理論』デジタル版、四号

——(2016)「現代日本の〈食〉とイデオロギーについて」、『環境思想・教育研究』九号、環境思想・教育研究会

——(2017)「〈食〉の哲学入門——孤食について哲学する」、季報『唯物論研究』一四〇号

——(2019)「ルードヴィヒ・フォイエルバッハ『犠牲の秘密、または人間は彼が食べるところのものである』」、安井大輔編『フードスタディーズ・ガイドブック』ナカニシヤ出版

フォイエルバッハの会編(2004)『フォイエルバッハ——自然・他者・歴史』理想社

カス、レオン・R(2002)『飢えたる魂——食の哲学』工藤政司・小澤喬訳、法政大学出版局

亀山純生(2003)『現代日本の「宗教」を問いなおす——唯物論の新しい視座から』青木書店

石毛直道(1982)『食事の文明論』中公新書

――――（2009）『食の文化を語る』ドメス出版
南直人編（2014）『宗教と食』ドメス出版
原田信男（1993）『歴史のなかの米と肉――食物と天皇・差別』平凡社
――――（2014）「日本――道元と親鸞」、南直人編『宗教と食』所収
中村生雄（2011）『肉食妻帯考――日本仏教の発生』青土社
道元（1991）『典座教訓・赴粥飯法』中村璋八・石川力山・中村信幸訳注、講談社学術文庫
山口雅弘編（2008）『聖餐の豊かさを求めて』新教出版社

第II部

生きる場からの思索と哲学

第一講　生と死とおひとりさまを考える

久保下多美子

◉——生きる意味を問う

「生きること」とは？　と、自己に向かって問いかける時期はいつなのでしょうか？　幼い頃に不慮の事故や病で両親や親しい人に死に別れた経験を持つ人は、幼くてもその時から問い続けることになるでしょう。たいていは自我が芽生える年齢であったり、反抗期を迎え、なんとなくイライラしたり、気づかないいまま情緒不安定という状態とともに、思春期の思索期に書物や映画や音楽、絵画に触れ「感動する」という精神の躍動のなかで、その「ことば」と「意味」を心部の奥深く沈みこませていくのではないでしょうか。同時に、「生きる意味を問う」ことは、「死」を考えること、

「死の意味を問う」作業が伴っています。

私の場合、三つの場面が幼い頃の映像として浮かびます。隣家の井戸の前の石段上に、両手で首を切り落とした鶏を持つ私。しんしんと雪の降り続けるなかで、松の木を見上げ続ける私。墓場へ向かう葬斂《そうれん》行列。来客用の鶏肉すき焼きの準備に、幼い私が鶏足を両手で握っている光景は、田舎暮らしでは当たり前のものでした。決して罰を与えられているわけではありません。

大人になって、不慮の事故のようにやってきた「離婚」により、建てた自分の入るべきお墓が失われた時以来、幼い頃の心象風景ともいえるこれらの場面が、映像としてたびたび描き出されるのです。

死後入るべき墓を失ったことから、「お墓とは」「魂とは」「死後の世界とは」「死者への祈りとは」「逝く者と遺される者とは」などなどの疑問から、「死者の人権」や墓による環境破壊などの問題意識をもち、「人権とは」を問い続けて、「個」として生きる方のお手伝いをし、そして自ら実践する側になりました。

◉——「ひとりで死ねますか?」

一九九五年に、がんの余命宣告を受けたひとりの女性から、東京の「継承者不要合祀墓」申し込み仲間での扶助組織へ問い合わせがありました。この女性の問いかけから、「生前契約システム」が構築されていきました。

生前契約とは、これまで家族が担っていた相互援助、看護、介護、葬送（葬儀、納骨、供養）、法的な諸手続き（年金、健康保険、介護保険などの届け出）と生活全般にわたる支援希望を、元気なうちに第三者と契約しておくことをいいます。この社会活動は、高齢化が進むなかの「おひとりさま」を中心に、継承者がいても核家族化などで頼れる人が少なくなり、周囲に「迷惑をかけたくない」との思いをもった人たちの関心を集め、やがて「終活」として発展していくこととなりました。一九九七年には介護保険法、NPO法が成立しました。また、生前契約システム構築中の「りすシステム」との出会い、「自然死」追求とお墓による環境破壊を考えるエンディングセンター構想のなかで、女性の墓意識調査を行っていた上野千鶴子氏、井上治代氏との出会いもありました。

◉——「おひとりさま」はいろいろ

家族がいても同居はしていないひとり暮らしの人は多く、単身者所帯は今後増え続けていきます。社会では高齢者独居の孤独死が注目されていますが、私の経験では働き盛りの単身者の孤独死の方が多いのです。

また、最近は若者の貧困が叫ばれています。何らかの事情で両親が死亡あるいは行方不明になり、児童福祉施設で保護されている未成年者も、一八歳で施設からの退去が決められているため、たちまち身元引受保証人が必要となってきます。入院などでは職場の先輩、上司に保証人を引き受けてもらうケースもありましたが、アルバイトや非常勤の身では上司らとの信頼関係構築には至らず、たちまち保証人に困って相談に来られます。

私の父は、生後すぐに父親（私の祖父）が病死したため、親戚中たらいまわし状態で育ったそうです。尋常小学校へ入学するため、親戚が戸籍を移すよう大阪に働きに出ていた母に連絡し、母親が引き取ろうとしたのですが、結果は丁稚奉公で夜学でした。後ろ盾のない不安が絶えず、心の安定感がなかったと、父は言っていました。家族主義の民法のもとでは、「生きる」ということ自体において、家族の支えを得られない者は、周辺のマイノリティとしてある意味虐げられていたといえます。このような差別は、生活の中で気づかれぬまま、七〇年代まで人びとの意識のなかに変わらず続いていたように私は感じていました。また、ひとり暮らしは不安だと言って家族や子どもがいる人を羨んでいる独居者も多かったのです。

八〇年代に入ると、「高齢社会をよくする女性の会」（樋口恵子代表）が発足し（一九八三年）、男女雇用機会均等法が成立し（一九八五年）、さらに介護の社会化を進める運動のなかで介護保険法が成立（一九九七年）していきます。「おひとりさま」は徐々に社会的位置を高めていったと私は捉えています。

そして、今は、**ひとり暮らしは、誰に気兼ねすることなく、自由に生き、自分らしい最期を自分で決められる特権を持っている**といえます。かえって家族がいる人の方に、誰かに気兼ねをして、世間体に縛られ、自分で決められない状況を自分でつくり出している場合が見受けられるのです。ひとり暮らしの不安だけを煽るのではなく、不安感を取り除く方策を考え、学び、必要な手助けを選択、実行、決断すればいいのです。

◉──「ひとり」と個について考える

しかし、「おひとりさま」の当事者がおひとりさまを肯定的に自認していった背景とは別に、マスコミや行政においては、高齢者のひとり暮らしを「孤独死」と結びつけ、「ひとり暮らしは良くない」と論じる風潮があります。とくに「終活」を叫び、遺品整理業者の経験をまるで「脅し」のように不安感を煽って伝える報道には、「待った」と言いたくなります。それに対して、「おひとりさまはそんなに悪いこと?」と問う小さな反抗心が、私のこころの片隅に居座り続けています。そんななかで、山折哲雄氏の『「ひとり」の哲学』(新潮新書、二〇一六年)に出会いました。そこから、少し引用します。

「ひとり」とはそんなにみじめな人間の姿だったのかと、怒りの塊がのど元をつきあげてきたのだ。そんなことはあるまいと、迷路のような道を歩きはじめたが、たちまち岩盤につきあたってしまった。「ひとり」と並んで「個」という言葉が眼前にせりあがってきたからだった。気が付くと「ひとり」はこの日本列島の山や森のかなたから吹いてくる風の中に姿をあらわしているようだった。それにたいして「個」のほうはどうやら海のかなたの草原や砂漠をわたる風の中からあらわれてくるようだった。

漠然と考えると「ひとり」と「個」はまるで兄弟のように似ていた。けれども顕微鏡のようなもので眺めると、両者の間には容易には超えがたい壁が立ちはだかっていた。「個」の背後には石のような堅牢な論理の体系、つまり哲学と称する岩盤が息をひそめている。それにたいして「ひとり」のかたわらには、そのようなものはどこにも見当たらなかった。

山折は、「ひとり」の哲学を構想し、そのための道筋をつけようと考えて、ドイツの哲学者カール・ヤスパースの「基軸時代」の仮説を提起します。同時に、西欧文明に対するヤスパース自身の自己批判から、ブッダや老子の姿が浮かぶ風景を感じ、さらには親鸞、道元、日蓮などの仏教指導者たちの群像を通して、個の自立した人間としての「ひとり」の生き方をみたといいます。そして、そのことを単純簡明な姿で継承し、「ひとり」の哲学を最も素朴な姿で表したのが一遍だと言うのです。

また、生と死を考えるときに「死生観」という言葉を使いますが、この言葉は中国語にはないようで、ヨーロッパの言語表現においても「生」と「死」は二つに分けて使われます。だから「死生観」というのは、日本列島が演出した独自の思想だと山折は言います。

私は、死を考えることを契機に、残された「人生」をどう生きていくかを考えようと推奨、啓蒙することは、老若問わず自らの自立したライフスタイルを構築する過程での学びの場(生活すべて)となり、生き方をより深めることになると考えます。人はひとりで生まれ、ひとりで死んでいくとはいえ、「ひとり」で生きるという覚悟と「ひとり」で身を処するということの間には、寄り添ってくれる誰かがいて、死後の周辺のことも含めて担ってもらっているのです。上野千鶴子のいう「なあーんだ、みんな最後はおひとりさま」という、そこに行きつくまでのひとりひとりの生きざまと死にざまに、「個」の尊重と尊厳があるのです。古代の旅人のように野垂れ死を望んでも無理な話なのです。

◉——自立、生活術（生活知）の向上へ

誰でもいつか「おひとりさま」になるのであれば、必要なことは生活力です。健康寿命を延ばす食の知識、誰かのために作る食ではなく自分のための食づくり。行政で決められたごみ出し、清掃、地域活動への参加、自分の価値観に基づく人生のマネジメント力、これらは、自立して生きていく上での「当たり前な常識力」です。今後ＩＴ化による変化もあると思いますが、時代に対応した生活術（生活知）の取得が必要です。これが八〇歳を超えて、なお、百歳に向けた人生設計・第三の人生を考えられる力だと思うのです。

歴史をひもとけば、中国の古代からの健康法から学んだ日本の長寿への健康法（自彊術《じきょうじゅつ》、真向法《まっこうほう》など）はよく知られています。いき一郎『新説・日中古代交流を探る』（葦書房、一九八九年）の健康ミニ文化史を参考にすれば、長寿への道と体を動かすことの大事さは紀元前から謳われているのです。少し要約紹介します。

「按蹻導引《あんきょうどういん》」とは、中国華北、黄河流域で考案された広い意味での按摩、指圧、屈伸運動、呼吸法、気功などの総称で、予防と治療の可能な健身法、養生法として健康な身体と頭脳、心をつくるものです。また、漢代に入ると導引が流行ります。馬王堆漢墓《まおうたいかんぼ》に四四動作の体操図が描かれているように、紀元前の漢代にはすでに健康体操が存在し、貴族や文化人が競って実行していたことがわかります。二世紀後半の華佗《かだ》は、最初に麻酔を使って手術をした医者として知られていますが、華佗は薬を多用せず、弟子の呉晋《ごしん》に「人の体は運動させることが望ましい。ただ、極度にさせてはいけない。身体を動かせると血のめぐりが良くなり、病気はおこらなくなる」と言っています。今も民間に伝えられている「五禽戯《ごきんぎ》」（虎戯、鹿戯、熊戯、猿戯、鳥戯）は、華佗が呉晋に伝えたものです。四世紀初めの『抱朴子《ほうぼくし》』七〇巻の最初の数巻には、養生法、導引、仙薬（薬草）が書かれ、過食や疲労を警告し適度の早起きを勧めています。五～六世紀になると漢訳された仏教が広まり、庶民から皇帝まで健康法を説いて、僧はその実行者となっています。以後、達磨が梁の都に入り、少林寺で九年間座禅を続けた後、洛陽に移って禅の奥義を伝え（五二一年）、僧の疲労をやわらげ健康を守るための護身術（少林寺拳法）を考案し、これが数百年後に「太極拳」となります。仏教の養生は釈迦の派と呼ばれ、座禅と自己按摩と練武により健康維持に役立っています。

こうした流れを現代にみることもできます。例えば厚生労働省は、ライフステージに応じた健康づくりを推進する目的で「身体活動基準」を二〇一三年に発表しました。一八～六四歳は中強度程度以上の身体活動を毎日六〇分以上、あるいは中強度以上の運動（息が弾み汗をかく程度）を毎週六〇分行うよう基準を改定し、六〇歳以上は強度を問わず身体活動を毎日四〇分実践することを勧めています。また、ロンドン大学の研究チームは、毎日三〇分でもガーデニングや犬の散歩といった低強度の身体活動により、高齢期の死亡率が下がることを明らかにしています。

◉——統合医療が推奨されるようになって

二〇年ほど前に、整体院や整骨院での治療を受けたがん患者が自己免疫力の向上により症状が軽減したり、「がんが治る」「難病が治る」という口コミが広がり、医師会や医学界から攻撃を受けたことがありました。しかし、アレルギー体質や免疫疾患のある患者たちは、自分に合う医療機関を探すのに大変な努力をしていますし、がん患者や高齢者には補完治療としてマッサージ、整体、アロマセラピー、漢方薬などに頼っている人もたくさんいます。

これについて、六〇年代から西洋医学一辺倒の医学界に警鐘を鳴らしていた医療者もいました。

科学をベースに急速な進歩を見た医学と医療は、それまであった患者一人ひとりの特性の把握と自然治癒力を引き出す待ちの姿勢を掲げていた伝統医療をどこかへ追いやり、病人よりも病気を対象とする。そして、病人を地域から切り離してしまう没個的なものへと傾斜していった。今日、近代医学が切り捨てていったものの大きさに気づき、修復への動きが模索されている。(新村拓『日本仏教の医療史』法政大学出版局、二〇一三年)

また、『死を生きる。』という本を書いた帯津良一医師は、「場を生きる」ということを言っています。患者の顔も見ないような西洋医学流の治療では、医療という場のエネルギーが低下して、患者の免疫力も自然治癒力も湧き上がってこないと行きづまりを感じ、方向を転じて中国医療に親しむようになったそうです。すると患者の顔が見えてきて、患者の心も見るようになる。自分は長いこと「死生観」を考えてこなかった、と帯津医師は言っています。

京都に私が尊敬する奈倉道隆先生というお医者様がいます。老年科専門医で僧籍もあり、大学で共生人間論を説かれています。介護福祉士の資格も取られ、相談される人たちに、総合病院や漢方科医を紹介されます。先生は、介護の分野では、とくに終末期には医者よりも介護力が大事だと力説されています。

◉——看取りについて

平安中期には極楽往生をめざす人々の環境整備に心を尽くした臨終看病法も寺院から発信されている。在家信者を含め多くの人々の受容するところとなって、明治の初めころまで受け継がれることとなる。その臨終看病、看取りにおいて問題となっていたのは医薬の扱いであった。医薬は延命への望みを起こさせ、往生の障りになると考えられていたからである。平生の看病においても積極的に医薬を用いて回復を願うべきか、それとも定命と捉えて自然に任せるべきか、その選択が問題となっていた。（新村拓、前掲書）

帯津医師も言っています。かかりつけ医は必要だが、看取りに医者は要らない、と。医師のこういう言行一致の教えは貴重です。また長寿を全うしてポックリ死ぬのを希求する場合でも、そのためには、自分についての医療上の意思判断（延命治療を希望するかなど）を書面で明記しておくことも大事です。

「安心して看取りができる街づくり宣言」（活動）をした尼崎市園田地域が、二〇一八年春にシンポジウムを開催しました。テーマは「尼から看取りを考えてみぃへん?」です。園田地域では、町会会館を場として使い、地域住民の連携で終末期の看取りをしようという試みを始めています。生きる場のコミュニティで最期まで生ききるために、病気も死も個人的なことにしてしまわないで声を上げ、お互いの声を拾い助け合おうと、看取りを望む人と各専門職との連携を軸にしながら実践へと動き出しているのです。

◉——まとめにかえて

これまで述べてきたことをまとめれば、自己の価値観による人生設計力と、自分が必要とする援助を表現し要求できる生活自律力を持つことが、私たちに問われているでしょう。そして望まれるのは、八〇歳から百歳までの充実した幸せ感のなかで、生ききることです。幸せとは何かは永遠の問いですが、その核心にあるのは自然を愛する心と簡素な暮らし、家族や地域への愛と友情の温もり、そしてそれらへの感謝なのではないでしょうか。人はひとりでは死ねないのです。

第二講　若き生活者たちに
――学ぶことの意味について

三上　晋

文部科学省は二〇一八年二月一四日、小中学校の学習指導要領改訂案を公表しました。グローバル化に対応するための小学三年からの英語学習、人工知能（ＡＩ）やコンピューター情報通信ネットワークの発達に適応するための「プログラミング教育」の小学校での必修化、さらに、「主体的・対話的で深い学び」の実現に向けて、集団で調べたり討論したりして結果を発表する授業改善まで求めています。そこには「学びの量と質。その二兎を追う」と表現されており、グローバル資本が求める「人材づくり」に向けて、授業時間が満杯の中に「さらにねじ込んできた」というのが私の率直な感想です。

私は、小中学生を対象にした学習塾を一六年間営んでおり、彼らと対話しつつ学習活動を続けています。そのなかで、高校受験が近づいてくると、それまでの人生で経験したことのない不安や恐怖、そして孤独に苦しむ中学三年生の姿を垣間見ることもあります。高校受験に失敗し、最悪の場合は自分の居場所がなくなることを想像するのです。「高校へは行きたいけど、受験はしたくないわ。まじ、受験って何？　なんで受験があるの？」と自らの感情を吐露したりします。

受験が存在することの意味については措くとして、少なからぬ中学生たちが次のような疑問を抱いていると私は推測します。

「まじめに悪いことをせず、勉強しろとよく言われるけれど、不安定なこの時代、ほんとうにそうしたからって幸せになれるんでしょうか？　一所懸命がんばって意味はあるんでしょうか？」という中学二年生の質問（以下、質問A）。

「ぼくは勉強がぜんぜんできません。たぶん、大学には行かないと思います。それでも、将来はいい生活がしたいのですが、年収の高い仕事はあるんでしょうか？」という中学三年生の質問（以下、質問B）。

これらの質問は、重松清『みんなのなやみ』（新潮文庫、二〇〇九年）に収録されているものです。これらの問いは、子どもたちが親に、学校の先生に、学習塾の講師に、総じて大人たちに差し出している基本的なものでしょう。そこで私も、重松の回答をたどりながら、この問いに答えてみようと思います（以下、括弧内は同書の頁数）。

まず、質問Aに対する重松の答えです。

「子どもが『勉強したくないよ』と言えば、お父さんやお母さんは、『勉強しておけば、良い学校に入って、良い会社に入って幸せになれるんだから、いま、しっかり勉強しなさい』って言う」(307–308)。「ところがいまでは、受験勉強のためにすべてを犠牲にして、良い学校に入った、良い会社にも入った、でも、二十年たったらリストラされちゃったなんてことになっている」(308)。「『これから先、ほんとうに良いことなんてあるのかな』という疑問は、いま、社会全般に広がっています」(309)。がんばれば必ず良い結果がついてくるわけではないのです。

「がんばる」という行為それ自体の意味を、重松は次のように述べています。「まず、運動部だと、練習する。練習というのは、目の前の試合だけの行為ではなく、『どうして自分はこんなに走っているんだろう』ということを体ごとで考える、という経験なんだ。その経験のある人間を会社は使いたい」。「もっと言ってしまうと、『負けを知る』ということがある。学校生活ではどんなに試験前に徹夜で勉強しても成績が上がらなかったり、いっぱい練習しても部活で補欠になってしまったり、『がんばってもうまくいかない』ことは、たくさんあると思います。つらいことではあるけれども、このことは知っておいたほうがいい。がんばった経験がないままだと、『私は今回はがんばらなかったから、しかたがない』『ぼくががんばれば、こんなもん簡単だよ』ということを平気で信じる人間になってしまう」(311–312)。「『残念だけど負けちゃった。でも、次はもっとがんばろう』と思えるような体験を、小学校、中学校、高校なんかのうちにしておこうよ。もちろん、がんばったことが報われる経験をすることも、ものすごく大きいことだしね」(312)。がんばればこれだけのお金がもうけられるとか、こんなに得だというような説明はできない。でも、「必ず、きみを人間として、じょうぶなひとにしてくれると思うんだ」(312)。

私は、彼が展開する「がんばるという行為自体の価値」を、ニヒリズムに対抗するという点で評価します。ただ、「過労死」の問題があります。最近も、大手広告会社の女性社員の過労死（自死）が大きく報じられました。したがって、「がんばる」という行為を、「自己保存」「自己防衛」という原理に基づいて限定する必要を感じるのです。重松も「ゆっくりがんばれ、あせらなくていいんだ」と付言しています。この点については、後ほど再度触れます。

学習塾の講師である私としては、部活動ではなく勉強でがんばることの意味を語れなくてはなりません。そこで、質問Bに対する重松の答えを検討しましょう。

「めちゃくちゃ歌がうまいとか、めちゃくちゃサッカーがうまいとか、とびぬけて営業の才能があるとか、お笑いでずばぬけたセンスをもっているとかっていうのであれば、大学に進学する必要はないかもしれない」。「でも、もし、きみ自身『人と比べて得意なものが自分にはないな』と思っていて、才能やスキルのないうえに学歴が低かったら、はっきり言って、これは相当、損なんだ」。「同じくらいの人間で、かたや大学まで行き、かたや高校も行かなかった子がいる。人間の価値としては、まったく差はない。でも、社会がどちらを働き手として選ぶかといえば、悔しいけど、現実問題として、やはり大卒になっちゃうんだ」(319–320)。

さらに重松は、テレビの取材で高校中退者の「やり直し」を積極的にサポートしているある私立高校を訪れたときに出会ったひとりの高校生を紹介しています。かつて暴走族に入っていたその生徒は、高校を二校中退していて、そこが三つめの学校でした。なぜもう一度高校をやり直そうと思ったのかという質問に対する彼の答えは、次のようなものでした。

「自分は高校を中退して働こうと思った。でも、就職活動をしてみたら、中退によってものすごく職業選択の幅をせばめてしまっていることに気づいて、『これは損だ』と思った」。「だから、今度こそ高校は卒業しておきたいのだ」(321)。

これは、社会に出てはじめて学歴の大切さが骨身にしみてわかったという人の事例です。生きていくためには、働かねばなりません。働く前提として、仕事を獲得せねばならず、生産手段を所有する見込みがなければ、自らが労働力商品として労働力市場に飛び込まねばならないのです。その時に、魅力ある労働力商品として自分をアピールし、自分が納得できる仕事に就くための有利な条件のひとつとして、学歴が大きく存在するのです。

ただ、学歴を得ることが最終目的ではありません。その目的は、あくまでも仕事を獲得することです。そのためには、自らの魅力を自らの言葉で雇用主に面接試験などで語れねばなりません。ちなみに、多くの高校入試でも、筆記試験のほかに面接試験が課せられているようです。自分の過去・現在・未来を「話し合いコトバ」にとどまらず、「語りコトバ」に変換することが求められます。中学生活でどのように自分が成長したか。得意科目をいかなる喜びをもって学び、不得意科目克服のためいかに努力したか。クラス活動や部活動、生徒会活動などでいかなる責任を担い、どのように協力し合ったか。自分の長所と短所は何か。家族や先生、友人や先輩との関係で大切にしていることは何か。自由時間はどのように過ごすか。趣味は何か。将来は何をしたいか。どのように高校生活をしていきたいか。就職試験だけでなく、高校入試でもこの「自己分析・総合」「自己総括・方針」が、今日では要求されます。これは、人生の節目（進学、就職、配偶者選択、家庭建設など）ごとに必ず問われてくる作業でもあるのです。このような人生の骨格を形づくる進路の選択・決定過程こそ、それまでの積み上げてきた学習の成果が発揮されるべき局面ではないでしょうか。仕事を手に入れる手段としての学校学習にとどまらず、自分の生活を自らつくり上げていく力を意識的主体的に蓄積していく活動としての「学習活動」が、ここで浮かび上がってくるのです。

生きていくこと、衣食住を確保するための就職、そのための学習活動という「狭さ」から、進路選択・決定活動と関連させて学習活動を拡張してきましたが、もう少しそれを進めましょう。

質問Aに「勉強してほんとうに幸せになれるんでしょうか」、質問Bに「年収の高い仕事に就いていい生活がしたい」とありますが、ここで生活活動全体が問題になってきます。この点について、田畑稔「日常生活世界批判要綱」（季報『唯物論研究』九五号、二〇〇六年）を参考にして考えます。田畑は、日常生活活動を一〇領域に大分類しています。この一〇領域から私は、「労働」「学習（日常学習、学校学習、生涯学習）」「相互行為」「自由時間活動」「戦略的活動（進路決定、配偶者選択、転職など）」を抽出します。この五領域をもって、生活活動全体の概要を捉えることができるのではないかと考えるからです。

田畑論文では、「労働」「相互行為」「自由時間活動」がさらに分節化されています。例えば、「自由時間活動」は「精神的活動（読書、芸術、教養、宗教、哲学など）」と「遊び、歓談、テレビ、スポーツ、旅行、セックスなど」に分類されているのです。しかし私はここでは、「労働」を「職業労働」に、「相互行為」を「付き合い（友達、近所、親類との言葉とモノのやりとり）」を中心とする「人間関係形成」に限定します。そして「学習」「自由時間活動」は、先の内容をそのまま使おうと思います。

では、あらためて質問者たちに、生活全体をめぐる次の問いを投げかけましょう。

君たちは、君たち自身の生活をどのように建設していきたいのですか？　君たちは、どのような生活者になりたいのですか？

重松も、最後にこの点を問題にしています。「『すごく年収がいい』だけで言っちゃえば、遠洋漁業に行くという手もあります。半年間、船に乗るんだ。ところが、……家族と一緒に毎日過ごすことがいちばんの『いい生活』だと思うのであれば、いくら年収が高くても、遠洋漁業だときみの言う『いい生活』は実現できなくなる」(321–322)。これは、労働と「人間関係（家族、友人、近所、親類などとの付き合い）」をめぐる問題です。

また、「自分は転勤なんかしたくない。残業もしたくない。とにかく夕方に家に帰って、ゆっくりごはんを食べて、ナイターを見るっていうのが『いい生活』なんだとしたら、多分、そんなに年収の高くない仕事になると思います」。これは、労働と「自由時間活動」の関係です。

「仕事一筋、お金をもうけることが『いい生活』なんだって決めたら、それと引き換えに犠牲にするものはたくさんあるだろうね。そういうことから考えて、自分のやりたいこと、自分の進む道を決めていかなくちゃ」(322)。「昔は、大学に進みさえすれば、そんなことまで考えを深めなくてもOKだった。でも、いまは、『大学には行かない』と思っているきみだけじゃなく、『大学に行こう』と思っているほかの多くの子どもたちにとっても、『自分にとってのいい生活とはなんだ』ということを、考えなくてはいけない」(322)。重松はこのように問題提起をして、自らの回答を終えます。

しかし、私はもう少し先に進みたいのです。私たちは、生活活動全体の中で労働を、少なくとも「学習」「戦略的活動」「人間関係形成活動」「自由時間活動」と関連づけ、それらのバランスをとることが必要です。先に言及した過労死は、このバランスを崩し、労働に偏り、「自己保存」を犠牲にすることを強いる人間諸関係の問題ではないでしょうか。

「インターネットは大量の知識を蓄えている。もはや『知っている』だけでは、人生を切り開くのは難しいかもしれない」(新指導要領についての「中日新聞」二〇一七年二月一五日の社説)。新指導要領は、「生きる力」を育むために、「①知識や技能②思考力、判断力、表現力③学びに向かう力、人間性」を育てるべき資質・能力として新たに示しています。これらの「資質・能力」を、生活者の目的意識的活動過程に焦点を当てた次のような総括に私は結びつけたいのです。すなわち、自分の日常生活を「認識の『対象とする』」だけではなく、「価値判定(快不快、好悪、善悪、正邪、美醜など)の『対象とし』、意志(欲求や『べし』や決断や行為制御など)の『対象とし』、さらには構想力の『対象とし』(可能態において『対象とし』)つつ、生活活動を営む」(田畑)という総括にです。そして生活者は、この目的意識的活動を先に挙げた日常生活活動の五領域において機能させるのです。これが、日常生活者としての学習活動といってよいのではないでしょうか。

私たちは生活者として生きています。日常生活過程で「労働」「学習」「戦略的活動」「人間関係形成活動」「自由時間活動」などの諸能力を獲得すべく学んでいき、それは一生続くのです。まさに

「生涯学習」です。これによって、「ただの心しか持たないやせた猫」（中島みゆき）のような存在から、たくましい生活者に成長していきます。生活者としての「自己意識を組織し形成する」のです。

最後に、学習と教育の関係を述べた大田堯《たかし》（教育史・教育哲学）の言葉に注目しましょう。「教育は、人間だけがやることですから、人工のものだと言うことができます。しかし、学習の方は、自然の摂理じゃないですか？　これは、人工じゃないでしょう？　他の生き物全部を通底する生命力そのものに根っこをもっているのが学習であって、教育というものは、社会や文化の中に選ぶ余地なく産みつけられた人間の子どもたちが、その文化と社会に馴染まなければならないから、教わらなければならない、ということが起こる。けれども、いくら教えても、根っこである自己創出力、学習能力というものがその一人ひとりにユニークにあるのだ、ということの核心がなければ、それがなければ、それをはずしては教育は成り立たないのではないかと、私は思うんです」（『大田堯自撰集成2　ちがう・かかわる・かわる――基本的人権と教育』藤原書店、二〇一四年）。ここでは、教育に対する学習の根源性が、強く主張されています。

他方、「法的拘束性」のある学習指導要領が、教育という名のもとに子どもへの負担を大きく課してきたことは、看過できません。それが、「子どもの受忍限度超えて勉強を強いる『教育虐待』」（「中日新聞」二〇一六年二月二二日）を、「教師の不適切な指導をきっかけに子どもが自殺に追い込まれる『指導死』」（「中日新聞」二〇一七年一月二〇日）を、その苦しみを回避するための「不登校」を、そして憂さ晴らしとしての「いじめ」を引き起こしているのではないでしょうか。

私が小中学生たちと「対話」する中からも、学校学習の厳しい現状を感じざるをえません。「勉強することの意味がわからない」と中学生は言います。それは、「膨大な勉強を外から押し付けられることに納得できない」という感情を込めた言葉ではないでしょうか。そして、二〇二〇年度から実施予定の新指導要領（案）や、二二もの徳目（「国や郷土を愛する態度」も入っている）を掲げて二〇一八年度から実施された「道徳の教科化」など、子どもたちの学校教育環境は今後いっそう厳しさが増すことでしょう。それゆえに、教育に対する学習の根源性を鮮明に掲げることが、今後も強く私たちに問われてきます。若き生活者たちにとって原点となる「自己創出できる内発的な学び」を具体化すること、――それへの支援が私自身の課題であることを銘記して、結びとします。

第三講　新しい会社組織と幸福な生

――幸せの吟味への一つのアプローチ

松岡鉄久

1

今の世の中では、社会の仕組みや人びとの常識として「働くこと」が当たり前とされています。ですが、将来には、ひょっとするとそれが当たり前でなくなるかもしれません。それでも、多くの人は、何らかのかたちで社会との関係を持つために、あるいは社会へ貢献するために、「働くこと」を選択するのではないかと思います。その際、（将来においては現在よりもハードルが下がるといわれていますが）一人で事業を興すというのは、難しいものです。将来においても大多数の人は、会社という組織に属するかたちで働くのではないでしょうか。

働く人にとって、会社における職場は人生の中で多くの時間を過ごす場所です。そこで、良い時間を過ごせるか、あるいはつらい時間を過ごすことになるかは、その人の人生の幸福を左右する、かなり大きな要素だといえるでしょう。そういう意味で、職場とは哲学的吟味の対象になりえます。

職場と人生を考えるとき、例えば次のような問いをたてることができるでしょう。職場において、どのような生き方（人生）が推奨されているのか？　そのような生き方が前提としている人間像はどのようなものか？　それらは、個人や社会にどのような影響を及ぼすか？　……このように問うことで、職場についてひとつの吟味を行ってみようと思います。

2

会社という組織、その経営に関する新しいアイデアを示す著作が翻訳され、競争の激しいビジネス書というジャンルの中で長らくベストセラーになっています。フレデリック・ラルーの『ティール組織』(＊1)という本です。このエッセイでは、新しい職場のあり方としてティール組織を読み、それに対して哲学的吟味を試みたいと思います。

まず、ティール組織の名前の由来ですが、ティールというのはマガモの頭の羽の色（青緑）のことです。ラルーは、人類の歴史において組織の進歩を整理し、その進歩の各段階に色を当てはめます。まだ組織とはいえない、家族や部族といった集団の段階である神秘型（マゼンダ）組織、原始的な王国のような組織生活の最初の形態である衝動型（レッド）組織、高度なヒエラルキーを発達させた順応型（アンバー）組織、現在の多くの会社組織が当てはまる達成型（オレンジ）組織、色としてかなりティールに近い多元型（グリーン）組織、というようにです。

ラルーは、ティール型以前の組織が考える労働者観を、例えば「労働者は怠け者だ。見張られていないと、勤勉に働かない」、「労働者は会社の業績に影響を及ぼすような重要問題について正しい判断をする能力がない」、「労働者は交換可能な機械の部品のような存在である」、「労働者は何を、いつ、どうすべきかを命令される必要がある」、「労働者は保護を必要としている」というように述べます。ティール組織は、これらの暗黙の前提と、まったく違った前提で組織の構成員を考えます。それについて、ラルーが整理するティール組織の三つのブレイクスルー「自主経営（セルフマネジメント）」「全体性（ホールネス）」「存在目的（原著ではEvolutionary purpose：〔組織の〕進化目的）」各々について概観してみましょう。

自主経営とは、組織から管理職をなくし、権限委譲の必要ない組織構造と行動様式をつくり上げることによる自治組織（チーム）の集まりにすることです。人事や企画、購買といった、いわゆるスタッフ機能は各チームに内蔵されます。つまり、チームの裁量で採用や買い付けなどの企業活動を行うということです。組織は普通、ある程度の規模になれば、スタッフ機能や管理部門を持ち、人事や購買などを一括して取りまとめることで、規模の経済のメリットを得ようとしますが、ティール組織はそれをいわばあきらめることによってそれ以上のメリット、すなわち構成員のモチベーション向上、成長の機会などを得ようとするわけです。

自主経営の組織を運営する際に前提とされる構成員の像は、「すべての社員を、正しいことのできる道理をわきまえた人びとだと捉える」、「すべての情報はあらゆる人に開放されている」、「集団的知性の力を信じている」、「一人ひとりが、組織のために完全に責任を持ち、行動する義務を負う」（心理的オーナーシップを持つことと言い換えることができるでしょう）といったものです。

全体性についてラルーは、要するにバラバラになった自分自身を統合して自分らしさをすべて出し、魂の真実を尊ぶことだと述べます。私たちは、どういうかたちではあれ、仕事とプライベートを分け、職場には、社会人としての自分という役割に合致した仕事用の「私」で出勤するものです。ティール組織では、それを分断と捉え、自分というものをすべて持ってきて仕事に臨んでほしいと考えます。そのとき、仕事は、同じ職場で働く仲間同士が助け合って、自分たちの中に埋もれていた偉大さを発見し、自分たちの使命を明らかにするための器になるのです。人は、そういう職場で働いてこそ、最も深い人間性が刺激され、他者を思いやることができるし、誰もがありのままの状態で出勤できる職場には、かつてないほどの情熱と創造性が解放されると考えられます。前提とされているのは、「誰もが本質的には、等しく価値ある存在だ」、「同時に、すべてのメンバーが個性を尊重しあって自分なりのやり方で組織に貢献できる」、「愛、思いやり、賞賛、感謝、楽しみ、陽気さといった気分や雰囲気を尊重する」、「職場に信頼を求めるのであれば、自分をもっとさらけ出さなくてはならない」といったことです。会社は、そのような安全であたたかい職場環境にするための企画や制度を充実させます。

存在目的とは、組織を（オレンジ組織のように機械としてではなく）一つの生命体として捉え、「自分の組織が世界の中で何を実現したいのか」という独自の目的を構成員が感じ取ることです。そして、その存在目的に基づいて会社の意思決定を下していくことです。前提とされているのは、「未来を予測し、コントロールすることは無駄である」、「コントロールするのではなく、その場その場の状況を感じ取り対処する」ことです。したがって、普通の会社では当たり前の、社内外に公表される中期経営計画であったり、長期的ビジョンといったものは、ティール組織は持ちません。また、「社員が組織の存在目的に耳を傾けるように求められると、社員の側も『自分が人生でなすべき使命は何だろうか』と考えるはずだ（そしてその内容は共鳴するはずだ）」、「自分の使命を知る人の数が増えるほど、組織のなすべき仕事にエネルギーを注いでくれる人が増えていく」というように考えられます。

概観ですが、以上が進化型（ティール）組織の特徴とティール組織の構成員に前提とされていることです。

3

いかがでしょうか。一つの理想形であるとはいえ（つまり実際の企業経営においては現実的な諸問題やコンフリクトを含みながら運営されているわけですが）、ティール型以前の組織が前提としていたものと比べてみて、ティール組織で働く社員はさまざまな観点から見て「幸福」だといえるのではないでしょうか。職場は、ありのままの自分を受け入れてくれ、心から仲間と思える同僚と働くことができる場所であり、そこに「やらされ仕事」はありません。ティール組織はそのような職場を実現する仕組みや取り組み、あるいは制度をさまざまに持っています。それらは、見方を変えていえば、働く上での「疎外」をなくそうとする諸システムであるといえるだろうと思います。ティール組織は、資本主義的でグローバルな競争環境において、現実的なレベルで、マルクスのいう「アソシエイトした労働」を実現している、しようとしているといえるのではないでしょうか。

読者は、当然の疑問を持たれるでしょう。これから、ティール型の組織は増えていくでしょうか。私の職業的経験からの推測ですが、少なくともティール組織は、時代に即した組織のありようであると感じます。つまり、ティール組織が前提としている人間像は、実際にティール組織が運営されるかどうかに関係なく、今後、社会において前景化してくるだろうと思います。たとえ、ティール組織に移行するということはなくても、オレンジ組織に顕著であった「恐れ」のマネジメントは減ってきています。それでは、人が動かなくなってきているのです。また、アンバー組織に代表される多くの官僚的組織構造が機能的な限界を迎えているとすれば、ティール組織の考え方は広まっていくと考えられます。そうなれば、先にまとめたティール組織が前提とする人間像が、求められ、したがって社会的に生産されていくだろうということになります。

4

では、ティール組織は良いことずくめなのでしょうか。私はそうは思いません。その理由を三つ、述べてみようと思います。

一つ目は、主に「全体性」と関わるものです。それは、会社での労働が全人格的なものになってしまうのではないかということです。全体性を言い換えると、自分の持ついわゆる「能力」だけでなく「情熱」であったり「生きる目的」をすべて会社にもってこい、ということになるでしょう。

これらがバラバラになっているのではなく、統合されていることが幸せであろうという前提です。しかし、その統合先が会社という「一つの」アソシエーションであることは、問題だろうと思えます。

女性装の東大教授、安冨歩さんは『ありのままの私』(*2)という本を著しています。氏はその中で、「日本社会は『立場』でできていて、人間はその詰め物に過ぎない。立場には役が付随しており、ある立場に立った人間は、その役をはたさなければならない」と述べ、役を果たせなければ役立たずとなって立場を失う、とまとめます。このことは、オレンジ組織において「社会人」としてあるいは「役付き」で働く人にとって身にしみて納得できるのではないでしょうか。そして立場や役を外すもの(無縁者でいる方法)として、男性が女性の格好をすること＝自分にとってありのままの私でいること、と分析しています。私は、網野善彦の「無縁」の概念とともに、「ありのままの私」というあり方に、多くの組織・企業における働かせ方への対抗的戦略を感じていました。

ところが、ありのままでいることは、ティール組織においては完全に、会社都合の論理に組み込まれてしまっているように思えます。実際はこの点についてティール組織は両義的です。会社への動員とプライベートの充実の、どちらも是としているからです。しかし、プライベートがいかに重要視されていても、結局はそれを持ち込んで会社で働くということに収斂するわけです。そのような働かせ方は、いわゆるブラック企業の働かせ方とは違ったアプローチによる、全人格的な労働ではないでしょうか。

二つ目は労働の高密度化です。主に「自主経営」に関わります。いってみれば全員がCEO(の意識）になるというのが自主経営です。ティール型以前の組織の前提には、良い面もあったと思います。経営的な判断は管理職や経営者に任せておけばよかった。労働者は守られる存在でもあった。良いか悪いかは別にして、「サラリーマン」でいられたわけです。ところがティール組織ではそうはいきません。いわゆるサボりは、強力なピアプレッシャー（同化圧力）によって抑制されます。それ自体は、長時間労働ではなく成果を上げていくためには、あるいは競合他社に対して優位性をもつために必要なものともいえるでしょう。しかし、一人ひとりがオーナーシップを持てというのは、きわめて会社都合の論理であるといえるでしょう。

ここまでをまとめると、私は、ティール組織的慣行が充実すればするほど、その構成員にとって、会社が第一優先のアソシエーションになるのではないかと懸念します。その優先のされ方は、過去の例えば「会社主義」や「モーレツサラリーマン」などとは質的に大きく異なっています。成熟社会である現代および将来的な「幸福」を内実を伴って提供している、その上での統合であり動員であるといえるでしょう。

しかし、豊かさという観点からも、何かあったときの安全・安心という観点からも、人生においてはさまざまなアソシエーションに多元的に参画できることが望ましいとするならば、時間的にも、（こちらの方がより重要ですが）精神的にも、他のアソシエーションへコミットする余白を残せるかどうかをティール組織には問うことができます。

三つ目は、顕在的ではありませんが、排除のメカニズムが強く働いているのではないかということです。わかりやすいところでは、採用の局面です。ラルーによれば、ティール組織は、採用において際立って長い時間をかけるとのことでした。そして、採用における基準は、シンプルにいえば「一緒に働きたい人かどうか」です。つまり、ティール組織が前提とする人間像にマッチしているかどうかを、丁寧に時間をかけて判断するわけです。マッチしない人は、もちろん採用されません。それは特段、ティール組織に限ったことではないかもしれません。しかし、例えば中島隆信(＊3)は、不採用の場合における、きわめて現実的な状況を想定して、「知的能力が低いと判断されたのか、空気が読めないと判断されたのか、引っ込み思案と判断されたのか、いずれにしても『一緒に働きたい』と思ってもらえなかった」例を挙げ、それらは、ディスレクシア(識字障害)だからかもしれないし、自閉症スペクトラムによるものかもしれないし、回避性パーソナリティ障害の症状のせいかもしれないと述べます。そして、「『一緒に働きたい』という曖昧な評価基準を設けていること自体、これらの障害者に対する間接差別になっている」と結論します。このことは、採用に限ったことではありません。採用後も、定期的な研修や社内キャンペーンでもってティール組織にふさわしい人間へと継続的に教育がなされます。ふさわしくないような部分、性格特性であったり思考様式は排除されるのです。ティール組織が前提とする人間像は、個々人が幸福であるための条件かもしれませんが、しかし、あくまで人間性の一部分でしかないと私は考えます。

5

幸福な生は、古くから哲学のテーマでしたが、近年、さまざまなジャンルから本が出たり、インターネットの記事で取り上げられています。日々の生活を送っていくなかで、いかに幸福を感じるか。そのノウハウや思考法、禅やヨガといった身体からのアプローチ、ポジティブシンキングに代表される心理的なアプローチ……、幸福に関する言説はあふれかえっています。

ティール組織はよい職場づくりを通して「幸福」な生をつくり出します。それは間違いないでしょう。したがって、ティール組織への問いは、私たちの考える「幸福」な生への問いをひとつの角度から代表するものといえます。

より幸福な職場、人生のために、何か賭けられているか。そのような幸福を社会的に生産するために誰が、あるいはどのような性格、人間性がそこから排除されているか。これらの問いが、倫理的テーマとして浮かび上がってきます。

註

（1）フレデリック・ラルー『ティール組織――マネジメントの常識を覆す次世代型組織の出現』鈴木立哉訳、英治出版、二〇一八年。原題は、*Reinventing Organizations: A Guide to Creating Organizations Inspired by the Next Stage of Human Consciousness* である。二〇一四年に自費出版されてから、反響を呼び一二カ国語に翻訳された。

（2）安冨歩『ありのままの私』ぴあ、二〇一五年。

（3）中島隆信『新版　障害者の経済学』東洋経済新報社、二〇一八年、第四章。

第四講　障がい者の生き方

義積弘幸

1

私は、二〇一六年に『モーツァルトと高橋悠治――好きな音楽と遥かなる音楽の回想』（きらめきワーク出版部）という冊子を出しました。三分の二が「クラシック音楽」、あとは日本のポップスなどの「音楽エトセトラ」です。その「あとがき」の後半に、「私は、精神障がい者です！」と書きました。当初の原稿にはなかったものです。やはり、一九人も障がい者が殺害されるという相模原の事件（二〇一六年）の影響が少なからずあったのと、これまで私が、精神障がい者を「正しく理解してもらえる」ような行動をとってこなかったことへの反省から来ているのだと思います。私がやってきたのは、「内部」(当事者会の例会)で、メンバーの「生きづらさを改善する」ことだったにすぎなかったからです。「外部」に対してはほとんど、精神障がい者としてのメッセージを発信してこなかったのです。

都会では行政交渉までしていますが、私は「それは、すごいことをやっているな。私たちの代わりに、どうもありがとうございます」と思うとともに、地元のT市でそういうことができないのは、当事者会の規模が小さいからだと思っていました。しかし、その冊子を出すにあたって、「一人でもできるやん」と、ふと思いました。そういう理由もあります。

だから、「私は、マイペースで生きてきただけです。躁うつ病(双極性障害)という『フレンド(友達)』と仲良く、つき合いながら、主治医と約束した『向精神薬』を飲みながら、ただ、そうして生きてきたのです」。そう書くとともに、「精神障がい者でも地域で十分生きられます。そういう人たちは大勢います。きちんと考えられる人もいます。冊子の私の文章は支離滅裂ですか？　しかし、それは、私、個人の責任です。そういう偏見を与えたのなら、私が責任をとればいいことです。きちんと仕事ができる人たち、例えば、きらめきワーク出版部(後出)の人たちがいます。それを明らかにしたかったのです」と書きました。

もうひとつ理由があります。私は、最近になってやっと、障がい者については「私に聞けばいい?」というぐらいの自信(?)が出てきたような気がするのです。もちろん、医学的にではありませんが、彼らと出会う機会が多くなって、このような「生きづらさ」を抱えているんだとは言えるということです。そういう気持ちになって、それでは、「私は、精神障がい者です」と書こうということになってきたのかもしれません。だから、「あとがき」の後半で書くということにもなったのではないかと思います。私は今後も、「精神障がい者を正しく理解してもらえる」ような活動をしたいと思います。

2

ところで現在、優生思想というものが台頭しつつあるようです。簡単に言えば、「不適格者は、死ね、殺せ」というような考え方です。

「不適格者」には「慈悲死」、あるいは「安楽死」を、とナチスは叫ぶ。「不適格者」の排除は差別ではない、合理性に基づく「選別」の判断に過ぎない。ヒトラーはそのように主張した。「不適格者」までを養う余裕を、自分たちの社会は持ち合わせていないので、消えてもらうしかない。（津島佑子『狩りの時代』文藝春秋、二〇一六年、八三頁）

このような思想のようです。そうなれば、障がい者たちも殺されなければならなくなるのでしょうか？　けれども、私は問いたいと思います。「人を殺すための思想なんてあるのでしょうか？」と。思想とは、「人が、良く生きるための考え方」なのではないでしょうか？

このような疑問がわいてくるのですが、今は「ノーマライゼーション」（障がい者などが地域で普通の生活を営むことを当然とする福祉の基本的考え）が、「あたりまえの暮らし」になっています。とすれば、優生思想は「ノーマライゼーション」とは正反対の考え方であるでしょう。

さて、障がい者は「不適格者」に含まれるのでしょうか？　優生思想によると、含まれるようです。私たちは、社会から「精神障がい者」と呼ばれています。となると、精神障がい者も「慈悲死」「安楽死」させられるのでしょうか？　これは優生思想という考え方が、精神障がい者を「殺す」ということになるのではないでしょうか？

話が思想論議に入り込んでしまったようです。しかし、私は別に思想論議を望んでいるわけではありません。ただ、「あたりまえの、ささやかな暮らしを守る」ということを考えているだけです。私は二八年来、これといった仕事もしていない精神障がい者ですが、八七歳の父と、八三歳の母と、「あたりまえの、ささやかな暮らし」を営んでいます。私は、躁うつ病患者だから、気分の浮き沈みはあります。入院したことも数回あります。だから、「生きづらさ」はあります。しかし、多くは自宅で、両親と「あたりまえの、ささやかな暮らし」をしています。

けれども、そこに優生思想という「不適格者」を社会から排除する考え方が土足で踏み込んできたら、私たちの「あたりまえの、ささやかな幸せ」は、失われてしまいます。それでも優生思想という考え方は、その考え方の正しさを主張し、我が家へ土足で踏み込んでくるのでしょうか？　私は、「生きづらさ」は感じていますが、ごく「あたりまえの、ささやかな幸せ」も感じて生きているのです。この「あたりまえの、ささやかな暮らし」というものを、優生思想という考え方は、どう考えているのでしょうか？　やはり、優生思想という考え方は、(精神)障がい者を「不適格者」として抹殺するのでしょうか？　しかし私は、そのような考え方は間違っていると、はっきり言っておきましょう。

それは、思想とは「人間が、良く生きるための考え」であって、決して「人を殺すことを正当化するような考え方」ではないはずだからです。したがって、優生思想という考え方は、「ノーマライゼーション」に席を譲らなければならないと思います。なぜならば、それが「ささやかな、あたりまえの暮らし」だからです。

障がい者であろうと、「不適格者」という名のもとに「慈悲死」も「安楽死」もされるべきではありません。第一、「不適格者」という定義自体が、はっきりしていないではないですか？　要するに、自分（たち）に都合の悪い人間は「慈悲死」「安楽死」させるということではないでしょうか？

そこには、なにか「偏見」や「差別」があるように思われます。自分（たち）に都合のよい者が「適格者」であり、そうでない者が「不適格者」という見方が。

私は、「あたりまえの暮らし」という言葉をよく使いますが、これは「ごく普通」という意味であり、前述したように「ノーマライゼーション」と言ってもいいでしょう。「普通」とは、『広辞苑』によれば、①ひろく一般に通じること、であり、②どこでも見受けるようなものであること、です。そういうことで言えば、障がい者は、どこでも見受けるような者（たち）ではないでしょうか？　これが、ごく「普通」ということです。しかし、健常者と障がい者が出会い、接する機会が少ない場合は、なかなか「普通」と感じることができないのかもしれません。そこにも問題があるでしょう。

普段から接していれば、障がい者も「あたりまえ」に生きていることがわかるはずです。わからないのは、接する機会が少なく、障がい者のことをあまり知らないからだと思います。とすれば、「ささやかに、あたりまえに暮らしている」障がい者の暮らしをサポートすることはあっても、その「暮らし」を壊すことはできないでしょう。

ここまで言ってきたように、健常者と障がい者が「ノーマライゼーション」という理念のもと、共に生きる社会が、ごく「普通」の「あたりまえ」の社会ではないのでしょうか？　それを受け入れない優生思想という考え方は、「あたりまえ」ではない「異常な社会」を生むのではないでしょうか？

そこには、絶対、無理やりに何かをしようという意志があるように思えます。「他者」を排除しようとする意志があるように感じられます。「無理を押し通す」ことは「おかしい」でしょう。「無理を通せば、道理は引っ込む」です。

私は、精神障がい者ですが、自分の「ささやかな、あたりまえの幸せ」を守りたいと思います。

3

話はかわりますが、私は、Ｅテレ（ＮＨＫ教育テレビ）の「福祉ネットワーク」などの番組をよく見ます。いかに「生きづらさ」を抱えた障がい者が多いのかと驚かされます。だから、私は最近、「障がい者」という言葉のかわりに「生きづらさを抱えた人びと」という表現も多く使うようになりました。

そんなとき、心をやわらげる方法のひとつに音楽があるな、と認識するようになってきました。私は、眠る時も音楽を聴きながらです。そうでないと眠れないからです。モーツァルトのピアノ・ソナタが多いです。

最近は、「地域活動センター・希望の家」から帰宅すると、私が「人間の音楽」と名づけるベートーベンの音楽をよく聴いています。交響曲、ピアノ・ソナタです。そこでですが、あの世界的な名指揮者・小澤征爾さんは、「クラシック音楽など高尚だ、いらないという人もいるかもしれない。けれども、鼻歌でも、口笛でもですが、音楽は命につながっているのではないでしょうか？」と食道がんの手術の成功のあと言っておられました。だから、みなさんもクラシック音楽も音楽の一分野にすぎないと考えていただきたいと思います。

ベートーベンも人生の半ばから、耳が聴こえなくなりました。中途聴覚障がい者と言っていいでしょう。でも、そんな運命に襲われても名曲を作曲し続け、晩年、「第九」のようなすばらしい曲を完成させました。頭の中では音が鳴っていたのでしょう。第四楽章は、オーケストラと声楽、合唱の合体の音楽です。歌はシラーの「歓喜に寄す」です。私は、第四楽章だけでもぜひ聴いてほしいと思います。

また、小澤さんが言うように、歌でもいいです。好きな歌を聴いて、心と身体をほぐしてほしいと思います。歌ったりもしてください。「音楽は命につながる」。これは、名言だと思います。「音楽は命の別名」とさえ言っていいでしょう。

私があらためて音楽の重要性を再認識するきっかけになったものに「音楽療法」があります。

「カラオケでストレスを発散しよう」など、その第一歩です。しかし、「希望の家」でする音楽療法は、ただ歌うだけではありません。月二回、音楽療法士の先生が来られて、その指導のもとに歌も歌いますが、身体を動かしたり、打楽器を使って専門的なことをしたりします。つまり、ベル、トーン・チャイムも使って、歌を交え、行います。とにかく「心身の障がいの回復」を行うのです。その効果がすぐに現れるかどうか、はっきりとはわかりませんが、とにかく楽しいです。音楽というものには不思議な力があるようです。精神に良い影響を与えることは確かでしょう。

4

しかし実は、私が最も好きな音楽はモーツァルトです。冒頭で述べたとおり、『モーツァルトと高橋悠治』という冊子も出しましたし、同じく二〇一七年に『キルケゴールと音楽』という冊子を出版しましたが、前半の三分の一は、前者の冊子で書き切れなかったモーツァルトのピアノ曲、室内楽曲などについて書いています。

物理学者のアルベルト・アインシュタインは、「死とは何か」と問われて、「モーツァルトが聴けなくなることだ」(『モーツァルト頌』白水社、真偽不明)と言ったそうですが、私は、キルケゴールが「ドン＝ジュアンが聴けなくなることだ」と言っていたとしても、驚かなかったでしょう。それほどまでに、キルケゴールは「ドン＝ジュアン(一般的にはドン＝ジョバンニ)」を絶賛していました。私もまさしくそうで、眠る時のことも言いましたが、朝起きるとまず聴くのは、モーツァルトの弦楽五重奏曲第三番、K五一五です。そして、車の中ではいつも、交響曲三六番「リンツ」と第三八番「プラハ」を聴いています。また、自宅でモーツァルトの弦楽四重奏曲「ハイドン・セット」やピアノ協奏曲も、よく聴きます。

話が「障がい者の生き方」から横道にそれてしまったので、また元に戻しますが、最後に言っておきたいのは、前に述べた「きらめきワーク出版部」のことです。この「出版部」は、「障害者地域活動支援センター」の一階の就労支援B型で働く精神障がい者の出版関係の人たちから構成されています。この「出版部」の話に触れるのは、障がい者であってもしっかりした仕事ができることを、読者のみなさんに知ってほしいと思うからです（私は、センターの二階にある「希望の家」に通所して、主に生活のリズムを整えることに努めています）。

私が初めて、きらめきワーク出版部に仕事を依頼したのは、二〇一四年の処女作『ドストエフスキー入門』でした。それから『モーツァルトと高橋悠治』、この文章と同名の『障害者の生き方』、そして『キルケゴールと音楽』と、今までで計四冊、原稿の打ち込み、校正原稿の打ち込み、編集、製本などをしてもらったことになります。かなり無理も言ったし、勝手もしましたが、編集長をはじめ、出版部の方々は素直に受け入れて対応してくださいました。

つまり、心の病を抱えていても何もできないわけではないのです。もちろん、病気の状態が悪くなれば、入院して治療を受けたりすることもあります。しかし、ある程度回復すれば、私たちは、支援者たちのサポートなどによって、地域社会で暮らすことは十分できるのです。

また、もし、冊子に欠点があれば、それは出版部の方々が悪いのではなく、私の指示が適切ではなかったからでしょう。出版部の人たちが心の病をもっていて、それが原因で、いい冊子ができなかったわけでは決してありません。出版部の人たちは、私の指示どおり、きちんと仕事をしてくれたのです。欠点があるとすれば、それは、ひとえに私の不注意によるものです。精神障がい者であろうと、しっかりした仕事ができる能力を備えているのです。ただ、心の病を抱えているだけなのです。そのように理解していただきたいと思います。

精神障がい者は何もできない。——そんなことは、まったくありません。できる範囲のことはできるのです。だから私は、信頼して、冊子の仕事を依頼しているのです。もちろん、私は文筆家のような素晴らしい文章を書いていないでしょう。この文章にしても。それはプロと私に才能の差があるから当たり前です。私はただ、自分の意思をなんとか伝えようと情理を尽くして書いているだけです。もちろん、心の病も抱えています。けれども、どうか、それを読者のみなさまに理解していただきたいと思います。

第五講　農から現在を見る

山口　協

◉——自然の循環と農業

人間が生きていくためには食べものが必要です。では、食べものを手に入れるにはどうすればいいのでしょうか。「スーパーで買う」。そのとおり。でも、それは最終的な段階のことです。スーパーに並ぶまでを考えてみると、自然にあるものを取ってくるか、植物を栽培したり、動物を飼育したりする作業が必要だとわかります。

人類の発生はおよそ七〇〇万年前までさかのぼることができるそうです。それからずっと下って、いまの私たちに近い新人が現れたのが、だいたい三～四万年前とされています。さらに時代を経て、農業が始まるのは八千～一万年前といわれます。

ということは、人間はこれまでほとんどの時間、いわゆる狩猟・採集によって食べものを手に入れてきたことになります。長い狩猟・採集の時代から、それと並行して特定の作物を栽培していった「半栽培」の時代を経て、ようやく農業を中心とする段階が確立されたと捉えられます（もちろん、いまも狩猟・採集の生活をしている人びとはいます）。

狩猟・採集に比べると、農業は人間が自然に働きかける度合いが強く、自然の仕組みを変形させることもあります。例えば、いま世の中に流通している野菜の多くは特定の種を選抜したり、品種改良を加えたりしたものです。その結果、食味などの面で人間に有用なものだけが残されました。

とはいえ、それも限度があります。例えば稲の場合、種モミが発芽して生長し、花が咲き、受粉した結果として実がなり、米ができます。このサイクル自体は変わりません。キュウリやピーマン、トマトも同じ。自然の循環から離れられないという点では、狩猟・採集も農業も基本的な部分では連続しているといえるでしょう。

◉――衰退する一方の農業

もちろん、変化も少なくありません。とくに二〇世紀以降の変化は急速で、しかも大きなものだと思います。少し前、次のような記事を目にして驚いたことがありました。

「農業人口二〇〇万人割れ　一六年、農水省調査　若者伸び悩み」
日本の農業の就業人口が今年に入り初めて二〇〇万人を割り込んだことが三〇日、分かった。およそ四半世紀前の一九九〇年には四八〇万人を超えていたが、その四割程度にまで落ち込んだ。高齢者の離農が進んでいる上に、政府が旗を振る若者の就農も伸び悩み、農業の担い手減少に歯止めがかからないためだ。（二〇一六年七月三一日「東京新聞」電子版）

戦後日本の農業は、戦災からの復興や食糧難の克服のため、食糧増産を基本としていました。それが一九六一年、農業基本法の制定によって転換を迎えます。畜産・野菜・果物など儲かる作物の生産を拡大する一方、小規模な稲作農家を徐々に淘汰していくものでした。工業化を軸とする経済成長が本格化する時期、当時の農業就業人口は、およそ一四五〇万人とのことです。

それから二〇年で、農業就業人口はほぼ半減します。一九六七年に片田舎で生まれた私が、ちょうど物心つく頃です。わが家は農家ではありませんでしたが、友達には農家の子どもが何人もいました。点在する集落の間には田圃や畑が広がり、起伏に富んだあぜ道は私たち子どもの遊び場になっていました。祭礼など地域の年中行事には農村の面影が色濃く残っていました。

しかし、その当時でさえ、もはや農業は地域社会の主軸ではありませんでした。周囲の農家のほとんども、平日は会社に勤め休日に稲作に励む兼業農家です。当時の私の感覚でも、すでに農業は底を打っているはずでした。ところが、実はまだまだ先があったというわけです。しかも、減少の速度は以前より勢いを増しています。ちなみに、農林水産省の調査によると、二〇一八年の農業就業人口は一七五万人ほどだそうです。

石高制に見られるように、農業が社会の中心にあった江戸時代から一五〇年を経て、私たちはいよいよ農業に引導を渡そうとしているようです。

◉――産業化した農業

とはいえ、スーパーへ行けば棚には常に季節の野菜が溢れています。輸入物もありますが、野菜はおおむね国産が中心です。農業が衰退しているような雰囲気はあまり感じられません。どういうことでしょうか。

大きな理由は生産の集中です。例えば、キャベツは○○県や△△県、レタスは□□県や××県といったように、作物ごとに主に生産を担う複数の地域が「産地」を形成しています。いくつかの産地をつなぐことで、一年中切れ目なく同じ品目をスーパーに並べることができます。もちろん、流通手段や保存技術の発展といった要因も見逃せません。

産地の農家は特定の作物に特化している場合が多く、同じ作物を相当量、くり返し栽培します。季節や旬に応じて自然の恵みを受け取るというよりも、むしろ農地という生産設備に種や肥料、農薬など生産資材を投入し、作物を生産ないし製造するわけです。

その結果、たしかに私たちは欲しい野菜をいつでも好きなだけ手に入れることができるようになりました。その利便性を否定することはできないでしょう。しかし一方で、少なからぬ問題も生まれました。

例えば、せっかく地元に農家がいても、産地と競合する作物では価格面で太刀打ちできないので、地元の野菜が流通に乗らなくなってしまいます。こうなると、農家の数でも作物の数でも産地とそれ以外の地域に偏りが生まれ、産地以外で農業を続けていくのは難しくなるでしょう。

また、本来は自然の営みに左右される農業を人間の都合に従わせようとすると、どうしても無理が出てきます。同じ作物を作り続けると、土壌からは特定の養分が失われ、病気も発生しやすくなります。それを補うためにたくさんの化学肥料や農薬が必要となり、農家や消費者はもちろん、自然環境にも悪影響を及ぼします。

こうして、農業や食べものに関する不安がくり返し現れることになります。社会全体にはっきりした形で現れたのは一九七〇年代の中頃でしょう。そこから生まれたのが有機農業であり、産直提携という考え方です。有機農業は化学肥料や農薬を使用しないなど、できるだけ環境に負荷をかけない、自然の営みに即した農業のやり方であり、産直提携はそうした有機農業が持続できるよう、市場での作物のやりとりとは異なり、生産農家と消費者が協議と納得に基づいて作物をやりとりするものです。

◉——「地場野菜」という取り組み

実は私も、有機農業や産直提携と関連する団体に関わっており、短期間ですが野菜の集荷に携わった経験があります。以下、同団体を「Y」、その野菜部門を「Y農産」とします。

Y農産は農家から野菜を集荷し、Yの配送部門に出荷する「仲卸」を業務としています。集荷ルートは二通りで、一つは環境に配慮した全国の農家から、もう一つはYが拠点とする北摂地域の近郊、計四地区（大阪府二地区、京都府二地区）の農家からです。前者は、例えば「○○さんの無農薬ほうれんそう」といったように、個々の農家や農業法人との関係を打ち出しているのに対して、後者は四地区全体をまとめて「地場野菜」と総称し、個々の農家を打ち出してはいません。基本的なシステムが異なっているからです。

Yは週一回、カタログを通じて消費側会員から注文を受け、翌週に品物を配達しています。こうした場合、消費者会員からの受注数に応じて生産農家に同様の数を発注し、それを集荷して配送部門に振り分けるのが一般的で、「地場野菜」以外はそうしています。しかし、「地場野菜」はそうではありません。

まず、Y農産は四地区各々との間で年二回、春夏野菜と秋冬野菜について作付けの会議を行います。カタログに掲載した個々の品目について、各地区の農家から作付け希望数量を出してもらう一方、これまでの注文実績などから必要数量を予想し、各農家の出荷実績も踏まえて各々の作付け数量を決めていきます。同時に、あらかじめ買い取り価格も合意し、ここで決められた数量についてはすべて規定の価格で集荷することになります。

他方、Y農産では農家の数年間にわたる出荷実績を踏まえ、品目ごとに出荷の始まりからピーク、終わりの時期が推測できるので、それに合わせてカタログでの打ち出し方を考えます。例えば、七月中旬にトマトの出荷がピークを迎えるので、そのあたりに特価を設定し、消費者会員の受注増を狙いつつ在庫のリスクを減らします。他方、始まりと終わりは受注に見合った数が揃わない可能性があるので特価にはせず、控えめに打ち出します。

もちろん、そうした予測が必ずしも的中するわけではありません。天候に左右されやすい農産物だけに、何が起こるかわかりません。そこで不作の場合に備え、一般に作付け数量は多めに設定します。しかし、それでも全滅する場合があります。逆に、天候が順調で豊作になった場合、今度は出荷が集中し、捌ききれなくなってしまいます。

スーパーなど一般の小売りでは、そうしたことがないよう、市場ルートで野菜を調達します。市場がクッションとなって品物をプールし、価格を通じて需給が調整されるわけです（もちろん、それにも限界があるのはご承知のとおりです）。

◉――「地場野菜」の考え方

では、なぜ「地場野菜」が市場流通のような形を取らないのかといえば、それは地域のあり方、農家のあり方に関わっています。「地場野菜」の拠点となる四地区はいずれも中山間地で、農家も兼業農家がほとんどです。しかも、野菜に比べて手間がかからない稲作が中心、野菜づくりは自家消費分くらいというのが標準的な姿です。そもそも、市場流通が想定するような〝売るための〟野菜農家はほとんどいません。

しかし、Yとしては、むしろそこに意味を見出しました。自家消費のための野菜ならば、それほど見栄えにこだわる必要はなく、季節に合わない野菜をつくることもありません。無理な作り方をしない結果として、化学肥料や農薬を使う必要もなくなります。

また、せっかく地元に農家があるのに、その農産物を地元で消費できないのはもったいないことです。生産者と消費者が身近になり、お互いの事情を理解するようになれば、消費者は食べものに関する不安が解消され、生産者は農業を続ける意欲が生まれます。

さらに、農業は基本的に暮らしと不可分の生業です。田畑は単なる生産施設ではなく、生活する地域です。農業が廃れてしまえば、地域そのものが失われてしまいます。特定の農家とつながるのではなく、地域を単位に多様な農家とつながることが、地域の持続、農業の持続に役立つはずです。

こうした考えのもと、Yでは二〇年以上「地場野菜」の取り組みを続け、私自身もわずかですがその過程に関わりました。そこであらためて感じたのは、農業が自然の産物だということです。人間が関与する部分も少なくないとはいえ、土から生まれ、生長し、土に返るという生命の循環が基本であることは変わりありません。欲しいものが欲しい時に欲しいだけあって当然というような捉え方がいかに倒錯しているか、気づかされました。

もちろん、現実の農業は自然の営みの部分だけでできているわけではありません。そうした基礎のところに科学技術や社会制度が乗っかり、深く影響しあって形成されています。とくに職住一体となった生業であるだけ、地域社会のあり方や政治の関与などが大きく影響してきます。こうした構造は、都市にいるとなかなか見えにくいでしょう。私自身、数年前に京都の中山間地に移り住んで初めて身近に感じられました。

◉——世代交代に潜む大問題

二〇年以上も続く取り組みなので、その間さまざまな問題もありましたが、この数年は構造変動とも言える大きな変化が生じています。中でも顕著なのが世代交代です。

もともと「地場野菜」生産農家の典型的な姿は、「父ちゃんは週末に田圃、母ちゃんと婆ちゃん爺ちゃんは畑で野菜づくり」というもので、その際、父ちゃんと母ちゃんは五〇〜六〇歳、婆ちゃんと爺ちゃんは七〇〜八〇歳あたりでした。それから二〇年が経ち、父ちゃんと母ちゃんも七〇〜八〇歳になって引退を迎えているわけです。

ただし、ここで問題が出てきます。これまでの流れなら、婆ちゃん爺ちゃんの世代が引退した場合、父ちゃんと母ちゃんがその位置に移り、新たに父ちゃんと母ちゃんの位置に座る後継者が現れるはずでした。ところが、現実にはなかなかそうなっていません。都市で就職したまま帰ってこない、あるいは故郷に帰っても農業をしないという事例が増えているのです。四地区ごとに多少の違いはありますが、基本的な傾向は変わりません。

背景の一つは、農村での兼業先が少なくなったことが挙げられます。農協や郵便局、役所などは広域合併で減少し、土木建築関係も公共事業の削減で振るいません。もう一つは、稲作をめぐる状況の変化です。稲作は日本の農業の中心とはいえ、米の価格は年を追うごとに下がっています。これまでは田圃を維持するため、兼業収入や年金を軸にすることで続けてきた稲作も、このままでは収入はおろか経費を賄うことすら難しくなると見られています。農業機械の更新時期がくれば、離農を迫られるのは間違いありません。農村や地域社会のあり方はどうなるのか、想像もつきません。

すでに見たように、これは日本全体の基本的で長期的な傾向です。それに対して、「地場野菜」の取り組みが部分的な防波堤となり、地域の農業を下支えする役割を果たしてきたことは確かでしょう。とはいえ、全体的な傾向そのものを転換するほどの力がなかったことも事実です。そう確認した上で、今後どうしていくかが課題となっています。

◉——「地場野菜」の背景にある思想

それにしても、農業の衰退が不可避的な傾向だとすれば、わざわざそれに抗う必要があるのか、疑問に思われるかもしれません。しかし、自然の一部である人間が、生命を再生産するために不可欠な農業からあまりに遠く離れてしまっている現実が、やはり生きものとして不自然だという感覚は払拭できません。

私たち人間は往々にして、自らの都合で自然を利用し尽くそうとしがちです。しかし、この間、相次ぐ自然災害を見てもわかるように、人間は自然の前ではあまりに小さく、自然の営みを離れて存在することはできません。土に埋まった種から芽が出て、やがて実を結び、ふたたび土に返っていく自然の営み、それに即した農の営為は、人間に対して現状を自己批判し、生き方の吟味を迫る思想的な基盤を提供しているといえるでしょう。

Yが「地場野菜」にこだわってきたのは、たしかに農産物の品揃えや安全性といった部分もありますが、根本的には、そうした農の営為が持つ思想的な力に期待する部分があるからです。もちろん、北海道でも鹿児島でも農の持つ思想に変わりはないでしょう。しかし、自分たちの身近にある農業の現場とつながらなければ、農が営まれる地域のあり方を含めて知ることは難しいはずです。

農産物を受け取る側は、自分たちの身近にある農村がどんなところで、どんな人たちがどんな想いで土と格闘しているのか、想像を膨らます。農産物を作る側は、受け取る人たちの喜びや不満、期待を感じながら作業に勤しむ。そうした関係が形成されるなら、生産者と消費者が互いに疎遠で、単に市場で価格の多寡だけを通じて関係するよりも、もっと豊かで人間的な関係が、部分的とはいえつくることができるのではないでしょうか。そうした関係がさまざまな地域に生まれ、相互に重なっていくならば、いまの社会とは違った社会のあり方も見えてくるのではないでしょうか。

「地場野菜」の取り組みが持続できたのも、こうした思想的な背景があったからこそだと思います。

◉――新たな農業・農村への模索

転換を迎えた「地場野菜」の取り組みのなかで、いま注目されるのは新規就農者の存在です。いまでは生産の主力になっています。もっとも、四地区すべてではありません。借りられる耕地の有無や人間関係などによって、どうしても偏りが出てきます。ある地区の場合、研修生を積極的に受け入れる地元農家がいたことが決定的な影響を与えました。

ほとんどの新規就農者は、農業で生計を立てることが目標です。いきおい特定の品目に集中した効率的な営農を選択することになり、昔からの地元農家や定年帰農者のあり方とは違いが出てきます。かつて「地場野菜」が想定したような状況とは異なりますが、それも含めて新たな農村が形成されつつあるということでしょう。

世間では、自給規模の「農」と「生きがい仕事X」を両立して暮らす「半農半X」の生き方が注目を集め、若者を中心に都市から農村へ移り住む「田園回帰」の動きが広がっているといわれています。こうした志向とも結びつく形で、農村の多様な展開を考えることもできると思います。新たな生き方の提案や価値観の転換とも合わせて、新たな農業・農村のあり方を模索していくことが求められているでしょう。

第六講 存在しない仏に祈る

——浄土仏教は生きているか

稲岡義朗

◉——現代日本と仏教

私は一介の僧侶です。九州の浄土宗の小さな寺で、やや自立的に細々と活動しています。ですから私がこれから述べる考えは、仏教界や宗派を代表するものではもちろんなく、その中での公約数的なものでもありません。

これは必ずしも謙遜して言っているのではなくて、このような構えが仏教を生きる上で大事だと思うのです。釈迦にしても法然にしても、それぞれの時代に、道を求める過程で既成の宗教体制から逸脱していった異端の人たちです。私たち一人ひとりも、次元は違っても、彼らのようなチャレンジを行っていくことが大事で、その点で私たちも等しく道を求める人なのです。

現在の日本で、仏教はおそらく人びとに生き方を示す力とはなっていません。一部では釈迦のような執着しない生き方が提唱され、静かな流行を示していますが、浄土系の仏教の求心力は低下する一方のようです。釈迦の仏教が合理的な思考と行動によって苦しみから脱しようと努めるのに対して、浄土仏教は阿弥陀仏という超越的な仏にすがることによって救われることを目指します。そこで語られる極楽浄土への往生という物語は、現代人にとってはあまりに空想的で、受け入れがたいものでしょう。仏教一般というより、浄土仏教が生命力を失っているようです。

しかしそれは大変惜しいことです。例えば青年時代の法然は、自ら修行を重ねる過程で、覚りの境地に至ることがいかに困難であるか、自分がいかに無力な存在であるかを痛感しました。そしてそのような凡夫に開かれた道はないかと探し求めた末に辿り着いた答えが、念仏のみによる平等往生です。

その答えとともに注目すべきは、法然が答えや問いの前提となる苦しみと格闘したことです。「わざわざ言われなくても、苦しみなんて皆、実感しているよ」と思われるかもしれません。しかし、私たちはそこまで苦しみを掘り下げているでしょうか。苦しみの中で何とか楽しみも見出してそこそこの人生を送っている、という場合がほとんどではないでしょうか。実際、人生は苦しみばかりではありません。苦にとらわれるのは極端なマイナス思考だと言わざるをえません。そう、仏教は病的なまでに苦を掘り下げて見せるのです。

仏教で四苦八苦と言います。生・老・病・死の四苦に加えて、愛別離苦（愛する者と別れなければならない苦しみ）、怨憎会苦《おんぞうえく》（怨み憎んでいる者と会わなければならない苦しみ）、求不得苦《ぐふとくく》（求めるものが得られない苦しみ）、五取蘊苦《ごしゅうんく》（この世の一切は苦であるということ）を合わせて言います。ほかにもいろんなバリエーションがあると思いますが、人間にとって避けられない基本的な苦しみが右に示されています。

つまり、苦とは思いどおりにならないことです。それは人間の不完全性に基づくものです。不完全でしかありえない人間が叶わない状態を求めてしまうから苦しみが生まれます。しかし、このように個人の有限性を越えて無限なるものを意識することができる点が、他の動物と人間の違うところです。そのような無限なものへの志向が神や仏のような宗教的超越者を生み出します。他の動物は目の前の現実を生きているだけで、苦しみも神の観念も抱きません。ですから苦しみと願いと救いとはひとつながりのものと言えるのです。この点はまた後で述べます。

法然も苦しみを深く掘り下げた人でした。大変学才に恵まれた人でしたが、戒・定・慧という仏教の基本的な学をどれも実践することができないと嘆いています。決して同時代人と比べて劣っているわけではないのですが、苦を感じるセンサーの感度が人一倍高いのです。いわば私たちに代わって苦しみを引き受けてくれている。キリスト教のイエスのようにです。そんな若き法然に私は強く惹かれます。

もちろん、私たちはあくまでも私たちの時代を生きなければなりません。私は法然を尊崇しますが、法然から学ぶだけでなく、法然で現代を読み解くのでもなく、法然とともに歩んでいきたいと思っています。すなわち伴走者としての法然です。そういう観点から私の考えを述べてみたいと思います。

◉――念仏とは何か

今日、念仏と言えば「南無阿弥陀仏」と称えることを意味します。しかし、もともと念仏とは文字どおり仏を念じることです。仏の姿を目の前にありありと映し出す見仏や、心の中にイメージする観仏なども含まれます。ところが、これらは大変な精神的集中力を要するもので、一般人にはできません。そこで誰にでもできる称名念仏が推奨されるようになります。

このような称名念仏によって誰もが極楽に往生できるということの根拠は、浄土三部経の中の一つ『無量寿経《むりょうじゅきょう》』にあります。そこには阿弥陀仏がまだ覚りを開く前、法蔵と呼ばれる菩薩だった頃の出来事が書かれています。法蔵は世自在王仏《せじざいおうぶつ》という仏と出会い、自分も覚りを開きたいと願い、四十八の誓いを立てます。「私が仏になったならば○○をしたい、それができなければ私は仏になるわけにはいかない」と。その中の十八番目の誓いにこうあります。「私が仏になったとき、あらゆる世界の人びとが心から私の国に生まれたいと願い、一〇回の念仏を称えたとしよう、それでも彼らが私の国に生まれることができなかったならば、私は仏になるわけにはいかない」と。そして法蔵は願を成就させて阿弥陀仏となり、現に極楽浄土に住んでいる、だから阿弥陀仏の本願に従って念仏を称えれば往生することができるのだ、と。ですから阿弥陀仏や極楽の存在も念仏によって往生できることの根拠も、すべてこの経典の中にあるのです。

どうでしょうか？　納得いかないことが多いと思いますが、話を進めましょう。

ここで言われている念仏による往生は、難しい行いをすることができない者のために用意された簡単コースです。簡単コースだから難関コースとは往生の仕方が違う。誰もが往生できるとはいえ、そこには明確に区別があります。

ところが法然はそれを覆しました。念仏は阿弥陀仏が本願として選択した唯一の行である。だから極楽に往生できる。それ以外の行は阿弥陀仏が選択した行いではない。だから往生できない。念仏のみが往生のための行いなのであり、それによってすべての人が等しく往生できるのだ、と。

念仏による往生は法然以前から主張されていたことですが、それは現世の差別を残したままの往生でした。それに対して法然の念仏は、平等な人間観に基づくものです。平等であるからすべての人が等しく念仏によって往生するのです。

しかし、現実の人間が平等であると言えるでしょうか？　法然ははるかに大きな視点に立って明快にこの問いに答えてくれます。

末法思想という言葉を聞かれたことがあるかもしれません。時代が下るにつれて人間は愚かになってゆき、仏教が衰退してゆくという歴史観です。釈迦が生きていた時代には正しい教えがあり、それに基づいて修行する人びとがおり、その結果としての覚りがあった。すなわち教・行・証が揃っていた。これが正法の時代です。次に、教えはあり、修行する者たちもいるが、覚りは得られない時代がやってくる。すなわち教・行はあるが、証がない。これが像法の時代。像とは形のことですね。そしてさらに時間が経つと、教えはあるものの、修行も覚りもない時代が来る。教だけあって、行も証もない時代。これが末法の時代です。さらには教えさえもなくなってしまう法滅の時代に至るとされます。日本では一〇五二年に末法の世に入ったとされました。当時の貴族政治の行きづまりや自然災害などを背景に、末法思想は大きな社会不安を引き起こしました。現代の私たちには想像しにくいことですが、古代・中世社会は宗教が人びとの思考を支配する非常に大きな力を持っていました。

法然はこの末法思想に基づいて人間の善悪を説明します。釈迦が生きていた正法の時代の人びとと比べれば、今の時代の人間は皆、悪人である。しかし仏教が衰退したはるか後の法滅の時代の人びとに比べれば、私たちは仏のようだ。つまり今の世の人間たちの善悪に多少の違いがあったとしても、そんなものはまったくとるに足らないものだ、人間は平等なんだ、と法然は主張しているわけです。

大変明快な論理です。私たちは目先の小さな違いにとらわれて、人を見下したり卑屈になったりしがちですが、法然は目の前の人間同士を比べるのではなく、大きな歴史的視点に立って現世の人間の平等を訴えたのです。

しかしながら、この平等思想は政治的宗教的支配者たちにとっては大変危険なものでした。人間が不平等であるからこそ支配する者とされる者とに分かれる根拠がある。人間が平等であれば支配の正当性が失われるわけです。法然が流罪になり、弟子たち四名が死罪になるというきわめて重い刑罰を受けたのは、決して念仏一般を広めたからではなく、その平等思想が国家の支配の基盤を揺るがすものだったからです。

法然の念仏はそのように非常に激しいものだったのです。神秘的な救済思想というより合理的な人権思想と言うべきでしょう。この点において、浄土仏教の思想は今なお批判的な力を持っていると思います。

◉——仏も浄土も存在しない

法然の選択《せんちゃく》本願念仏の思想的意義はわかるとしても、念仏は自らが救われるために称えるものではないか？　そこに救いはあるのか？　と思われるでしょう。ここで今一度、仏や浄土という概念について検討してみなければなりません。

ご存じのように、仏すなわちブッダとは目覚めた人のことです。仏教の創始者となった釈迦＝ゴータマ・シッダルタが苦から脱する道を究めた末に目覚めてブッダになった。その思想を、変化させつつも継承してきた思想運動が仏教です。時代が下ると、その釈迦の生涯をモデルにしてさまざまな仏陀が描かれます。阿弥陀仏もその一つです。これらの仏はすべて歴史上の人物ではなく、経典の中の登場人物です。

ここで問題になる阿弥陀仏は、五劫《ごこう》（「劫」はとてつもなく長い時間の単位）もの間、思惟し続けて仏になり、その身長は六〇万億那由多《なゆた》恒河沙《ごうがしゃ》由旬《ゆじゅん》（「那由多」と「恒河沙」はとてつもなく大きな単位、「由旬」は約七キロメートル）もあると言います。阿弥陀仏はその性格から無量光、無量寿と呼ばれます。すなわち無限の光明と無限の寿命とをもって人びとを救済することができるのです。また十方の方角には無数ともいえる数の仏がいて、それぞれの世界すなわち浄土を持っているのですが、阿弥陀仏の国・極楽浄土は西の方角に一〇万億もの仏の国を越えた彼方にあるといわれます。極楽は一切の苦しみが取り除かれた世界で、苦しみの概念すらありません。そしてそこではすべての人が仏になることが約束されています。

浄土経典には阿弥陀仏と極楽浄土のありようがこのように描かれています。このような仏や浄土の存在を私たちは信じることができるでしょうか？

もちろん、これは文字どおり解釈する必要はありません。キリスト教の神観念を批判した哲学者フォイエルバッハは、神は人間の本質が対象化されたものであると言います。人間は個人としては有限であり、罪深いものであるが、類としては無限であり、神聖である。そのような人間の類的本質が外に表されたものが神である、と。これは阿弥陀仏に関してもほぼあてはまると思いますね。

つまり阿弥陀仏が無量光、無量寿と呼ばれるのは、無限の光明と寿命をもって空間的・時間的に無限の人びとを救済するその働きが神聖なものであるということです。その働きが人格化されたものが阿弥陀仏です。阿弥陀仏が存在するからわれわれは救われるのではなく、救われたいという願いが阿弥陀仏の存在を要請するのです。法蔵菩薩の四十八願も、人類の願いが物語化されたものにほかなりません。四十八願は、極楽を争いや飢えや差別がない世界にすることを誓っています。裏返して言えば、それは現実の世にそれらの苦しみが厳存することを示しています。ですから浄土仏教は現世に対する強い批判的メッセージを持っているのです。

しかし、それでも浄土はユートピア＝どこにも存在しないものです。そこに現実的な救いがあるわけではありません。先ほど末法思想が仏教の衰退を表していると言いましたが、これは人間が科学的な思考を身につけていって、仏や浄土を信じなくなる過程の文学的表現と読み替えることができるのではないでしょうか。

私たちはあらためて救いなき世界を生きているのだと認めなければなりません。物質的存在とは違う形で仏の存在を感じるという人もいるかもしれません。ただし、それは特別な宗教的能力の持ち主にのみ可能なことです。法然が難行による浄土往生を当時の現代人には不可能として否定したように、私も仏による救いを否定します。

◉――にもかかわらず祈る

仏も浄土も存在しない。したがって救いもない。それでは念仏を称えることにはまったく意味がないのでしょうか？　いいえ、私はそうは思いません。

仏がいるから祈るのではなく、救われたいから声を発さずにはいられないのです。救いを求めずにはいられないほどに、生きるということは苦しみに満ちています。念仏を称えるとき、私たちは苦しみに満ちた現実にたえず直面し直すことになります。すなわち、念仏は苦しみの中で生きていくほかない人間の救いを求める叫び声なのです。仏も浄土も存在しません。だから救いはありません。それでも泣き叫ぶこと自体に積極的な意味があるのだと思います。仏による救いは存在しないと知りつつ、にもかかわらず祈る。それが今の私の仏教です。

主要参考文献

『浄土三部経』上・下、岩波文庫、一九九〇年
法然『選択本願念仏集』岩波文庫、一九九七年
塚本善隆編『日本の名著5　法然』中央公論社、一九八三年
平雅行『日本中世の社会と仏教』塙書房、一九九二年
フォイエルバッハ『キリスト教の本質』上・下、岩波文庫、一九六五年

第七講　サラリーマン人生を終えた今、考えること

瀬尾良郎

◉――生活と労働

「今、欲しいものは何か？」と自問自答しても、ほんとうに何もないのです。平和の中で生きているから言えることかも知れません。平和の中で生きているとは、個としての人格が認められ人間の尊厳が保たれて、穏やかに「生活」できているということでしょう。

「生活」とは「生《ナマ》」を「活《イ》」きることで、生きものの原点に立ちかえれば、まず食べなくてはなりませんが、じっとしていては食べることができません。「動」かなければならないのです。人が「動」けば「働」くとなります。

では、「働く」とは何でしょうか。人はまず、自分のために働きます。働けばエネルギーが消費され、この消費されたエネルギーで新たなエネルギーが再生産されます。つまり、エネルギーが放出されると、その結果として、外部に成果物を生み出します。エネルギーのかけ方によって成果物は多種多様であり、それらは自分で消費したり、人に与えたり（贈る、教える）、交換したり、保存したり等々です。いずれにしても、それを生むにはあまたの「骨折り」「苦労」「疲労」があるし、また、人びとから「労《いたわ》られ」「労《ねぎら》われ」、功労ありとして「感謝」されたりします。すなわちこれが「労働」であり、「労働」には笑顔があります。

あらためて考えると、「労働」とは、人間が自然に働きかけて生活手段や生産手段をつくり出す活動、労働力の具体的発現であり、歴史の中で多種多様に分化してきています。それに対応するには、知識、技能が必要で、低、中、高と高度化、細分化、専門化した学習（教育）が欠かせません。これらの「知識、技能」に支えられた労働の結果物は、「使用」する「値打ち」（価値）があるか、「交換」する「値打ち」（価値）があるか、その効用が問われるのです。労働の成果（結果）の一般化です（瀬尾良郎「わたしの体の中にいるトータルキャピタル――あるサラリーマンの回顧録」、季報『唯物論研究』一三五号、二〇一六年、三三頁参照）。

◉――企業体とサラリーマン（雇用労働者）の生活

「雇用」とは、当事者の一方が相手方に対して労務に服することを約束し、相手方がこれに報酬を与えることを約束する契約です。これに基づいて「労働」する者が「雇用労働者」になります。

このように契約によって個は組織の一員となりますが、その組織はそれぞれに目的を持っています。国家または公共団体の事務管理を行う公共体、一定の目的と計画に基づいて経営する経済活動体（事業会社、企業体）、共同の目的を達成するため結合した二人以上の法人、政党などの集合体などがあります。

企業体の目的は、「生産、営利」のために生産要素を結合し、継続的に事業を経営することです。それは、出資者、経営者、雇用労働者（サラリーマン）から構成され、経営活動の推進、すなわち投下資本に見合った利益を追求します。そして、株主への配当、経営者への報酬、労働者への給与（賃金）の支払い、国・地方自治体への税金の支払い、各種団体への寄附などの形で、結果利益を配分するのです。

事業会社が、利益追求の上で他社より比較優位に立つために取る手段は、新商品や新技術（生産技術を含む）の開発、労働生産性の向上（労働者に対する社内教育の実施・推進、地道な外部研修への参加機会の提供）、提案活動の推進や所定のグループごとの全員参加型のミーティングの実施（ホーレンソー〔報告、連絡、相談〕機能や成品＝製品への愛着・共感を高め、共同作業の効率、評価基準をアップさせる）、競争会社間の技術・資本の導入・調整（法的問題への対応と準備）などです。さらに、社会貢献や政治協力もそのための手段となります。

サラリーマンには、企業体が所定の目的のもとに実施している経営活動への一体的な努力と活動が要求されます。それは競争と融和への調整です。

具体的に述べれば、仕事にかかわる限りなく広い知識・技倆《ぎりょう》を習得し、共同・連携なくして真の成果は上がらないとの理解に立ち、他者（外部も含めて）との相互助力・支援ができる能力の醸成努力が求められます。そのためには、自らの持てる知識・技能を関係者に正確にそしてすべて伝え、教えることが必要です。これによって自身は楽に自由になり、さらなる知識が身につきます。

とくに、労働者としての仲間意識醸成の努力が求められます。対極に立つのではなく、中に入り共に語り考え、その中から自分も含め一緒に前進する途を探ることが常に必要です。社内でも職場や立場が違えば、労働内容、思考内容も同じではありませんが、働く者として共生の道を求める姿勢が必要です。ここに安らぎの場が生まれます。

仕事の効率化とともに、先輩、同僚、後輩との人間関係の調和への配慮と努力が求められます。人的競争には、企業間競争に勝るとも劣らないほど熾烈なものがあります。その中で節度と友愛の醸成、努力が求められるのです。

仕事ができなければ発言権はなく、友愛・支援の影が見出せなければ自然に落下して孤立してゆき、良い美しい仕事はできなくなってゆきます。

「サラリーマンは気楽な稼業と来たもんだ」と、一九六〇年代にクレージーキャッツが歌い大ヒットしましたが、これはサラリーマンの現実の一面を逆説的に表現したものとも思われます。またこの頃は、新卒者が「金の卵」といわれ、二年、五年、一〇年かけて社内で教育し、開花に向けて皆が一丸となって連携し結果を夢見ていたことは、企業体に「ゆとり」があったためかもしれません。それに比べると、「即戦力」ばかりが強調される昨今です。

最後に、雇用労働者であるサラリーマンには、「定年退職」後の対応を早めに検討しておくことが求められていると言っておきましょう。ただし労働者は、いつの場合もその覚悟が必要ですが、企業体が勧告してくるまで、自分からは退職を口にしないことが重要です。

◉——外部環境としての資本主義

今、資本主義の将来像が問われています。モノをつくり出す時代、金を動かす時代、金が利息を生み出す時代、金が利息を生まない時代へと、長い時間をかけて資本主義は変化してきました。そして、現今の閉塞感のもと、資本主義はこれで良いのかと問われているのです。

問題を列挙すると、①グローバル化が進み、格差やアンバランスを抱えつつ資本の行く先が減ってきている、②大衆消費社会と実（必）需とにギャップが生じ、「必要は発明の母」から「発明は必要の母」へと概念の転向が生じ、「必要の創造」による結果物（商品）にはプロパガンダで価値が付与されている、③人間自体が商品、部品として取り扱われ、加工への創造がなされている（労働における人間の物象化とは相違する）、などがあるでしょう。

労働の面では、補助手段である各種機器の高度化、自動化に対応して分野によって大きくそのスタイルが変化してきており、労働の多様化への対応が問われています。具体的には、①高度プロフェッショナル概念が一般化、広大化しつつあるが、労働強化の実態把握と成果評価の具体的手法の検討はどのようにするのか、②二〇〇四年小泉政権の法改正により、正規の従業員（労働者）の概念とは異なる「契約社員」なる概念が広大化、一般化してきたが、最低賃金保障、保険等各種補助制度への対応はどうするのか、③ＩＴ活用と労働のシェア展開に伴い、労働者間のコミュニケーションのはかり方や、責任の所在への対応の問題をどうするか、が問題でしょう。

さらに、①人口減少傾向、移民問題（外国人労働者の移入を含む）、過疎化への対応、②家事労働、介護労働への対応、③格差の拡大、その世襲化への対応など、取り残された領域への対応が問われています。

◉——トータルキャピタルとその活用

このような現実を前に、どのようにしたらよいのか自問するとき、トータルキャピタルの活用はどうだろうかと私は考えます。トータルキャピタルとは、多く時間をかけて物的、金銭的、人的な関係を通じて蓄積された莫大なキャピタルを言います。それは、アメーバのようなものであり、個のアメーバの集合体であり、資本の量ではなく、あなた、彼、そして私である個（アメーバ）のそれぞれが、その生活の中で身につけた知識、経験、技能、思考力等が集合されたものであって、現に存在する構成体（莫大な金銭、新旧の構築物、自然環境、人間関係）をその中に包摂し、かつ、それらの中で今も育てられ続けている統合された（価値）概念です。それは、目には見えない、計れないものではありますが、それ自体がエネルギーを持っています。そのベースとなる個のアメーバは、外界の経時変化の中で育つものであり、人びとはそれぞれ、個のアメーバでありながら、トータルキャピタルを自然の中で身につけています。歴史（伝統）、文化（芸術）、学術（知識・技能）等々へのアプローチ、さらにその継承がそれを形成し、また、変化のトリガーを構成します。そして、トータルキャピタルは行動するものとして現に存在していて、日々変化するものであり、社会の力です（瀬尾前掲、三四頁参照）。

それは自然の中で強力な集合体としていずれその持てる力を発揮するでしょうが、それを自然に待つのではなく、社会のため、みんなのために積極的に生かす手法はいかに、と私は問いたいのです。

トータルキャピタルの積極的な活用手法はないものでしょうか？　自然の中、平和の中で個として働き、個が共に幸せにその能力を発揮できるように、個のできるところから互いに連携して、そのためのシステム、例えば、共同体、共有体、アソシエーション等をつくり上げるように働きかける。また時には、すでにある各種団体、組織にただ対峙するのではなく、その中に積極的に入り込み、内側からそれに働きかけ変革する者として活動するというのはいかがなものでしょうか。

第Ⅲ部

生きる場と世界をつなぐための哲学再入門

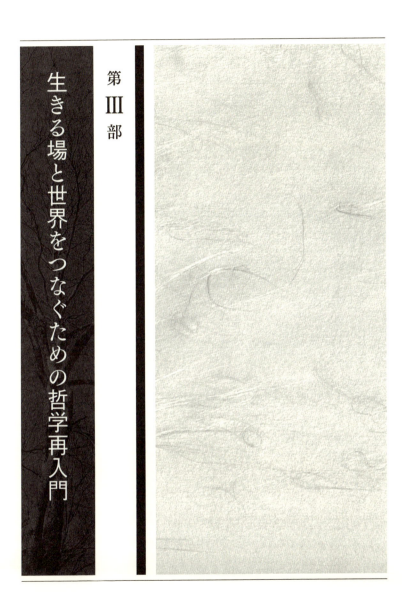

第一講 全体主義とは何か

――アーレント『全体主義の起原』を手がかりに

百木 漠

はじめに

全体主義とは何か――。この問いに答えるのは難しい。

私たちは全体主義についてのイメージを持っています。ナチズムやスターリニズムに代表される、権威的で抑圧的な支配体制。カリスマ的な指導者による独裁、一糸乱れぬ軍隊の行進、法や人権を無視した暴力的支配、同じ服装をした人びとが同じポーズで喝采する党大会、大量の粛清や虐殺、などなど。しかし、そのような支配体制をどのように定義すれば良いのか、となると意外に難しいのではないでしょうか。

もう少し専門的に言えば、独裁と全体主義、権威主義と全体主義、ファシズムと全体主義、などを概念的にどう区別するか、というのも説明するのは難しい。これらの違いを明快に説明してくれている解説書や論文はほとんど見当たりません。どのような支配体制を「全体主義」と呼ぶかは、それぞれの文脈や政治的状況によって変化しやすいからです。

こうした問いを深めていくためには、何らかの思考の拠り所が必要です。ここでは『全体主義の起原』を著したことで有名なハンナ・アーレントを手がかりにして全体主義について考えていくことにします。アーレントは、その生涯をかけて全体主義と対峙し、それについて思考し続けた思想家であったと言えます。『全体主義の起原』は決して読みやすい本ではありませんが、今も全体主義について多くのことを私たちに教えてくれます。

排外的なポピュリズムが世界的に広がっている今日において、この本が読み直されているのも故なきことではありません。トランプ米大統領が誕生したのちに、米国ではジョージ・オーウェルの『一九八四年』とアーレントの『全体主義の起原』の売り上げが急速に伸びたそうです。今から七〇年近く前に書かれたこれらの本が世界中の人びとに読み直されているのは、現在、全体主義の危機がふたたび高まりつつあることの表れでしょう。その意味でも、今あらためて「全体主義とは何なのか」という問いを考え直しておくことは大事なはずです。アーレントの助けを借りつつ、この問いを探求していくことにしましょう。

1　大衆運動としての全体主義

『全体主義の起原』第三部「全体主義」の中で、アーレントがまず強調しているのは、全体主義が大衆運動であったということです。いわく、「全体主義運動は大衆運動であり、それは今日までに現代の大衆が見出し、自分たちにふさわしいと考えた唯一の組織形態である」(『全体主義の起原』第三部、六頁)。また、「全体的支配は大衆運動がなければ、そしてそのテロルに威嚇された大衆の支持がなければ、不可能である」(二頁)(＊1)。

伝統的に「大衆」とは政治に関心を持たない無教養な人びとの集まりであり、そのような人びとを政治的に動員することは不可能であるし無意味である、と考えられてきました。政治的に動員可能なのは、固定した支持政党を持ち、一定の教養や知性、身分を備えた人びとである、と。しかし全体主義はその常識を覆してみせました。「ヨーロッパの全体主義運動の興隆に特徴的な点は、これらの運動が政治的には全く無関心だと思われていた大衆、他のすべての政党が馬鹿か無感覚で相手にならないと諦めてきた大衆からメンバーをかき集めたことである」(一〇頁)。

そして、このような「全体主義運動の大衆的成功」は「あらゆる民主主義者、特にヨーロッパ政党制度の信奉者が後生大事にしていた二つの幻想の終わりを意味した」とアーレントは書いています。「その第一は、一国の住民はすべて同時に公的問題に積極的な関心をもつ市民であり、全員が必ずいずれかの政党に組織されるというところまでは行かなくとも、それぞれに共感を寄せている政党はあり、たとえ自分では投票したことがなくともその政党によって自分も代表されていると感じている、という幻想である」(一二頁)。

言いかえれば、大衆はもはやどのような既存政党によっても代表されない、と感じている。これは近代民主主義を支える議会制度＝代表制度の機能不全(限界)を意味しています。かつてマルクスが『ルイ・ボナパルトのブリュメール一八日』の中で論じた問題ですが、どのような既存政党・政治家にも代表されないと感じている人びとが、本来は彼／彼女らを代表するはずのないような俗物的な政治家を支持してしまうという現象がときに起こります。これは昨今のポピュリズムでも生じている現象ですね。そうしたポピュリズム的政党の行き着く先に、全体主義があるのです。

そして、「全体主義運動が叩き潰した第二の幻想は、大衆が政治的に中立で無関心なら政治的な重要性も持たないし、たとえそういう大衆がいるとしても実際に中立的立場を守り、たかだか国民の政治生活の背景をなすにとどまっている、とする考えである」(一二頁)。政治的に無関心な大衆(いわゆる無党派層)は政治的動員に役立たない(選挙などで当てにならない)と従来の政治家たちは考えていました。しかし、ドイツの大衆はヒトラーを、ソ連の大衆はスターリンを、(少なくとも一時的には)熱狂的に支持した。そのような状況では、伝統的な政治の常識が通用せず、良識的な思考や感覚はその有効性を失っていきます。現代社会もふたたびこのような議会制＝代表制の機能不全から導かれる全体主義的状況に陥りつつあるのかもしれません。

このような「大衆」は、一九世紀的な階級社会の崩壊とともに登場してきたとアーレントは分析しています。マルクスの理論によって代表されるような、資本家階級と労働者階級(あるいは有産階級と無産階級）の対立構造が、二〇世紀に入ると徐々に崩れてきます。労働者の地位向上や、いわゆるサラリーマンの誕生などによって、かつてほど階級対立の構図が明確ではなくなってくるからです。ここに「階級社会」に代わる「大衆社会」が登場します。かつての階級社会では、例えば、労働者＝無産階級は左派（革新）政党を支持し、有産階級は右派（保守）政党を支持するという代表制の構図がわかりやすく成立していました。しかし二〇世紀に入ると、こうした階級対立およびその代表の構造が崩れて、左右どちらの既存政党によっても代表されない「大衆」という存在が大量に出現してくるようになります。全体主義政党が狙いを定めたのは、まさにこのような無党派的な「大衆」でした。議会制＝代表制が危機に陥るときにポピュリズムや全体主義の危機が生じてくるのは、それゆえです。

2　プロパガンダと玉葱構造

全体主義政党はこうした大衆を「プロパガンダ」によって獲得した、とアーレントは論を進めます。プロパガンダとは「特定の思想によって個人や集団に影響を与え、その行動を意図した方向へ仕向けようとする宣伝活動の総称」のことです。そして、全体主義におけるプロパガンダが大衆に対して強力な効果を発揮したのは、それが現実の世界に代わる擬似世界のリアリティを提供するからだといいます。すなわち、全体主義のプロパガンダは「首尾一貫性をもった虚構の世界をつくりだす」（八三頁）。全体主義に心酔する人たちにとっては、複雑な現実の世界よりも、全体主義プロパガンダが提供する「首尾一貫性をもった虚構の世界」のほうがずっと「現実的《リアル》」に、そして居心地良く感じられます。それゆえ、全体主義の世界観は、非常に単純化された善悪二元図式（および終末的思想）で出来ていることが多い。

例えば、歴史修正主義者やネット右翼の語る世界観は、驚くほど「首尾一貫」しています。彼らにとって不都合な事実はすべて消去され、都合の良い事実が次々と捏造される。それによって、単純明快で首尾一貫した世界観がつくり上げられるのです。昨今取り沙汰されている「フェイクニュース」や「ポスト真実」にも通ずる問題です。その虚構の世界に浸っている限り、彼らは現実の世界（事実）を無視し、極端に単純化された論理で次々と敵を「論破」していくことができる。彼／彼女らにとっては、その世界観が事実に基づいているかどうかは二の次であり、その世界観が首尾一貫したわかりやすいものであることが重要なのです。

このようにして、「大衆がひたすら現実を逃れ、矛盾のない虚構の世界を憑かれたように求める」のは、彼／彼女らが現実の「世界」に根ざす感覚を喪失しているからだとアーレントは論じます。われわれがそこで生活し、他者と共有し、公共的な議論や対話を行う空間としての「共通世界」が失われているのだと。この状況をアーレントは「世界疎外」と呼んでいます。近代人は安定的で永続的な「世界」のあり方から「疎外」されているという意味です。そして次のように言います。「全体主義的支配は、孤立 loneliness の上に、すなわち人間がもつ最も根本的で最も絶望的な経験の一つである、自分がこの世界にまったく属していないという経験の上に成り立っている」（三二〇頁）。

こうした世界疎外＝孤立状態に耐えきれない大衆たちにとっては、全体主義が提供する虚構の世界観は非常に安定した心地よいものに感じられます。全体主義プロパガンダは、しばしば「われわれは隠された力を発見した、その力こそわれわれ、およびわれわれと行動を共にするすべての者に対し、必ずや幸運をもたらすであろう、われわれは運命の連鎖を予言し、予見することができるのだ」（七〇頁）と主張しますが、こうした胡散臭いプロパガンダが、世界に根を失った大衆を惹きつけ、それらの人びとの動員を可能にしていくのです。ナチズムであれば反ユダヤ主義というイデオロギーに「自然淘汰」という似非科学（優生思想）を加えることによって、スターリニズムであれば社会主義というイデオロギーに「史的唯物論」という終末論的歴史観を援用することによって、予言的性格を獲得し、また強力な運動の推進力を獲得したのです。

全体主義の組織も、このようなプロパガンダによって提供される「虚構の世界」を保持するのに役立つ構造に作られています。興味深いことに、アーレントはそれを「玉葱構造」と呼んでいます。すなわち、全体主義的組織では、前面組織《フロント》、各種の職業団体、党員、党官僚機構、精鋭組織、警察集団などがいくつもの層を形成しており、その中心に指導者が鎮座している。ここでは、それぞれの層が外部世界に対する防壁あるいは正面《ファサード》としての役割を果たしており、「この玉葱構造は、現実世界の事実性がもたらす衝撃から全体主義システムを組織的に守る防壁となっているのである」（『過去と未来の間』一三五頁）（＊2）。こうして幾層もの防壁とファサードに守られることによって、全体主義的組織の内部にいる者たちは、現実世界の厳しさから遠ざけられ、虚構の世界にどっぷりと浸っていることができるのです。

川崎修が的確に述べているように、こうした組織では、組織の外側の層にいる人びとは一般世界のリアリティに接することができるが、運動の中心に行けば行くほど外部のリアリティから切り離されて、党の教義がつくり出す虚構の世界の中に埋没できるような構造になっています(*3)。こうして、全体主義組織の任務は、「必要に応じて新たに織り出される、プロパガンダの嘘に飾られた中心的なイデオロギー的フィクション……を現実へと変え、そしてまだ全体主義化されていない世界のなかで人々を組織して、この仮構の現実の法則に従って行動させるようにすること」(二〇〇頁)なのです。

かように虚構を現実に変えていく全体主義組織において、重要な役割を果たすのが秘密警察です。「全体主義支配機構の権力中枢として正体をあらわす唯一の機関が、秘密警察である」(一九四頁)。秘密警察は、党が発信するプロパガンダに違反している者がいないかどうかを監視し、違反者を見つけた場合には即座にそれを逮捕し、拷問にかけます。それだけでなく、人種的な敵や階級的な敵といった「客観的な敵」を常に新たに創り出し、それらを迫害、追放、さらには抹殺していく。そのような「客観的な敵」を創造し続け、それを次々と排除していくことによって、全体主義運動はその虚構の世界を維持し強化していくのです。

以上に述べたようなプロパガンダと組織がメダルの両面となることによって、全体主義的フィクションがつくり上げられていくわけですが、こうした虚構の世界観が通用力を持つのは、そもそもアトム化された人びと=大衆が現実の世界に対する信頼感、この世界に根ざす感覚を失っているからだとアーレントは見ていました。

3　強制収容所あるいは絶滅収容所

こうした全体主義支配の矛盾とおぞましさがその頂点に達するのが、言うまでもなく、強制収容所および絶滅収容所です。ナチスの収容所においては、六〇〇万人以上のユダヤ人が虐殺され、ソ連の強制収容所においても数百万人の人びとが過酷な強制労働に従事させられたといわれています。アーレントは、一九四三年に初めて「ユダヤ人問題の最終的解決」（ホロコースト）について知らされたとき、当初はそれを信じようとしなかったそうです。「本当の意味で衝撃でした。……それはまさに奈落の底が開いたような経験でした。……これは決して起こってはならないことだったのです」と、後のインタビューでアーレントは語っています（『アーレント政治思想集成1』二〇頁）（＊4）。アーレントも夫のブリュッヒャーも、日頃から「連中なら何でもやりかねない」と言っていたにもかかわらず、二人ともそれを信じることができなかったのです。

彼女によれば、強制収容所とは「すべてが可能であるという証明を行う実験場」でした。伝統的な統治体制においては、思いつかれることすらなかったような、非人道的な（あるいは非人道性といった道徳的判断すら無意味化してしまうような）実験が行われる場、それが強制収容所であった、と。「収容所は人々を絶滅させ人間を辱めるためだけでなく、科学的に厳密な条件のもとで、人間の行動様式としての自発性それ自体を消去し、人間の人格を単なるもの、動物ですらない何かへと変えてしまう恐るべき実験のために機能するものである」（二三一頁）。このように、人間を人間ではない何か、いや動物ですらない何かへと変えてしまうのが収容所という装置であったと、アーレントは論じています。

ここでアーレントは、収容所が人間を「動物ですらない何か」へと変えてしまうポイントを、人間の自発性（spontaneity）、すなわち新しい物事を始める能力を無きものにしてしまうという点に見出しています。アーレントの思想においては、この自発性こそが人間の「自由」の根本にあるものです。『全体主義の起原』の最後は、「始まりが為されんがために、人間は創られた」というアウグスティヌスの言葉を引いて締めくくられていますが（三二四頁）、この言葉は次作の『人間の条件』にも引き継がれ、自発性＝「始まり」を引き起こす能力は、彼女にとって重要な概念になっていきます。その自発性＝「始まり」の能力を完全に破壊しようとした実験場が収容所であった、ということになります。

収容所ではまず法的人格が破壊され、次に道徳的人格が破壊され、最後に人格そのものが破壊される。このような段階を経て、収容所では「すべてが可能」になり、あらゆる道徳やルールや常識が無効化し、ただシステマティックに人びとが殺されていく場所になる。それは大量の人間を非人道的に虐殺するためだけに存在する施設です。かつてどのような残酷な圧政の下でも、このような施設が存在したことはなかった。ハイデガーがこれを「死体の製造工場」と呼んで物議を醸したことは有名ですが（『ブレーメン講演』）、アーレントもかつての師に倣って、これと同じ表現を用いています。

さらにアーレントは、強制収容所とは人間を完全に「余計なもの」にするための装置であった、とも論じています。「ガス室は最初から威嚇もしくは処罰の装置として考えられたものではなかった。それは……究極的には人間というものがそもそも余計なものであることを証明するためのものだった」(二五〇頁)。ここで「余計な」という訳語が与えられているsuperfluousには「余剰な」「余分の」「無用の」という意味もあります。人間が「余計な」「余分な」「無用の」ものとして扱われること。ここに全体主義支配のもう一つの特徴があります。『全体主義の起原』の結論部では、このsuperfluousという語が繰り返し使われています。例えば、「全体主義国家においては、任意の人間集団を好き勝手に強制収容所に送り込むことによって、支配機構の内部で絶えずパージを行うことによって、恐るべき大量粛清によって、申し分なくとは決して言えぬまでも永続的に人間は余計なものにされている」(二六二頁)。

興味深いことに、彼女は続けて次のように指摘します。「人間を余計なものにしようとする全体主義的な試みは、人口過剰の地球における現代の大衆が味わう余計さ(superfluity)という経験を反映したものである」(二六二頁)。つまり、人間を「余計なもの」として扱う全体主義支配の性格は、現代社会において大衆が味わっている、自分たちが「余計なもの」ではないかという不安・感覚を反映して生まれてきたものなのだ、と。この指摘は現代人が抱える不安(と不満)を鋭く言い当てているのではないでしょうか(*5)。

4 イデオロギーとテロル

『全体主義の起原』第二版のエピローグに追加された「イデオロギーとテロル」という論考のなかで、アーレントは全体主義 totalitarianism が独裁 dictatorship や専制 tyranny とは異なる、「過去に例を見ない全く新しい統治体制」であることを強調しています。その決定的な差はどこにあるのか。アーレントは全体主義の「運動」性を重視しています。すなわち、全体主義は大衆によって支持される強力な政治「運動」である。これは、権威的な指導者が法や手続きを無視して人民を上から押さえつけて支配するという独裁や専制とは根本的に異なった性質を持っている。その意味で、ヒトラーやスターリンといった指導者がその支配体制の中心にいるように見えても、それはあくまで二義的なものにすぎない。むしろ全体主義の本体は、指導者を中心に据えた「運動」のほうにある、と。

それゆえ、全体主義においてはこの「運動」を継続することが重視されます。「運動を持続し、周囲のものすべてを運動に取り込むことによってのみ、自己を維持しうる全体主義運動というものの持つ病的な運動欲求」（二頁）こそが、全体主義を突き動かしているのです。ここから、全体主義は安定した支配体制を求めない、という逆説的な特徴が出てきます。確固とした支配体制が成立すると、逆に全体主義の運動は止まってしまう。そうではなく、絶えず社会状況や政治組織を不安定化させ、絶えず多くの人びとをその運動に巻き込むことによって、その運動を持続させることこそが、全体主義にとっては肝要なのです。「換言すれば、全体主義的権力者は、運動が権力を掌握した際の社会的崩壊の状態をあらゆる手段をもって維持しなければならず、自分がこれまでずっと約束してきたことが実現すること、つまりあらゆる生活関係の新秩序と、この新秩序の上に成り立つ新しい正常性および安定性を妨害しなければならない」（一四六頁）。

この点も、従来の独裁や専制とは大きく異なるところです。独裁体制や専制体制においては、確固とした支配体制の実現が目指される。通常はそのほうが支配者にとって都合が良いからです。しかし全体主義ではそれが転倒している。支配体制が不完全で、社会が不安定な状況にあるほど、運動は終わりなく膨張し、加速し、極端化していくことができる。それこそが全体主義の目指すものなのです。実際にナチスにおいては、その組織がいつまでたっても安定せず、絶えずさまざまな機関や役職が増殖し続けたこと、朝令暮改的に次々と指令が出されては引っ込められ、無意味な規則が作られては廃止され、あるいは廃止されぬままに次の規則が作られ、といった状況が続いていたことが指摘されています。フランツ・ノイマンも指摘したような、こうした無秩序状態（『ビヒモス』）が、かえって全体主義運動を加速させることに役立ったのです。

このとき、全体主義運動の指針となるのが「イデオロギー」です。「歴史の法則」や「自然の法則」を名乗るイデオロギーこそが、全体主義の目指すべき方向を示します。ナチズムであれば反ユダヤ主義、スターリニズムであれば社会主義（マルクス主義）が、そのような法則としての「イデオロギー」です（＊6）。そして、このような運動法則＝イデオロギーを実現していくのが「テロル」です。例えば、ユダヤ人の虐殺や反対分子の粛清などのテロルによって、ナチズムやスターリニズムのイデオロギーが暴力的に実現されていくこととなりました。このようにして、イデオロギーをテロルによってむりやりに実現していくことこそが全体主義の統治方式となるのです。

この点に関連して、アーレントは強制収容所における非合理性と非効率性に注目しています。収容所のような施設をわざわざ建設し、管理維持するのには多大なお金と労力がかかります。特定の人びとを隔離する、あるいは虐殺するだけが目的なら他のやり方もあったはずです。にもかかわらず、収容所のような場所をつくり、そこに数百万人を長距離移動させ、強制労働をさせ、最終的にはガス室で殺すというやり方を取ったのはなぜだったのか――。それは「テロルによってイデオロギーを実現する」という全体主義の統治方法が、経済的な合理性や効率性を超えて優先されたからです。

イデオロギーの実現という目標の前には、経済合理性も効率性も意味をなしません。むしろそうした合理性や効率性を破壊することを通じて、常識的な世界の「意味」そのものを破壊するところに強制収容所の狙いがあるのです(＊7)。「強制収容所の社会では、罰は人間の行為と何らの関係がなくてもいいし、搾取が何人《なんびと》にも利益をもたらさなくても構わないし、労働が何らかの成果を生まなくてもいいということが時々刻々教えられる。この社会はすべての行為、すべての人間的な感動が原則的に無意味である場所、換言すれば無意味性がその場で生み出される場所である」(二六二頁)。

このような「テロルによるイデオロギーの実現」という全体主義的統治が、その結果としてもたらすのは、人間の複数性の消滅である、とアーレントは論じています。すなわち、全体主義的テロルは「人間たちをぎゅうぎゅうに締めつけることによって、人々の間の空間を消滅させ」、それらの人々を「巨大な〈一者〉One Manにしてしまう」（三〇七頁）。ナチズムやスターリニズムの党大会を思い浮かべればわかりやすいと思いますが、一カ所に集められた群衆が同じような格好をして（右手を掲げるなど）、指導者を熱狂的に迎え入れ、その演説に喝采するとき、こうした人びとの個々の意義は失われ、あたかも巨大なひとつの生き物のように蠢《うごめ》く存在となります。こうして「人間の複数性を消滅させ」、「巨大な〈一者〉」をつくり上げることこそが全体主義の目指すところのものになるのです。

ここから、全体主義とは「人間の複数性を消去してそれを同一性（および全体性）のうちに還元していく運動」であるという定義を導くことができるでしょう。アーレントを少しかじったことのある人ならご存じでしょうが、『人間の条件』の中で彼女は「複数性」を非常に重視しています。人間が単一的（同一的）な存在ではなく、複数的な存在であるところにこそ、人間の生の重要な特質がある。複数的とは、人によって物の見方がさまざまであり、価値観がさまざまであり、生き方がさまざまである、ということを意味します。しかし、全体主義の支配は、このような人間の複数性を破壊してしまう。それによって、人間を人間ではないものに変えてしまう。ここにこそ、全体主義の究極の恐ろしさがあるとアーレントは考えていました。

むすび――現代社会における「余計なもの」

『全体主義の起原』の結論部でアーレントは次のような無気味な予言をしています。全体主義の危機は、ナチスドイツの崩壊によってもスターリンの死によっても消え去ることはないだろう、「それどころか、現代の真の苦しみは、全体主義が過去のものとなったときに初めて紛れもない形で――必ずしも最も残酷な形でというのではないが――現れてくるかもしれないのだ」(三〇一頁)。全体主義の危機は、現代社会=大衆社会に常に潜在するものであり、その本当の苦しみはこれからやってくるものなのかもしれない、というのです。この新しい統治形式は「一つの可能性として、かつまた永久に去らぬ危険として、今日以後われわれが存する限り、存続することは大いに考えられるのだ」(三二四頁)と。

そして重要なことに、このような全体主義の危機は、現代社会における「余計なもの」の問題と結びつくかたちで再来するだろう、とアーレントは予測していました。

> 人間を余計なものにするために全体主義の発明した様々な制度の恐るべき危険は、急速に人口が増加し、同時にまた土地を失い、故国を失った人々も着実に増えていくこの時代においては、至るところでいつも無数の人間が、功利主義的に考えるかぎり、実際に〈余計なもの〉になりつつあるということにある。(二六六―二六七頁)

現代社会においてもなお全体主義の危機が去っていないのは、この社会において人間が「余計なもの」（余剰なもの）になり続けているからにほかならない。そのことは、地球全体の人口過剰問題や故国を失った人びと（難民）が増加し続けているという問題に象徴的に現れています。あるいは失業者や労働に参加できない／しない人びともまた、新自由主義的な社会においては「余計な（余剰な）」存在とみなされるかもしれない。もし全体主義が現代に回帰してくるとすれば、こうした「余計なもの」の問題を暴力的に解決する政治運動として現れてくるだろう、とアーレントは予測したのです。

今日の全体主義体制がどれほど続くかに関わりなく、……疑いもなく過剰人口と〈余計なもの〉の問題全ての最上の解決策である強制収容所とガス室が、単に警告としてではなく、範例としても残るかもしれないということは考えておかねばならない。（二六七頁）

強制収容所とガス室が、過剰人口と「余計なもの」の問題すべての最上の解決策である、というアーレントの言い方は、一部の人びとの感情を逆なでするものかもしれません。しかし、あえてこのような挑発的な表現を用いながら、物事の本質を突いてくるところにアーレントの特徴があります。たとえかつてのような強制収容所とガス室がそのまま復活してくるのではないにしても、それとは別のかたちで「余剰＝余計な」人間を処理する装置が、現代的に復活してくるという可能性は否定しきれません。例えば、社会学者のジグムント・バウマンはこのような危機が、現代のアンダークラスとそれを収容する刑務所という形態において再帰しつつあることを指摘しています（＊8）。

実際に、昨今の世界的なポピュリズムの広がり、ナショナリズムの再燃、排外主義の高まりなどの政治現象は、特定の人びとを「余計なもの」と名指して廃棄しようとする全体主義の再来を危惧させるものです。近年、アーレントの思想が各方面から注目を浴びているのも、全体主義への危機感がふたたび高まっているからではないかと考えられます。今日の政治において生じているそうしたさまざまな問題は、アーレントが若き日に体験し、それについて生涯思考し続けたところのものとほとんど同じだからです。世界的な金融危機後の混乱後に、これらの政治現象が現れてきたという点でも共通しています。そこにこそ、いまあらためてアーレントが読み返される理由があるのでしょう。

まとめましょう。全体主義とは「テロルによるイデオロギーの実現」という形式によって、「人間の複数性を消去し同一性のうちへ還元していく政治運動」である、というのがアーレントの考えでした。このような全体主義運動においては、人間の「自発性」（自由）と「複数性」が無きものとされ、人びとは「巨大な一者」となってしまう。さらにそのシステムの内においては、誰もが「余計なもの」として扱われ、常に廃棄／処分の対象となる。「余計（余剰）なもの」の問題があらためて深刻化する現代において、全体主義運動が回帰してくる危険性をわれわれは本気で考え直しておかねばなりません。そのときにアーレントの透徹した思考は、多くのヒントをわれわれに与えてくれるはずです。

註

（1）以下、断りなく頁数のみを表記する際には、すべて『全体主義の起原3——全体主義』（大久保和郎・大島かおり訳、みすず書房、一九八一年）からの引用とする。

（2）アーレント『過去と未来の間——政治思想への八試論』引田隆也・齋藤純一訳、みすず書房、一九九四年。

（3）川崎修『ハンナ・アレント』講談社学術文庫、二〇一四年、一七八頁。

（4）アーレント『アーレント政治思想集成1——組織的な罪と普遍的な責任』齋藤純一・山田正行・矢野久美子訳、みすず書房、二〇〇二年。

（5）アーレントは、ムッソリーニによって率いられたファシズムを独裁体制の範疇にあるものとして捉えています。その理由は、（ややあっけないのですが）十分な人口がイタリアに足りていなかったためだという。すなわち、「全体的支配は大人口の基礎なしには不可能」（八頁）であり、「完全に発達した全体的支配が実現可能となるのは、……厖大な数の人間が余っているか、あるいは人口激減の危険なしに大量の人間を始末できるところだけだからである」（一〇頁）。ここでも「余計（余剰）なもの」の存在を全体主義の必要要件としてアーレントが重視していたことがうかがえます。

（6）アーレントは、全体主義が「無法 lawless」であるように見えて、実はまったくそうではない、という逆説的な指摘をしています。たしかに全体主義は通常の法律を無視し、無効化していく点では無法的であるように見える。しかし、実定法とは異なる、より大きな法則に従うという点では全体主義は「遵法的」である。それはすなわち、「歴史の法則」や「自然の法則」を名乗るイデオロギーを忠実に実現していくという点で「遵法的」なのだ、というのです。「全体主義の解釈によれば、すべての法は運動の法則になっている」（三〇六頁）。

（7）さらに、収容所における虐殺は、反ユダヤ主義というナチスの「イデオロギー」を正しく実現するために、究極的な「テロル」をもって行われなければならない。ユダヤ人が非人道的に、そして無意味に虐殺されることによって、ユダヤ人が生きるに値しない劣った存在であることが逆説的に証明される。このような倒錯した、恐るべき論理が、全体主義運動を突き動かしていたエネルギーだったと言えます。

（8）ジグムント・バウマン『新しい貧困――労働、消費主義、ニュープア』伊藤茂訳、青土社、二〇〇八年、第四章参照。

第二講　共有の廊下・中庭の哲学
——プラグマティズム哲学入門

木村倫幸

1　プラグマティズムとは

最初に、次のようなエピソードを紹介しましょう。W・ジェームズ（一八四二―一九一〇）の『プラグマティズム』の第二講です。ジェームズがキャンプに行ったときのこと、散歩から帰ってくると一同に果てしのない激しい論争が起きていました。

論題の主題は一匹のリスであった——一匹の生きているリスが木の幹の一方の側にくっつい

ているると仮定し、その木の反対側にはひとりの人間が立っているものと想像する。リスを目撃したその人間が木のまわりをすばやく駆け廻ってリスを見ようとするが、彼がどんなに速く廻っても、それと同じ速さでリスは反対の方向に移るので、リスと人間との間にはいつでも木が介在していて、そのためにリスの影も形も見られない。

「かくしてここに、**その人間はリスのまわりを廻っているのかどうか**という形而上学的な問題が起こってくる」とジェームズは続けます。つまりこれについて、一方は廻る、他方は廻らないと主張して、どちらも譲らないのです。そこでどちらが正しいのかを訴えられたジェームズは、こう答えます。

リスの「まわりを廻る」ということを諸君が**実際にどういう意味でいっているか**によって定まることだ。もしそれがリスの北から東へ、それから南へ、それから西へ、それからまたリスの北へと移行するという意味であるなら、その人は明らかにリスのまわりを廻っている、(略)けれども、もしこれとは反対に、最初はリスの正面におり、それからリスの右に、それからリスの背後に、それからリスの左に、そうして最後にまたリスの正面にいるという意味であるならば、その人はとうていリスのまわりを廻ることができないことは、これまた同様に明らかなことである、(略)諸君が「まわりを廻る」という動詞を実際的にどう考えるかに従って、諸君はどちらも正しいといえるし、またどちらも誤っているといえよう。

さて、これを読んでどういう感想を持ちましたか？　いったい全体これは何を言おうとしているのかとか、ものは何とでも言えるものだとか、これでは何が正しい（真理）かが曖昧になってしまうではないかとか、その他いろいろあることでしょう。

たかがリスと人間との追い駆けっこですが、まさにそのような疑問を持つことこそが大事なのです。つまり「まわりを廻る」という動詞をどう考えるかによってわれわれの結論（真理）は異なるのです。もっと一般的に言えば、信念（観念、ものの見方）は、それを持つ人の置かれた状況、視点、性質等々によってさまざまに考えられるということです。では、いったいどれが正しくてどれが正しくないのか、その規準はどこにあるのでしょうか？

プラグマティズムはこれを、行動と結果（効果）という規準からとらえます。プラグマティズムの考え方を最初に定式化した哲学者といわれているC・S・パース（一八三九―一九一四）は、「いかにしてわれわれの観念を明らかにするべきか」（一八七九年）という論文で、こう述べています。これは「プラグマティズムの格言」といわれています。

われわれの観念の対象がけだし行動への影響を有するいかなる効果を持ち得るとわれわれが考えるかをかえりみよ。そうするならば、これらの効果についてのわれわれの概念こそが、その対象についてのわれわれの概念のすべてである。

ちょっと理解しにくい文章ですが、要するに、ある対象についてわれわれが持つ観念というのは、それがわれわれの実際の行動においてわれわれに何らかの効果（変化）を与えた場合、その効果（変化）そのものだということです。例えば、ある問題を解決するのに、Aという道と、Bという道があるとします。ある人はAを行くべきだと主張し、またある人はBだと主張します。この二人の意見にどれほどの違いがあるのかは、それぞれが主張するAなりBなりの道を行ってみれば、その結果でわかることではないか、だからもし二人が違うところに着いたとすれば、それが二人の意見の違いであるし、同じところに着いたとすれば、この二人は同じことを主張していたことになる、ということです。そして、このパースの文章には「われわれ」という言葉が四回使用されています。ですから、観念がわれわれの行動に与える効果（変化）というのは、単にある個人の頭の中で生じる現象ではなくて、あくまでも社会においてあらわれ、みんなに認識される現象でなくてはならないということです。

2　プラグマティズムの態度とは

このようにプラグマティズムは、これまでのいわゆる「哲学」と考えられてきたものとは少し違ったやり方で世界を考えてみようとするのです。つまり、これまでの「哲学」というのは、世界の根本原理とか、絶対的な法則を追い求める。そしてそれを基礎にして壮大な哲学体系を打ち立てるということを目指してきました。

ところが、とジェームズは言います。

> この宇宙も普通人の眼にはつねに一種の謎言葉として映じ、これを解く鍵は、何か照明力のあるあるいは動力を与えるような言葉もしくは名前のうちに求められねばならないと考えられてきた。その言葉とは、すなわち**宇宙の原理**のことであって、この言葉を所有することは、とにかく宇宙そのものを所有することなのである。「神」、「物質」、「理性」、「絶対者」、「エネルギー」、「これらは皆そういう謎を解こうとする名前なのである。これらの名前をえさえすれば、それで安んじて可なりである。形而上学的研究の目的は達せられたのである。

つまりこれまでの哲学では、右のようなさまざまな原理への到達が目的であり、これを得れば世界のすべてが理解できると主張するのですが、プラグマティズムは逆に、「**もろもろの学説なるものは、そこにわれわれが安息することのできる解答なのではなくて、謎を解くための道具であるということになる**」として、これらの言葉の価値を明示して、経験の流れの中に入れ、実際に活用してみることを提唱します。言ってみれば、プラグマティズムとは、方法によって世界を解明していく態度であると言えるでしょう。それは、「**最初のもの、原理、『範疇』、仮想的必然性から顔をそむけて、最後のもの、結実、帰結、事実に向おうとする態度**」であるとされます（＊1）。

別の言い方をすれば、次のようなものです。

プラグマティズムは、ホテルの廊下のように、もろもろの学説の中央に位いしているものである。無数の室がこの廊下に面して開いている。一室には、無神論の書物を書いている人がいるかもしれない。隣の室では、跪《ひざまず》いて信仰と力を祈り求めている人がいるかもしれない。第三の室では、化学者が一物体の研究をしているかもしれぬ。第四番目の室では、理想主義的な形而上学の体系が考案されており、第五室では、形而上学の不可能なことが証明されつつある。しかし、彼らはみんなこの廊下を自分のものと考えているし、また、誰でもめいめいの部屋の出入りに通ることのできる通路を欲する以上は、どうしてもこの廊下を通らざるをえないのである。

このようなすべての部屋に通じる廊下、あるいは哲学体系をそれぞれの建物にたとえれば、各建物によって囲まれていて、それでいて出入り自由な中庭のような哲学がプラグマティズムの目指す思想なのです。

3　プラグマティズムの真理観――有用であること

それではプラグマティズムは、真なる観念＝真理をどのように考えるのでしょうか。先ほど述べたように、われわれの行動にどのような効果（変化）がもたらされるかという点から考えると、真なる観念とは、次のように定義されます。

プラグマティズムは、この疑問を発するや否や、こう答える。**真の観念とは、われわれが同化し、効力あらしめ、確認し、そして検証することのできる観念である。偽なる観念とは、そうできない観念である。**これが真の観念をもつことからわれわれに生ずる実際的な差異である。したがってそれが真理の意味である。それが真理が真理として知られるすべてであるからである。

つまり真なる観念＝真理とは、出来事によってわれわれに真となってくる観念であり、真理は観念に起こってくるわけです（真理の真理化過程）。

ジェームズは強調します。「真の思想を所有するということは、いついかなる場合でも、行為のための貴重な道具を所有していることだという事実である」。つまり真理を獲得するということは、空虚な命令とか知性の要請ではなくて、すぐれて実際的な理由によって説明されるということです。

例えば、森の中で道に迷ってしまったときに、牝牛の通った小路らしきものを発見したとしましょう。このときその道を辿って行けば人間の住家があるに違いないという観念を持つことは重要です。というのは、そう考えてその観念に従って行動することがわが身を救うことになるからです。この場合に真の観念が有用であるのは、その思考の対象である人間の住家が有用であるからです。つまり、「真の観念の実際的価値は、第一義的には、その対象がわれわれにたいして有する実際的な重要性から由来する」のです。だから他の場合には、人間の住家は必要とされない余計なものとなるかもしれません。

この真なる観念が持つ実際的価値を、ジェームズは観念の「現金価値」と名づけました。そして右の人間の住家のように、ある場合には必要がなくても、また違った状況では必要になるかもしれないこうした観念をいつも数多く持っておくことは、われわれにとって重要であるとされます。なぜならこうした観念を持つことは、次に異なった問題が出てきた場合に、これを解決する道具を持っていることになるからです。

つまり真理というのは、一般に実在と観念との一致とされますが、「実在と一致するということは、もっとも広い意味では、**まっすぐに実在まで、あるいは実在の周辺まで導かれるということか、それとも、実在ないし実在と結びついた何物かを、一致しない場合よりもよりよく扱えるような実在との作業的な接触にひきいれられるということか**、そのいずれかを意味しうるばかりである」のです。

ジェームズは述べます。


いかなる対象でもたいていはいつかは一時的に重要となることがあるものであるから、**余計な真理**、つまり事情によっては真理となるかもしれないというだけの観念、を広く貯えておくことの利益はいうまでもない。われわれはこのような余計な真理をわれわれの記憶の片隅に貯えている。(略)そのような余計な真理が実際にいざ必要となると、それは冷蔵庫から取り出されて現実世界で働くことになり、それにたいするわれわれの信念が活動しはじめる。

そのとき諸君はその真理について、「それは真理であるから有用である」ともいえるし、また「それは有用であるから真理である」ともいえる。これら二つのいい方は正確に同じことを、すなわち、これこそ充足され真理化されうる観念だ、ということを意味している。

つまり「真理」とは「有用」と同義とされるのであり、問題解決のための「道具」であるというのがプラグマティズムの真理観なのです。さらにジェームズは言います。

いわば、何かわれわれがそれに乗って歩くことのできるといったような観念、うまく物と物との間をつなぎ、なんの不安もなく動いて行き、ことがらを簡略にし労力を省きながらわれわれの経験の一つの部分から他の部分へと順調にわれわれを運んで行ってくれるような観念、まさしくこれが、これだけの意味によって真であり、それだけの範囲において真であり、**道具という意味で真**なのである。

4　多元的真理

こう考えると、われわれのまわりには多くの真理が存在することになります（多元的真理）。日常生活の知恵や一行豆知識から、高度な技術的知識までが、有用＝問題解決に役立つ限り、真理であるとされます。このような真理についての見方は、伝統的な哲学の真理観（永遠絶対的真理等々）から見れば考えられない卑俗な見方ということになるでしょうが、しかしそういう高みから哲学を引きずりおろして、日常生活に根ざしたものとするという姿勢は評価されるべきでしょう。

さてわれわれはこのような真理を日常的な経験から多数獲得し、蓄積し、場合に応じて変形あるいは廃棄し、問題が起こるたびにそれらを取り出して使用するわけです。いってみれば日々の稼ぎである小銭を貯めておいて、何か大きなものを買うときにはそれを使うようなものです。それゆえ経験が豊富であればあるほどこの蓄積が大きいわけですから、いろいろな問題が出てきた場合でも解決の道具をたくさん持っているということになります。まさしく経験がものをいうわけです。ですから真理というものは絶えず変化していくものとみなされます。

人びとの信念というものには、いついかなる時代でも、それ相当のおびただしい経験が**資本として卸されて**いる。しかし、その信念はそれ自身が世界の経験の総額の部分であり、だから、翌日の投資の材料となる。実在が経験されうる実在を意味する限り、実在も実在についてえられる真理もともに、どこまでも変易《へんえき》の過程にうちにある。

真理は以前の真理に接木《つぎき》され、これを修正してゆく。それは慣用句が以前の慣用句に接木され、法律が以前の法律に接木されるのとまったく同じである。以前の法律と新しい事件が与えられると、裁判官は両者を撚《よ》り合わして新しい法律を作り上げる。以前からの慣用句があり、新しいスラングとか新しい譬喩《ひゆ》とか風変わりの新奇さとかが公衆の好みに適う——すると忽《たちま》ち新しい慣用句が作られる。以前からの真理があり、目新しい事実があらわれる——するとわれわれの心は新しい真理を発見するのである。

そしてこれら真理の変易の未来については、こう語られます。

よりよき真理が将来において確立されうるという考え、おそらくそれがいつか絶対的に確立されて過去を統制する力をもつにいたるという考え、この規整的な考え方は、すべてのプラグマティズムの考えと同じく、事実の具体性の方へ、そして未来の方へ、その面を向けている。半ばの真理と同じく、絶対的真理も作られねばならぬもの、検証経験の集積の増大に付随する関係として作られねばならぬものであろう。そしてこれにたいして半ば真なる諸観念は初めからそれぞれの分け前を寄与しつつあるのである。

多元的な真理観が実際に機能しており、これの有効性をまずもって認め、さらには事実に即した真理を求め続けることが将来のより確実で絶対的な真理への道であるとされます。こうしてわれわれは日々新しい真理の獲得に励むのですが、しかしこれら多数の真理は、個人によって、また同じ個人でも状況によって異なることになります。そうすると、ある真理と別の真理が衝突する場合、どうすればいいのでしょうか。

これについてジェームズは、はっきりとした言葉を残していませんが、しかしその姿勢が示されている部分があります。つまり、ジェームズのような真理観を主張すると、誰もが心を頑なにしてしまう。しかし、「それは誰もがかの典型的な種族の偶像に、つまり真理そのものという観念に囚われている」＝「世界が提出すると信じられている一定不変の謎にたいする決定的なそして完全な答えは、真理そのものという観念であると考えられている」からだということです。それはその「答が神託じみて」いることに原因があります。というのも、「神託的な答というものは、それ自身、その深遠な言葉が含んでいると想像されるものを開き示すよりもむしろ覆い隠して、いわば第二次の謎として人びとに驚嘆の念を起こさせるからである」とされます。「神、一者、理性、法則、精神、物質、自然、極性、弁証法的過程、観念、自己、大霊」等々、これらが人びとに賞賛されてきたのは、この「神託的な役割」によるものです。だから「われわれの多くは、相当の年配になってからでも、『真理そのものとは何か』などという疑問が本当の疑問でない（あらゆる条件に無関係なのだから）ことに思い当たりもしないし、また真理そのものなどという全概念は、複数形の諸真理の事実から抽象されたもので、（略）重宝な概括句にすぎないことに気づかないのである」と指摘します。

それゆえ、この立場から宗教についていうならば、「プラグマティズム的原理に立つと、神の仮説は、それがその語のもっとも広い意味で満足に働くならば、真なのである。神の仮説に伴うさまざまな困難はなお未解決のままに残るであろうが、この仮説がたしかに働いているということ、そして問題は、他のすべての働いている真理と満足に結びつくようこの仮説を作り上げ規定してゆくにある、ということは経験がこれを示している」として、「多元論的ないしは単に改善論的なタイプの宗教もありうること」を認容するように求めています。つまり、唯一絶対的な神やその反対の無神論に固執するのではなく、人によってはさまざまな宗教が受容されるべきだというのです。

もし諸君が徹底的に硬い心の人であるなら、混沌たる自然の感覚的事実だけで足りるであろうし、少しも宗教などを必要としないであろう。もし諸君が徹底的に軟い心の人であるならば、諸君はより一元論的な形式の宗教に甘んじられるであろう。(略)／しかし、もし諸君が極端な徹底的な意味における硬い心の人でも軟い心の人でもなく、われわれの多くの者と同様に両者の混合であるならば、わたしが提出した多元論的、道徳主義的タイプの宗教は、諸君が見いだしたいと欲せられる一種の総合的な宗教であるといってよかろう。

ここには折衷主義的な宗教観が提出されているわけですが、各人がそれぞれの社会環境や生活習慣や性格気質に応じて信じる多様な宗教の存在を許容することが、プラグマティズムの大きな特徴なのです。そしてそれは宗教に限らず、政治的立場や世界観を異にする人びとの間でも同じです。自分の思想信条や宗教や世界観と相容れない人びとを全面否定してしまうのではなく、彼らの存在をも認めるという姿勢が重要とされます。

この背景には、ジェームズにとってばかりでなく、アメリカ国民にとっての重大事件であった南北戦争(一八六一―六五年)が大きな影を落としているようです。南北戦争そのものについてはここで触れる余裕はありませんが、結果として、第二次世界大戦におけるよりも多数のアメリカ人の戦死者を出したこの内戦が、アメリカ国民に与えた傷は深いものでした（ジェームズ自身の家族もダメージを受けています）。しかも戦後、南北両軍の兵士や支持者が入り混じって生活していかねばならない社会で、昨日まで殺し合っていた両者が、これから一緒に生活していくには、対立する相手でも、互いがその存在や意見の違いを認め合う道が一番適していたわけです。プラグマティズムの多元的真理観に対しては、その当時から、各人が意見を述べればそれが真理だとされる利己的で自分勝手な思想だという批判がありましたが、それは極端に歪曲された理解で、実はこのような背景を背負っていたわけです（余談ですが、この南北戦争で使用された中古小銃類が、幕末の日本に大量に輸入されて、戊辰戦争〔一八六八年〕で兵器として使用されました）。

5　さまざまな見方の結び合わせ

この姿勢について、日本におけるプラグマティズムの代表的な思想家であった鶴見俊輔（一九二二―二〇一五）は、パースの解説の中でこれを補足する別の視点から、こう述べています。

パースの思想を理解する上で、もう一つ重要なことがある。自然科学の実験室で長い期間を過ごした人々は、謙虚になるものだ。「人間は間違い易いものだ」ということが、彼らには、身にしみて分っている。測量に関する諸科学〔パースはこの学問に従事していました——引用者註〕

——度量衡学、測地学、計測天文学——などは、これら科学の中で最も間違いの少ないものであるが、これらの分野においては、自尊心ある人は必ず、その誤差を追記した上で結論を発表する習慣になっている。

これに反して、自分で実験をしてみずに、人の書いた本によって科学を知る人々は、科学を**真理探究の過程**として考えずに、科学すなわち知識すなわち真理として解してしまう。この人々は「生まれながらにして宣教師」の心情を持つものであって、科学によって支持されていると考えられる意見を、**猛烈なる自信**をもって人に押しつけようとする。哲学者がその「体系」を発表するにあたって、天下無敵というような自信をもってするのは、彼らが、その意見の依りどころを、実験以外の道に求めたからに他ならぬ。

すなわち、実験によって科学に接してきた科学者は、おおむね「謙虚な態度で、自身の意見をも眺め、したがって、常にそれを不確かなものとして把握している」という点が、パースの思想においても重要であり、「『自分ならびに他人の意見を、常に、まちがっているかも知れぬものとして把握する』ことと、『哲学的意見でもなんでも、意見の意味を常に、ある実験条件と結び合わして考える』ことと、それら二つが、パースの**考え方の癖**として重大なもの」であると指摘しています。まさしくこのような態度が、プラグマティズムの世界探究の基本的な態度となっています。

鶴見はこうした視点から哲学の諸問題について、ジェームズ、パースを踏まえた上で、さらに日本における哲学のあり方について次のように主張します。

プラグマティズムとは、もともと、行動とむすびつけて意味をとらえる方法である。たとえば、「愛国」という言葉を連発する政治家がいるとする。その政治家の過去から現在にかけての公けの行動をしらべて見て、「愛国」という言葉が、どんな行動の旗印として用いられてきたかの具体例をとらえ、その政治家の「愛国」の意味を知る。

このような、常識と地続きの場所から、常識を広げていくのがプラグマティズムの方法とされますが、「行動と結びつけて意味をとらえる」とき、二つの場合を区別する必要があるとされます。すなわち、「一つは、ある思想が何をさししめすか〈指示対象〉をとらえることであり、言いかえれば、その思想を実証する行動がどんなものであるかを知ることである。どんな行動をこころみて、どんな結果に出会えば、この思想が正しいと言えるかの条件を知ること」。「もう一つは、ある思想がどういう役割を果しているか〈使い道〉をとらえることであり、言いかえれば、その思想を使う人々の行動がどんなものであるかを知ること」です。つまり、思想の真偽・正否（その思想の妥当性を実証するような行動）と思想の使われ方（その思想を適当に使用する行動）とを区別して、その双方に関心を持つ必要があることを強調します。というのも、日本では「思想の真偽・正否に興味をもつ人は、思想の使われかたには興味をもたぬ人である。また逆に、思想の使われかたに興味をもつ人は、思想の真偽・正否には興味をもたぬ人である」という状況が蔓延しており、これがかつては日本における思想の不毛状況を生み出していたし、現在もなお継続しているというわけです。この指摘は、今までに主張されてきた、また今なお主張されているさまざまな思想を検討する際には重要な視点となります。

ただし、プラグマティズムはこれらの思想に対して、それらを持ち寄り相互連関を深めることは勧めますが、それ以上のことは任ではないとします。というのも、「根本的にプラグマティズムは、複眼によって世界を見る立場にたっており、さまざまの見方のより深い結合（インタグレーション）を目ざしこそすれ、見方の統一（ユニフィケーション）を目ざさない」からです。

6　折衷主義の哲学としてのプラグマティズム

以上のような視点から鶴見は、日本において哲学がどのようなかたちをとればよいのか、提言を行っています。文章自体ははるか七〇年以上も前のものですが、今でもなお示唆的です。要は、哲学思想がその作り主の要求と結びついているとしたら、「哲学思想は、ある個人がその要求を満たし得るように環境に働きかける努力の一部をなすもの」ですから、それの発表の仕方、批判の仕方も今までとは変わらなくてはならないということです。

他人の哲学をはっきり理解するためには、その思想がどんな下心から出発したものかをまず知っておく必要がある。また自分の哲学思想を発表する場合には、それがいかなる歴史的、社会的、生活的、体質的、性格的必要から生れたものであるかを、何かの形で示すことが便利である。これら最も有力な持ち札を伏せておいて、その他の雑兵札のみを示しつつ互に小競り合いばかりやっているゆえに、哲学上の論争は常に奥歯に物のはさまったような不愉快をともなうのだ。

したがって、「哲学は、今まで無理矢理に裃《かみしも》を着せられ、ことさらに威厳をつくって諸学の系列にまぎれこんでいたが、これからはその高座から下りて庶民の生活に入ってゆく。（略）哲学もまた、あるいは情報を伝えるために、あるいは価値を表白するために、あるいはある行動に向かった人々を扇動するために、あるいは人々の思想を調整し組織するために、あらゆる意味仕方において用いられる」ことになります。ですから哲学はもはや学術論文の形式の中には盛りきれないとされます(＊2)。

しかし考えてみれば、と鶴見は続けます。

「世界とはどんなものか」、「どんなふうに暮らしたらよいか」、「何がいちばん望ましいか」——哲学はこれらの問題についての思索だ。そしてそれが哲学なら、それは誰もの関心事ではないか。どこの誰の生活の中にもあるはずだ。子供の生活の中にさえあるわけだ。大学生にだけ分る大仰な言葉で綴らなくとも、哲学書は書けるはずだ。小学校の生徒のための哲学教科書だって生れてきてよいのだ。(＊3)

また、こうした哲学に取り組む人びとについても語ります。

哲学のニナイ手は、職業哲学者から、それ以外の人々に移らなくては困る。今まで哲学の外にあった人々こそ哲学の本当のニナイ手なのだ。／哲学を、哲学者の手からとりもどして、人々にかえすことこそ、今日の重大な問題である。なぜなら、哲学は別に特別の一学問ではなく、「どんなことが正しく、どんなことが善く、どんなことが美しいか」についての思索なのであるから。（略）／哲学の問題を、従来の哲学の領域から引き出して、いろいろの学問の分野、いろいろの行動の分野に分散させること、それをまずすすめたい。哲学上の問題を、ちがった科学、ちがった職場、ちがった境遇で考える事がしばらくの間行なわれることが必要だ。

そして、思想の領域におけるプラグマティズムの役割は、「折衷主義の哲学」として、さまざまな「観点の完全な統一ができないことをみとめて」、とりあえず整理をこころみることにあるとされます。

それぞれの観点を主軸として、可能なかぎり高くよじのぼって、可能なかぎりひろい展望を計り、それから次には、そこから見えないものの見える場所に移って、その別の観点をよりどころとして、また可能なかぎり高くよじのぼってあたらしい展望を計る。そういうふうにして、たがいに相当程度に、ふくみあい、しかも、すこしばかりくいちがうちぐはぐの世界像をくみたててゆくのが、プラグマティズムの流儀である。したがってプラグマティズムにとっては、〝役柄交換説〟role-taking theoryが、その流儀の特徴となる。(＊4)

こうしてプラグマティズムは、調停者・調整者として、「イデオロギーとしてでなく方法として、把握されねばならぬ。プラグマティズムの方法とは、意味をあきらかにする方法である。そしてプラグマティズムの持つお茶坊主性は、それぞれの思想流派の意味をあきらかに把握する手続きの中で、それぞれの思想的強み、弱みをはっきりさせ、それらのつぎあわせを計るという、独自の折衷方法である」と鶴見は指摘します。

体系としての独自性を持たず、共有の廊下や中庭のように、ひたすら方法としての思想であり続けるプラグマティズムは、これまでのいわゆる哲学のイメージとはかなり異なった思想として存在してきました。しかし、「社会主義の観点と個人本位の観点。現在からふりかえって過去の法則を定式化する回顧的な観点と、現在から未来を考えてあれかこれかと思いまどう予想的な観点。美とか善とかを除外して世界を記述する没価値的な観点と、自分のうちにゆれうごく情緒をとおして世界を表現する価値的な観点。数学的、論理的な観点と、経験的、歴史的な観点。もっとたくさんある重大ないくつもの軸のあいだを、たゆみなくゆききするお茶坊主として、プラグマティズムは今日の世界に意味をもっている」というのが、鶴見の主張です。もちろん茶坊主にも、小まめに動くのもいれば、サボって働かないのもいれば、ひいきして近くのところだけで用を足すのもいて、それが現代のプラグマティズムのいろいろな型となっています。

7 あるべき哲学と哲学者

しかし、こうしたさまざまな観点をそれぞれ検討、比較、調整することは、ジェームズが言ったように、「真理とは実在であるのではなくて実在についてのわれわれの信念なのであるから、それは人間的な諸要素を含んでいる」わけです。この点に注目して鶴見は、ジェームズの最も重要な特色は「例外を愛する精神」であると言っています。この精神とは、「何かの法則を示す場合にそれの当てはまらない事実はないかと根気よく探すし、もしそんな事実が見つかれば、自分の顔がつぶれるにもかかわらず虚心に喜ぶという態度」だとして、「価値の**作り主**は物質であり社会であるとしても、その実際の**担い手**は個人なのであるから、美とか愛とか正義とかを論じるに当たっては、いくら面倒でも一人一人の人間の価値経験を参考にしなくてはならない。そして他の人々と異なった価値経験を持つ変人の立場は、無言で切り捨てられてしまうわけにはゆかない」と言います。この点は、大衆消費社会への個人の埋没や世界大戦による大量死の時代への批判としても有効性を持っているでしょう。

プラグマティズムの視点からの生き方で言えば、「生きてゆくためにはまず若干の自信を持たなくてはならぬ。しかし自信ばかりで押し切っては、やがていつかは他人を害する立場に立つ。自分たちは、いつも自分たちの信念がある程度までまゆつばものだということを悟り、かくて初めて寛容の態度を養うことができる。自信と疑問、独断主義と懐疑主義の二刀流によって、われわれは世界と渡り合うことにしたい」ということでしょう。

哲学者としては、「身を動かさざることをもって特徴とした哲学者の型」が後退し、「大いに身を動かす哲学者の型」が生まれようと期待していますが、「哲学者は『自己』の考えと望みとを吐露するだけでなく、ある程度まで『人間』の代弁者としても語ろうという職業的野心をもつものなのであるから、その野望に忠実なるためには、どうしても他人の立場に身をおいて物を見る練習をつまねばならず、さらにそのためには自らの立脚地を転々とさせなくてはならぬ」として、例えば「概念の具体化」ということについて言えば、これは昔から哲学者によって説かれていますが、「しかし、概念を具体化することは、技術および技能の問題であるので、今までの哲学者のようにただ『具体的に考える事が必要である』と言い放しただけでは具体化の習慣はつかない」と、日本の哲学の状況について辛辣な批判を述べています(＊5)。

このようにプラグマティズムの視点に立った哲学は、鶴見によって次のように謳われます。

新しい哲学は、具体的事物と具体的価値の中にしっかりと根ざすものとしたい。その哲学において展開される抽象的、一般的原理は日常生活における具体的、個別的事物ならびに価値に結ばれる事になる。どぶんと飛び込んで具体的事物および価値の底深くにひたると共に、すぐさま空高く飛び上がって抽象原理の域にゆきつくだけの肺活量を持つ。さらに抽象原理の雲の上で長く昼寝をすることなく、また具体的事物および価値の海中にもどるだけの元気がある。

この行きつ戻りつのこつを心得たものこそ、あるべき哲学者なのであり、水陸両棲のこの技術を人々に植えつけるものこそ、新時代の哲学教授法だ。これは新しい工夫と熟練を要する。そしてこの哲学は、現在、各人がそれぞれの生活的立場から考える課題としておかれています。

註

（1）それゆえプラグマティズムは徹底して事実に即した態度をとります。ジェームズの言葉を借りれば、こうです。

「プラグマティストは専門哲学者たちが後生大事に身につけているさまざまな宿癖にたいし決然と背を向けて、二度とふりかえることをしない。彼は抽象的概念や不十分なものを斥け、言葉の上だけの解釈、まちがった先天的 a priori 推論、固定した原理、閉じられた体系、いかにももっともらしい絶対者や根源などには一顧をも与えない。彼は具体的なもの、十全なものに、事実、行動および力に向う。つまり経験論者的な気質が優勢であって、合理論者的気質はさっぱり放棄されているのである。すなわち、教養や人為や真理の究極性をかこつけるものなどに反対するとともに、自然の自由闊達さとさまざまな可能性を好むのである」（『プラグマティズム』）。

（2）これに続けて、鶴見はこう述べています。

「元来学術論文によって『…である』『…である』と厳しく断言する形式で哲学を発表することが唯一の発表形式と考えられるようになったのは、実は最近の事に属するので昔からそうなのではない。プラトンの哲学は対話劇であり、ルクレティウスの『物の性質について』は長編詩であり、パスカルは随筆により、オーガスティンは告白により、孔子は格言により哲学を展開している」（『アメリカ哲学』）。

（3）この方向で最も進んでいった例として、鶴見は、吉野源三郎の『君たちはどう生きるか』（岩波文庫、一九八二年）を挙げます。そして、「日本の哲学界におけるこの優れた仕事が哲学者でない人によってなされたということは面白い」と評価します。この書物は近年、『漫画　君たちはどう生きるか』（吉野原作、羽賀翔一漫画、マガジンハウス、二〇一七年）として刊行されています。

（4）「役柄交換説 role-taking theory」は、G・H・ミード（一八六三―一九三一）によって唱えられた説。ミード『精神・自我・社会』（原著一九三四年、河村望訳、人間の科学社、一九九五年）参照。

（5）これについてもう一つ、鶴見の指摘を紹介しておきましょう。

「若い学生の人達が、哲学に心を引かれる場合によく見られる一つの癖がある。それは事実に対する病的な冷淡さである。ここに一つの鉛筆があるとする。六角形であって、緑色が塗られており、（略）これは製図用の鉛筆であり、硬さはHBという名で呼ばれる。……これらの具体的事実に、哲学愛好者は見むきもしない。この一本の鉛筆を、かかる具体性、特殊性において捉えることに興味を感じない。（略）この鉛筆を一つの『実在』と呼び、『特殊者』として論じる時、はじめて彼の目は輝きを帯び、頰は高潮して来る。一杯のお茶を飲むという具体的な動作の中に、喜びを発見せず、ことさらに『美とは何ぞや』、『至高善とは何ぞや』という問題を論じる。毎日の生活の主なる構成因子をなす、個々の価値、個々の事物に興味を感じない者は、やはり不幸であろう」。

実に味わい深い文章です。

文献

W・ジェイムズ『プラグマティズム』（桝田啓三郎訳、岩波文庫、改版二〇一〇年）
鶴見俊輔『アメリカ哲学』（こぶし書房、二〇〇八年）

第三講　抽象と具体の狭間から

村山　章

1　数学挫折の定理

私は高校時代、数学に挫折しました。きっかけは、『零の発見――数学の生い立ち』（吉田洋一、岩波新書、初版一九三九年、改訂版一九七九年）や『無限と連続――現代数学の展望』（遠山啓、岩波新書、一九五二年）といった数学読み物に取りつかれたことです。数学は、集合論に基礎づけられていることを知り、今やっている代数は、群論のような抽象代数学からすれば、そのほんの一事例でしかないことを知り、平行線の定理が成立しない非ユークリッド幾何学があることを知り、ラッセル

(Bertrand Arthur William Russell, 1872–1970)、ホワイトヘッド(Alfred North Whitehead, 1864–1947)という哲学者が、『数学原理(*Principia Mathematica*)』なる著作で、1+1についてものすごく深い考察を展開しているらしいことをかじってみたりして、数学の根本原理が気になって、本来すべき問題集とかをほったらかして、哲学的な読み物ばかりに熱中してしまいました。結果、教科書に載っていないような知識がやたらあるくせに、ごく初歩的な試験問題が解答できないイビツな学生になってしまい、早々と数学に挫折したわけです。数学の道、というかそもそも理系に進みたかったら、基礎力をまじめに鍛錬しなくては駄目です。幸い、私が進みたかった哲学科は文学部に属していて数学の試験がなかったので進学できたのですが。

なにか根本的なもの、本質的、原理的なものに近づきたいという焦りがありました。そしてそれは、抽象性を極めたところにこそあるのではという思いがあって、文系のくせに数学や物理学が気になって仕方ありませんでした。でも、あまり高性能な頭脳を持ち合わせていなくて、理論の抽象性が増せば増すほど、なかなかついて行くのがつらくなってきます。一般相対性理論を理解するにはテンソル解析を理解しなくてはならない、量子力学にアプローチしたかったら最低でも、数とは一般に複素数のことであるくらいの感性を磨いておかないと、どうにもなりません。『オイラーの贈物』(吉田武、ちくま学芸文庫、二〇〇一年)という本で再学習したとき、今まで別個のものとして学んでいたいくつかの分野の知識が一気につながって、そのエレガントな体系性に涙が出るくらいの感銘を受けたのですが、それはしかし高等数学のほんの入り口にすぎず、その先の果てしなさに途方にくれた思いもしました。

ホフスタッター（Douglas Richard Hofstadter, 1945–）の、『ゲーデル、エッシャー、バッハ――あるいは不思議の環』（白揚社、一九八五年、改訂版二〇〇五年）という分厚い本は、生涯の中で最もわくわくさせられた一冊でした。論理というのは、自己言及していくとパラドックスにはまっていく宿命を負っていることを数学者ゲーデルは数学的に証明したのですが、その主題が、エッシャーの絵画、バッハの楽曲、分子生物学、コンピュータ科学等、多岐にわたる分野に言及されながら奥深く展開されていって、とにかく凄い著作だと思いました。ゲーデルの不完全性定理により、数学は数学自身で自己完結的にその正しさを主張しようと目論むと挫折するということが数学的に証明された（らしい）のです。

しかし、かくなる究極的な数学の挫折は、一般に生活する人にはあまり馴染みがありません。私のパターンもやや変質的かもしれません。もっとありがちな数学の挫折は、数学の先生が嫌いだったとか、ほかに夢中になるものがあったとかで、早い段階で、例えば分母の異なる分数の足し算あたりで挫折したりします。そうかと思うと、優秀な成績で数学科に進んで圏論などの研究に勤しんだものの、上には上がいるものだと挫折する人もいます。ごくごくまれに、リーマン予想の証明の一歩手前まで来て挫折する人もいます。その一方で、経済的政治的等の事情でそもそも教育を受ける機会を得られず挫折の自覚すら持てない形で挫折している人びとも少なくありません。人それぞれの個性や生活過程の偶然的巡り合わせによってその挫折の仕方は千差万別ですが、一般に、人はみな数学に挫折するというのは経験的事実としてかなり信憑性が高い。もしかしたら、この宇宙のすべての知的生命体は、数学（これは全宇宙で普遍的なはず）に挫折するということが普遍的に成り立つのではないか。それが証明できれば、「数学挫折の定理」として確立し、いまだ見ぬそしておそらく会うこともなさそうな全宇宙の知的生命体たちと共感できるのでは。今は証明できていないから、「数学挫折予想」としか言えないけれど。……なんてことをまじめに主張したら、きっと失笑されるでしょう。

なぜでしょうか。現実に生活する人びとの数学の挫折は、複雑すぎて具体的すぎて数理モデル化しづらいし、もしできたとしても不完全だろうし、そもそも挫折とは何かについて数学的に定義するのが難しそうだし、とても数学的興味の対象にはなりそうもないような気がします。現実の生活は、「数学」という限定された切り口で見ただけでも、とてつもなく抽象把握しづらい複雑怪奇な姿をしています。しかし、よく考え直してみると、この複雑な状況に「数学挫折」という言葉を、日常生活意識は苦もなく当てはめてしまっている。これはこれである種の抽象を実はしてしまっているのではないのでしょうか。曖昧でざっくりしていてとても分析的思考の手段にはなりえないけれど、それはそれである種の抽象なのです。言葉は、そもそも何らかの抽象の産物なのです。

2　抽象とは、具体とは

数学に挫折する過程でのあれこれの思索の中で、そもそも「抽象」とは何なのだろう、というなんともメタ抽象的な疑問が湧き上がりました。抽象の抽象なんて、また自己言及パラドックスの罠にはまりはしないかと恐れつつも、さしあたって論理学にアプローチしてみたのですが、現代の論理学は記号を駆使してとても美しく体系化されているものの、これはこれである種の抽象の結果の整理であって、「そもそも抽象とは何か」という疑問に直接答えてくれるものではないなと思いました。論理学もその基礎に置く集合論などを通して気づいたことは、「**区別・非区別**」と「**対応づけ**（写像）」がキー概念になっていそうだなということでした。人は、諸々の単語を包含関係などに位置づけて整理していきます。個別的な事柄を一般的なことを表す概念に対応づけていきます。その過程で、「これは、より詳細な概念に分類して区別していかなくては」という気づきや、「これらは別物のように思っていたが、実はある観点からは共通のものとして括れるので区別しないでおこう」という気づきが蓄積されていきます。数学や物理学の世界では、これらの成果が幾重にも重ねられて巨大かつ精緻な体系が築かれてきているわけですが、日常生活や労働現場、文化活動など、およそ人間的活動の営まれるどんな分野でも、「区別・非区別」と「対応づけ」は何がしかの形で探求され、それらが熟練や新発想・新展開に結びつけられていっているのではないかと思います。

私たちの知識は、「一般には、どのようなことが成立しているのか」について述べる「**概括的法則的**」な知識と、「具体的な事実として、何はいつどこでどうであったのか」について述べる「**歴史地理的**」な知識とに分類できるのではないかと思います。人は、それらを組み合わせて、思考し、調査し、判断し、計画し、さらには価値観をも育てていきます。そしてそれらの知識を伝達し、共有し、継承し、発掘、改良、変革を重ねながら、複雑多岐にわたる知識の密林（その一部は体系立っていることもある）を繁茂させてきました。当然、これらの知識は一個人で扱えるものではないわけで、さまざまな分業が発展していきます。近年では、機械との分業抜きには成り立たないくらいの膨大な知識を人間たちは運用してきています。

これらの知識は、それに対応した存在が想定されることが普通です。ただ、本当に存在しているのかどうかは一概に言えることではありません。誤った知識も多く含まれているからです。それは概括的法則的知識にも歴史地理的知識についても言えることです。それでも十分に検証された知識なら、それには必ず何がしかの存在が対応しているはずだと考えられるのが普通です。そんな存在はない、あるのは「知識がある」という現象のみだと徹底的に懐疑する立場もありえますが、普通な生活がしづらくなるので多くの人はその立場は採りません。

概括的法則的知識は、歴史地理的知識を分析整理統合していく過程で抽出され組み上げられて成立していくという側面があります。その一方で、歴史地理的知識が概括的法則的知識を媒介に導出される側面も多くあります。具体的な歴史地理的知識だけに頼って事をなそうとすれば、限りなく膨大な情報と向き合わねばならず、破綻します。概括的法則的知識にまとめられるものはまとめて必要に応じて具体的な条件に合わせて歴史地理的状況に対処していくのが現実的な運用です。ところで、概括的法則的知識に対応した存在は、実際にそういうものとして存在しているのか、あるいは、存在しているのは個別具体的な歴史地理的知識に対応した存在のみであって、普遍は人間がつくり出したものにすぎないのか、という議論は、「普遍論争」と呼ばれる哲学史を貫く形而上学的問題にたどり着いてしまうわけですが、そのあたりの論及は、しかるべきその道の専門家にお任せすることにして、本稿では、とにもかくにも、抽象性と具体性の狭間で格闘し続けている人間たちのその現実を見据え、自分自身の思索や生活体験もその観点から振り返りつつ、私なりの考察を試みてみようと思います。

3　物理学の抽象と具体

私が、専門でもないのに、物理学の分野がやたら気になってならなかったのは、その抽象性ゆえにすべてがそこに還元できそうな期待を持たせる構えで、できなくとも、少なくともこれに矛盾する現象は起きない、起きたら物理学は自身を変革せねばならないという観測事実に対しての厳格性が備えられているからです。それゆえに強烈に規定的です。ここが単なる思想と違います。「〇〇主義の思想」などは、それをまったく知らなくても、人は無関与に生きていけます。しかし、原子核物理学などをまったく知らない人でも、ひとたび原発事故が身近に起きれば無関与でいられません。被曝します。物理学に関心があろうがなかろうが、物理学が解明した事実、さらにそこに立脚して獲得されてきた技術は、私たちの生活世界を確実に規定しています。

現代物理学の基礎は、相対性理論と量子力学です。それでさしあたり相対論を勉強したのですが、それを通じてまたも問題意識に浮上したことは、抽象と具体というテーマでした。一般相対論が教えてくれたことの一つに、時間も空間もそれ自体が質量・エネルギーの分布によって歴史地理的であるということがあります。生活時間、生活空間というレベルでそれらが非一様的であることは当然のことですが、純粋な計量としての時間・空間それ自体は単調に一様に拡がるものであることは自明のことだと、一般相対論以前では思われていました。カント哲学もその前提に立脚して人間の認識のアプリオリな形式として時間や空間をとらえていたのです。しかし、実際は時間・空間自体が場所や時代に応じて具体的に異なる刻まれ方をするものだったのです。特殊相対論からも導出されえるブロック宇宙論の考え方とも相まって、宇宙は時間・空間のような抽象レベルにおいてさえ、具体性に満ち満ちているのだと、とても抽象的にですが思ったのでした。

では、何が一様に普遍的なのでしょうか。物理学では、限りなく微小な領域において成立する構造を偏微分方程式の形式で表現し、これを普遍法則として宣言することが一般的です。微分方程式は、思想の表明のようなもので、これをこのままで検証するのは難しく、あれこれ条件を加味して積分し、具体的な大域的構造モデルを導き出して観測事実と照合します。それでもし合わない事例が見つかれば、微小構造を表す方程式を見直し、ということを繰り返し積み上げて、高度な数理モデルで宇宙の普遍法則をその道の専門家たちが探求、把握し、運用しているわけです。

ところで、物理学は扱う対象をまずもって物理学的に扱えるレベルに抽象化して扱います。つまり、質量とか加速度とか電荷などの物理的性質以外の具体的な性質や状況は捨象します。だから、生命現象とかは別の抽象レベルのモデルで探求されねばならず、おおよそ、物理学は後景に退きます。ましてや人間社会の問題や文化的な事柄などを扱う場面では、生命科学など自然科学が扱う分野全般とともにさらに後景に退きます。たしかに、そこでも物理学などで解明された事実は否定されてはいませんが、関心の主題ではなくなるのです。例外はあるにしても。そういうわけで、原子核物理学などをまったく知らない人でも、被曝の問題を社会問題として議論はできますし、すべきなのです。関心の主題、それはさまざまな抽象レベルがあって、どんな状況でどういうレベルのどんな側面にスポットを当てるのかについて、私たちの生活世界と密接に絡んだ具体的問題として立ち現れる事柄なのです。

4　コンピュータソフト開発での抽象と具体

哲学も物理学も取り立てて専門を極めることのなかった私は、大学卒業後、就職先を探したわけですが、八〇年代前半、コンピュータソフト開発の労働力需要がにわかに高まっていて、キーボードの配列すら知らなかったのにその業界に就職することができました。ソフトウェアの会社に入ったと母親に告げたら、私のファッションセンスのひどさを知っていたので、あんたに勤まるの？と真剣に心配されました。カジュアルウェアか何かの会社だと思ったのでしょう。ソフトとは、ハードとはについて、やたら説明しないといけない時代でした。

このハードウェアかソフトウェアかという問題は、実は抽象と具体との問題に通じているのです。あらゆる計算に共通して必要な基底的機能はハードに担わせます。使用目的に応じて、フレキシブルに切り替えていきたい機能はソフトが担当します。だから、ソフトが担う機能はより具体的なわけです。このソフトも、より汎用的な基本ソフトと用途に応じて使い分けられるアプリケーションソフトに分かれ、またそれぞれがいくつもの階層に分かれて、それぞれのレイヤごとの抽象化がなされています。

コンピュータは、二〇世紀半ばに現れ、まだ一世紀にも満たない間に急速な進化を遂げてきたわけですが、その根本的な動作原理は、一九三〇年代にチューリング（Alan Mathieson Turing, 1912–1954）の考案したチューリングマシン（有限オートマトン）に尽きています。あとはそれをいかに効率よく便利に使いこなすかの応用技術なのですが、それがとてつもなく膨大かつ複雑な構造に積み上がってきているわけです。

ソフト開発の労働も、より抽象的な汎用ソフト開発の分野から具体的な業務アプリの分野まで、さまざまに分かれていて、圧倒的多数の人が後者の分野に配属されます。当然、私もあれこれの具体的な業務アプリソフト開発に携わりました。

なにかと原理追求型で、具体的な練習問題とかを忌避してきた私でしたが、仕事となると、まさにそこでの具体的課題と取り組まなくてはなりません。労働とは、嫌になるくらい具体的なのです。不具合が発生してバグを探しているときなど、まさに具体的状況の具体的分析を迅速にこなしていかなくてはならないわけです。それに業務アプリは、顧客の事細かな個別具体的要望に応えていかなくてはならないわけで、ああ、『資本論』で出てくる「具体的有用労働」とはこういうことなのか、としみじみ思いました。

では、このような日々の労働において、抽象は無縁かと言えば、決してそうではありません。プログラムを作成していく際には、ここはよく使う処理だから汎用関数にしておこう、その際、何を可変なパラメータにしておこうか、などの抽象化思考を随所で行います。それから、業務アプリソフトウェアの設計というのは、対象の業務をただ具体的にその都度の事情に応じて理解すればできるというものではなく、あらゆるケースを想定して問題が生じないような論理的モデルを構築せねばならず、必要に応じた粒度の抽象化を随所で工夫していかないとできません。また、開発の生産性を上げるためには、ソフト生産過程を抽象化して作成された数々のツールや部品、フレームワーク（枠組み）の利用は欠かせなく、それらを使いこなす技術を次々に習得し続けていかなくてはなりませんし、時には、それらを自作していくこともあります。労働は、あるいは生産は、具体化と抽象化が繰り返し折り重なっていく形をした具体性で達成され、適宜に工夫された抽象化で継承されていくものなのだと思いました。

ソフト開発は、一般にプロジェクト形式で遂行され、必要な人員は、初期の段階から終期の段階までその量も質も変動していきます。このような変動的労働力需要に対応するため、労働力を購入（雇用）して、需要のあるプロジェクトに転売する企業が活躍します。個々のワーカーも営業代行をしてくれる企業の存在に恩恵を受けている側面があります。ただ、孫請けひ孫請け……と続くと低賃金化を招き、社会問題化もしています。

ソフトウェアワーカーはいくつものプロジェクトを渡り歩いてゆくわけで、自身の労働力商品の販売価格の維持向上に努めねばなりません。特定のプロジェクトに固有の業務しかできないようでは、他へ行って通用しませんから、自分のスキルの汎用性は重要事項になります。でも汎用すぎても駄目です。私は「抽象的人間労働」ができます、なんて業務経歴書に書いたらまず仕事はもらえません。何か得意分野をアピールできるような個性も重要です。でも、自分のスキルが時代遅れになったりして通用しなくなると売れなくなります。ソフトウェア開発のベースとなる仕組みはマイクロソフトなど大手のベンダーやいくつかの国際団体などが提供していて、それぞれがヘゲモニー

（主導権）の獲得にしのぎを削っています。ワーカーたちは、ヘゲモニー争いに負けてしまうスキルを長時間かけて身につけてしまうことは避けたいと思うわけで、戦国時代になぞらえて言えば、武田方につくべきか織田方につくべきか、みたいなことに悩み続けます。でも、ワーカーの身の振り方は、戦国時代の足軽同様、必ずしも思うように事が運ぶわけでもないわけで、さまざまな偶然的契機に身をゆだねていくしかない面も多々あり、そして気づいたら武田方とともに滅んで別業種に流れ行く人もいれば、運よく家康方に転身できてうまくやっていく人もいます。

抽象か具体かという視点で自分の携わってきた労働を振り返ってみて気づいたこと、それは、抽象化も具体化も別様にですが、それぞれ、人間のパワーに関わっているのではないかということでした。ともかく、なんとか私自身の労働力としての商品価値を維持できたこともパワーの一つと言えますし、ヘゲモニー争いにパワーを与えるのも、汎用性を実現する抽象化の出来栄えとそれを支持する者たちの具体化作業への数多くの努力なのです。

5　現実的パワーとしての抽象と具体

ここ数千年来、とりわけ近代以降全面的に、人間社会におけるパワー（「権力」と訳されることもあるそれ）の獲得の有力手段を担ってきたものは、なんといっても貨幣でしょう。これはどんな商品とも、未来の商品とさえも交換できるという抽象性を獲得し、それゆえに交換を控えて貯めておくことだってできるという特殊な商品です。その抽象性は突きつめれば人間たちの共有観念の中にしかないとも言えますが、信用関係を必要とする人間たちの慣習的活動を通じて、それはあたかも観念を離れて客観的に実体として存在しているかのような様相を示し、「物質的」とさえ形容されるようなものとなって君臨し、私たちの生活過程を大きく制御しています。この抽象性にパワーがあるのは、いつでも簡単にそれを具体化できる保証があるからこそであって、単に抽象的なだけではパワーは実現されません。

考えてみれば、数学の公式も、物理学の法則も、具体化する手段が明確に整えられているからこそ、パワフルに機能するのです。ざっくりとした概括的抽象は、具体化への道筋が明確でなく、それ自体でパワーは持ちにくいです。別系統のパワー（権威とか政治的権力等）の介添えによってパワーを持っているかのごとく振る舞うことはありえますが。

さて、貨幣は、さしあたって、財の獲得の具体的な経緯や生産者の身分など一切が捨象されて平等に交換ができるという意味で、人間に自由と解放を与えました。これは現実的パワーとしての抽象性がもたらすポジティブな側面の事例の一つでしょう。一方、貨幣は、その抽象性ゆえにその所有への欲求を際限なく増大させ、また増大させ続けないと不安な気持ちにさせ、人びとを際限のない競争に、時として犯罪に、あげくは残酷かつ破滅的な戦争にさえも駆り立てました。パワーとしての抽象性にはこのようなネガティブな側面もあります。

現実的パワーとしての抽象の事例として貨幣を挙げてみたのですが、より観念的、あるいは思想的局面においても、現実的パワーとして私たちの生活過程に強力に関わってくるものは数多くあります。例えば宗教が提示する諸観念はそれに該当するでしょうし、政治理念などもそうでしょう。

文化的価値観に関わるようなもの、美醜についての観念、倫理的規範など幾多の抽象的観念たちと私たちはそれぞれの程度においてお付き合いをし（させられ）、自己の人生の具体化を実現し（させられ）ています。ただ、これらの分野での抽象性は科学技術分野での抽象性に比べて、具体性との対応関係があいまいで解釈の多様性を大きく許容するものが多く、単純に論理的に具体化が進むものではありません。でも、だからといって、無視できるものではないわけで、場合によってはかなり深刻に向き合わなくてはならないものたちだったりします。

そして、ここにおいても、抽象観念がパワーを振る舞えるのは具体性と結びつく局面においてなのだということも、やはり成立していると私は思います。どんな分野であれ、抽象性が抽象性の形式である限りは、パワーは伴いません。しかし、権威や恐怖を背景にした強引な具体性への結びつけは警戒しないといけません。宗教や政治理念における原理主義的遂行の喜劇性を通り越しての悲劇的な状況の歴史的もしくは現在進行形的事例の数々を思うと、緊要な課題だと思うのです。要は、抽象が抽象であるという自覚とその解釈の多様性の存在を自覚して、抽象概念の必要性を受け入れつつも、その適用の妥当性や限界性に注意を払い続ける批判精神が探求され育成され、多くの人に浸透していくことが求められているのではないでしょうか。

今日、文化的歴史的民族的宗教的背景を異にしたさまざまな人たちがグローバルに連携して生きていかざるをえない状況がその是非を論じる間もないスピードで進行しています。あれこれの違いを乗り越えて対立を深刻化させない知恵を捻出するためにも、既存の抽象概念（価値観）にとらわれない柔軟な抽象性の探求が必要なのではないでしょうか。具体的に生活している人たちを、敵か味方か、正義か悪かのような粗雑な抽象化で殺してしまうことのない、具体的な生活者たちを活かし尊重していけるような抽象概念の探求、それは、「生きる場からの哲学」の抱えるべき重要テーマの一つではないかと私は思うのです。

6 抽象性の希求をする存在としての人間

生きる（＝生活する）ということは、常に具体的です。抽象的、普遍的人生を送っている人などどこにもいません。具体的で個別的であることこそが普遍的です。さらに、「自我」という宿命的座標原点は、残酷なくらいに生活者を具体的個別的存在たらしめます。しかし、人は、具体性を具体性として素直に受け取ることの苦手な存在です。具体性を具体性として素直に受け取ることの得意な生き物は植物です。種子が根づいたその場その環境を素直に受け入れています。それでも、彼らとて、種子や胞子を方々に飛ばし、別様な生きざまをする子孫の可能性を追求しており、その意味で抽象性を希求しています。動物は植物に比べて往生際が悪いと申しましょうか、自らの身体を移動させて生存中に多くの可能性を追求します。狩りを成功させたり捕食者から身を守ったりするために、予測して先回りするなど、高度に情報を制御し仲間と連携し子孫に継承し、可能性のモデルの中に身を委ねる生き方を進化の過程で徐々に発展させてきました。動物は、抽象性の希求を進化させてきたのです。人間はその流れの果てに、地球史上最高度に抽象性の希求を発展させた動物であり、具体性に対して、とことんあがきたくなる往生際の悪い生物なのです。

言語を発達させた人間は、すぐに名前付けをし、概念化し、あれやこれややたら括りたがります。抽象化が大好きなのです。難解な抽象概念や記号を使用するかどうかは関係ありません。そういうものを利用した方が便利な場面で、しかるべき人たちがしかるべき状況で使うだけのことです。人は、諺とか寓話とかを聞いてそれを字義どおりの事柄の伝達情報として受け取りはしません。「一般にこうだよな」と抽象化することを無意識のうちに行うし、諺や寓話はそれを期待して成立しています。抽象化された記号言語で伝えるよりも、受け手側の抽象化思考を起動させて抽象性を伝達した方が確実に伝わるのです。文学も音楽も絵画もアニメも、具体的表現を媒介にして、抽象的な何かを共有しようとしているのです。何がしかの抽象性を手がかりにして、人は人と繋がることができるのです。そして、かつ、繋がろうとしている人、人、人は、どこまでも徹底的に具体的な生活者たちなのです。

さらに人は、「もし、〇〇であったなら（でなかったなら）……」という形式の「反事実的条件文」が大好きです。そしてやたらと仮説を立てます。もし、人がすべてを具体性のままで受け入れ、抽象化を一切しなかったなら、反事実的条件文を運用していく生活は実現されなかったのではないでしょうか（これも反事実的条件文ですが）。人間は、反事実的条件文をバネに、反省し改良し生活の向上を図ってきたのです。反面、反事実的条件文にやたら支配されて悩み多き生活ももたらしました。「もし、あのときあんなことをしさえしなければ……」というやつです。

でも、それがいいとか悪いとかではありません。人間はそういう存在として今日に至っているという是非なき事実があるだけです。ただ、それを自覚しつつ自分や世界と向き合えれば、「生活すること」に見出せる深みの色合いが少し異なってきたりもしないかと思うだけです。

抽象的普遍性にあこがれて、哲学の理想をそこに求めての思索生活の始まりでした。そして今、気づくと私は、抽象と具体の狭間で揺れ動く人間たち、というところに、えも言われぬ愛着を覚えたりしている自分を感じているのです。

第四講　尊厳論エッセンス

藤田隆正

1　尊厳とは何か

〔I〕

男性と女性が平等なのは、男性と女性のあいだに差異があるからではなく、そうした差異を超えたはるかに価値ある何らかの共通の属性が、あるいは互いに補い合うような属性があるからです。男性も女性も理性をはたらかせることのできる存在です。双方が差異の相互承認——アイデンティティは異なっていても価値は平等であることの承認——へと歩みよってゆくためには、差異の相互承認という原理に対する信頼を分かち合っているだけでは足りません。それ以上のことが求められます。つまり、問題となっているアイデンティティは平等なのだと確証できるような何らかの価値基準をも分かち合っているのでなければならないのです。価値についての実質的な合意がなければならないのであって、さもなくば形式的な平等の原理は、空疎で欺瞞に満ちたものとなってしまうでしょう。（チャールズ・テイラー『〈ほんもの〉という倫理――近代とその不安』田中智彦訳、産業図書、二〇〇四年）

マルチカルチュラリズム（多文化主義）の代表者の一人であるテイラーのいう「価値」を、私たち自身の立場からどう捉えたらいいのか、現代に生きる私たちに課せられた重い課題です。

〔II〕

同一律でも矛盾律でもなく、理由律でも根拠律でもなく、有根拠律に基づく共可能性の存在が顕現すること。

だから私は言います。

存在しているものの求めに責任をもって応答し、それを実行することを自己存在の自覚的合目的性とすること、これが人間の崇高なる義務です。

〔III〕

飢えてなかば死にかかっている路傍に横たわる不幸な人間。神は憐れみを抱くが、その人にパンを送りとどけることはできない。だが、そこにいあわせる私は幸いなことに神ではない。私はその人に一片のパンを与えることができる。これが私の神に対する唯一の優越である。……神は不幸な人々のためにパンを乞い求めることはできるが、彼らにパンを与えることはできない。（シモーヌ・ヴェーユ『カイエ』みすず書房）

この言葉を、ヴェイユの意味ではなく私なりに、パンを求める人に応答し、パンを与えることを自己の責任として実行すること、これは神には不可能な、人間のみができる尊厳ある行為であり、人間のみが有する「有責的尊厳」と私はよびます。

〔Ⅳ〕

尊厳は、
悪でも善でもなく、
愛でも、慈悲でも、正義でも、同情でも、友情でも、家族愛でも、
民族愛でも、国家愛でも、人類愛でもなく、
ましてや権利や自由でもなく、平等でも、自律でも、他律でもなく、
それらを超越した最高善であると考えます。

〔Ⅴ〕

誰であろうと、自己の自律、自由、権利の行使のために存在者（存在者すべて、無生物であれ、生物であれ、人間であれ）の尊厳を奪うことは許されない、これこそが存在するものの命法なのです。

〔Ⅵ〕

尊厳という価値感情、価値判断は、「権利」とか「平等」という社会的概念とは違って、自然についても成り立つ判断である。「人間の尊厳」というとき、「人権」の概念は、人間の自然的存在としての側面へと関係づけられる。「動物の権利」とか、「生きとし生けるものの平等」という思想が意味あるものとして存在していることは、私も承知している。それは社会的関係の概念として生じたものを、動物や生命一般に拡張した「みなし認識」であり、擬人化の認識枠組みを前提としている。これに対して、「美」とか「尊厳」の概念は、擬人化という前提なしに、自然存在と人間存在にへだてなく適用することができる。（花崎皋平『アイデンティティと共生の哲学』筑摩書房、一九九三年）

〔Ⅶ〕

二〇世紀哲学の大きな流れの一つに相互性の概念があります。フッサールの相互主観性、メルロ＝ポンティの相互身体性、ブーバーの我と汝、ハーバーマスの相互行為などがあげられます。「相互性と尊厳と進化」を関連づけた思想家の一人にクロポトキンがいます。

クロポトキン（一八四二—一九二一）というと、古い、いまさら顧みるべき価値もないという評価をする人もいるでしょう。しかし、そうでしょうか。彼は、ニーチェ、フッサール、デューイ、西田幾多郎とほぼ同じ時代を生きました。

・ニーチエ…………一八八七年『道徳の系譜』
・クロポトキン……一九〇二年『相互扶助論』
・デューイ…………一九〇八年『社会倫理学』
・西田幾多郎………一九一一年『善の研究』

クロポトキンは『倫理学——その起源と発達』（原書一九二二年、黒色戦線社、一九八三年）の一一章「道徳説の発展（一九世紀——続）」でプルードンを引用して、相互性と尊厳についてふれています。

プルードンは個人的尊厳の念を正義の真の本質及びすべての道徳の根本原理と考えた。もしこの念が個人の中に発展するならば、それは万人——彼らが友であると敵であるとに関係なく——との関係において人間的尊厳の念となるのである。権利とはすべての人が彼ら自身の人格において人間の尊厳を尊重することをすべての人に要求する万人に固有の能力のことである。そして義務とは各人が他人の中にこの尊厳を承認しなければならないという要求である。われわれはあらゆる人を愛することができない。しかし、われわれは各人の個人的尊厳を尊重しなければならない。われわれは他人の愛を要求することはできない。しかし、われわれは疑いもなくわれわれの人格に対する尊敬を要求する権利をもっている。新社会を相互愛の上に築くことは不可能である。しかし、新社会は相互尊重の要求の上に築くことができ、また築かなければならない。

敵に対してさえも個人的尊厳を尊重することを要求する。

2　尊厳論

［2－1］グローバル化と尊厳

東日本大震災は、私たちに一万五千人の殺戮と山川草木の破壊、人工建築物の破壊をもって自然の力の恐ろしさを知らしめました。またテロによる死は、死に至るなどという時間的余裕もないままに一瞬にして五体がばらばらに吹っ飛ばされる残虐このうえないものです。これらの最大の形態こそ全面核戦争でしょう。

それだけでなく、グローバル化の中で大多数の人びとは、貧困・環境破壊・大量殺人・交通事故・労働災害、さらに遷延性意識障害・認知症・重度障害などにいつ陥るかわからない状況に、追い込まれています。

以上のことは、人間の命の軽さを、さまざまな場面で、毎日毎日、私たちの脳に刻み込んでいます。このような現実を前にすると、「尊厳」という言葉の空しさを感じます。「尊厳」を『広辞苑』でひくと「尊く厳かで、おかしがたいこと」と出てきますが、現実の状況における人間をみれば「尊く厳か」などどこにも見当たりません。

一九四八年、戦後世界の理念として高らかにうたわれた『世界人権宣言』は、その前文で「人類社会のすべての構成員の、固有の尊厳と平等にして譲ることのできない権利とを承認することは、世界における自由と正義と平和との基礎である」といっています。しかし現状は、その理念の崩壊への道にあり、存在者から尊厳が「根こぎ」されているというのが大多数の人びとの直感ではないでしょうか。

グローバル化というと、私たちは貧富の格差の拡大を最大の問題と考えます。たしかにそれも大切ですが、今、問われているのは、貧富の格差が単に所得格差、富の配分の不公正（配分的正義の問題）などの経済的、社会的問題だけではなく、ごく少数の富者（世界人口の約一パーセント）が、その権力によって、貧者の所得だけでなくその存在自体を自由に操作し、ときには抹殺する自由を得たという恐ろしさです。いいかえれば、存在するものの尊厳が、ごく少数の富者が構成する権力システムに握られたということなのです。

私は言いたい。こんな時代だからこそ、私たちは人間の生命力に立ちかえる必要があると。生命力は一瞬的消滅性に恐怖しつつもそれを反転させ、生命の保存を維持しようとする力（コナトゥス）を発揮するからです。

スピノザのいうように、各々のものが自己の存在を維持する努力は、そのものの現実的本質です。

どんな困難に遭おうとも人びとは生きることをあきらめません。生きたいと欲することを望み、幸福になることをあきらめないのです。ここに一瞬的消滅性を超越する根拠があります。

理性や信仰心がなくても生への欲望は失われない。生を受けたその瞬間から生きることを維持・成長させるのが人間です。理性があってもなくとも、信仰心があってもなくとも、愛する心があってもなくても、生きとし生きるものは、生きることを維持・成長させる。生きる意欲があるから生きるのです。

今、問われているのは従来の尊厳概念の脱構築であり、再生なのです。

[2-2]「尊厳」の歴史

◉——尊厳の語源

紀元前五世紀末から紀元前四世紀にかけて、アテネを中心とするアッティカ方言がギリシア語の標準語となりました。ギリシア語には、尊厳を意味する言葉がいくつかありますが、そのひとつに「デコマイ」があります。この言葉がラテン語の尊厳を表すディグニタース（dignitas）につながります。ラテン語から生まれたロマンス語では、「尊厳」はイタリア語で dignida、フランス語で dignité、スペイン語で dignidad、ポルトガル語で dignidade、英語では dignity です。東洋では荀子が使用しています（「尊厳にして憚からるるは、以って師と為す可し」致士篇）。

尊厳を最初に多用した人物はローマの貴族キケロであるといわれています。彼はラテン修辞学・政治学の用語である尊厳を、人間と動物を区別する特質として使用しました。このように尊厳という語はギリシア・ローマの頃からありますが、概念語として捉え、大きな意義を与えたのはキリスト教です。

◉——キリスト教の「尊厳」の定義

中世では、ローマ教会最大の教父であるトマス・アクィナスが「人間の尊厳性のすべてはその理性のうちにある」といい、ドゥンス・スコトゥスは「自己の本性にのみ依存する自体的存在性を有するところに人間の尊厳がある」としました。

イタリア・ルネッサンスでは、ピコ・デラ・ミランドラが人間はあらかじめ本性が決定されている他の動物と異なって、自由意志に基づいて自己の本性を理性的に形成していくことに人間の尊厳があると説きました。

このように理性と自律性をもつ個体的存在（理性的存在者）である人間は、自然的、社会的な属性の所有の有無・程度にかかわりなく、その存在それ自体のゆえに他の存在とは異なり、等しく比較不可能な目的性、代替不可能性、手段化不可能性、一回性、唯一性、非道具性を有しています。人間は、このような特殊なありようのゆえに尊敬の念や畏怖の念をもって扱われるに値する価値を有すると捉え、それを「人間の尊厳」とよんだのです。

近代になるとカントは、「人間性そのものは尊厳である。なんとなれば人間は何人からも単に手段として用いられず、いついかなるときも同時に目的として用いられなければならない。その点に彼の尊厳が存する」とし、尊厳をもつ人格を、単に手段としての相対的価値しかもたない物件と区別し、「人間性の尊厳は人格性そのもの、すなわち自由」にあるとしました。ここに人間の自律的存在をみたのです（『道徳形而上学原論』）。

それでは、「人間の尊厳」の内容とは何か。「人間の尊厳」を積極的に定義することは難しく、この概念は、それぞれの社会の価値表象との相互作用においてはじめて定義されるという消極的定義しかないという見解を主張する人も多くいます（＊1）。

◉――尊厳の現代的課題

では、キリスト教やカントの尊厳論で、尊厳の現代的課題を説明できるのでしょうか。現代的課題の主なものは次の二つです。

その一は、環境倫理や仏教からの指摘で、人間以外の生命あるもの（動物・植物）や生命なきものに尊厳はあるのか、尊厳は人間のみに固有なものであるか、という問いです。

その二は、テロであれ、内戦であれ、公害（水俣病など）であれ、無脳症児・脳死状態・遷延性意識障害患者・認知症・交通事故などの患者であれ、理性・自律をもたない人びとに尊厳はあるのかという問いです。

［2－3］尊厳の現代的定義

◉――逆接的生命力

水野和久氏は『現象学の射程――フッサールとメルロ・ポンティ』（勁草書房、一九九二年）でこう言っています。

人間の「自律性」から出発する見方も、超越者の正義から始める見方も、いずれもが倫理学的次元における立場にかかわっている。したがって、もしそのような理念そのものの批判的検討を徹底させようとすれば、実践的規範にかんする倫理学ではなく根拠を与えうるような存在論へ行きつかざるをえないであろう。むろんそれは、レヴィナスが批判するような自己閉鎖的な存在論であることは、もはや許されない。むしろ、他性から発するような存在論が求められねばなるまい。しかも、それは、現象学的方法に即した必然的展開でなければならない。（一七九頁）

私の立場は根拠を与えうるような存在論に行きつく立場ですが、氏の現象学的方法とは異なり、以下にのべる立場です。

存在者（存在者・存在物）は、単に存在しているのでなく、逆接的生命力を本質として存在している。

どうして、そう言えるのでしょうか。

私たちが、感嘆の念をもって仰ぎ見る宇宙は、現代の自然科学によれば、その始まり以来、破壊を繰り返しています。ビッグ・バンという巨大なエネルギーによって誕生した宇宙は、誕生の瞬間から、解体、崩壊、衝突、爆発等の破壊の力に支配されています。それは物質による反物質の大量破壊の中で形成されました。その恐ろしい未曾有の破壊はいまだに続いています。

この恐るべきビッグ・バンによる破壊は、宇宙に大混乱を巻き起こしました。この大混乱の中で、ほんのわずかの偶然の機会を利用して、粒子は「結びつき」、破壊という暴力に対して、多様な形態の存在者を形成しました。

われわれの地球でも、凄まじいばかりの嵐と噴火と地震の繰り返しの中で、海、陸地、雲、雨、植物、動物、人間など多様な存在者が創り出されました。

存在者は破壊されることによって無になりますが、この無の中で、新たな存在者が創造されます。この過程を繰り返し、存在者は多様な存在形態を進化させてきました。このように破壊は存在者から排除できないものです。存在者の本質は破壊性即創造性としての生命力と表現できるでしょう。

生命力というとき、私たちは清潔で美しいものというイメージを描き、また生を維持する力と考えますが、それは半面の事実にすぎません。もう半面において、生命力とは、荒々しく、どこに行くかわからない、何を創り出すかわからない恐るべき爆発力・破壊力ということです（私の言う自然は、一般的にいわれる自然、対象的自然、客観的自然、あるいは神によって創造された自然とは異なります）（＊2）。

BC五世紀頃活躍し、古代ギリシア最初の哲学者の一人にあげられるエンペドクレスは、世界を、四つの元素の混合によって生ずるが、それらは愛と憎しみという相反する力によって結合し、分離すると考えました。分離を一つに結びつけるのが愛です。このように一つに結びつける力（生命力——引用者）が働くからこそ、存在者と存在者が相互に作用しあい、新しい存在者を創造するのです（＊3）。

このように、存在者は個々バラバラに存在しているのでなく、すべてが結びつきながら一なる世界を構成しています。この一なる力である存在は、存在者を支えつつも否定するという逆接性を有しています。それゆえ、存在はたえず存在者を否定し破壊し無にするのでなく、新たな存在者を創造し産み出す生命力です。私はこれを逆接的生命力とよびます（＊4）。

意識的存在者である人間が自己を超越するとは、自己と異なる他者（例えば神）に根拠を求めるのでなく、自己を創造した自然の破壊即創造としての逆接的生命力に自己の実存的根拠を自覚することです。

いいかえれば、現在より過去を想起し、あらゆる存在者を創造する自然に自己の原点を認識することです。

自然が破壊即創造としての逆接的生命力であるから自然は進化（自然史）するのであり、人間史もまたその進化の過程的存在にすぎないのです。その現在として、人間は存在するといえます（＊5）。

このように存在者を捉えれば、私たちが意味のない無価値な、あってもなくてもどうでもよいと思う、例えば具体的にいえば石ころでも、地球圏の構成からみればなくてはならないものです。ライプニッツのいうように、この世に同じものは二つとなく価値のないものなど存在しません。石ころですら、自然から生命力を与えられた存在者で、個体でなく他とともに存在世界を構成する、世界にとってなくてはならない存在者です。石ころは地球圏を構成しているその働きによって他のものが存在できているから尊厳なのです。いいかえれば生命力（逆接的生命力）は、単に存在者を創出したのでなく、世界（存在者の総体）が存在するためになくてはならない存在者として創出したのです。石ころが尊いのでなく、石ころが他なるものと結びつく力を発揮させ、世界を構成するから尊いのです。石ころであろうと、地球という世界にとってはなくてはならない他者の存在を支え他者とともに世界を構成する存在者です。いいかえれば石ころなしに地球は存在しません。石ころは世界にとってなくてはならない存在です。だからこそ尊く厳かな尊厳をもつ存在者なのです。

このことを私たちの日常生活の場でたとえれば、「私たちが、他者が困っていることを手助けし感謝されたとき、自分は手助けしてよかったと、自分の存在に何かの意味があるのを感じ、自分と他者が結びつく世間に価値を見出すでしょう」。

◉――尊厳の定義

以上述べたことをまとめて尊厳を定義してみます。

すべての存在者（人間・動物・植物・無生物・宇宙）は、存在世界の構成においてなくてはならない存在であり、新たな存在者を創造する働きをします。これが存在者の尊厳です。ここからいえることは、次の四つです。

(1)　すべての存在者（人間・動物・植物・無生物・宇宙）に尊厳がある。

「いま、傷ついたこの地球に暮らすすべての生命と分かち合いを行うべき時が来ている。それは、個々の生きもの、動植物の集団、生態系、そして古くからのすばらしい私たちの星ガイア（地球）との同一化を深めることで実現する」（アルネ・ネス「自己実現――この世界におけるエコロジカルな人間存在のあり方」、アラン・ドレングソン、井上有一編『ディープ・エコロジー――生き方から考える環境の思想』井上有一監訳、昭和堂、二〇〇一年）。

「ディープ・エコロジー」とよばれる環境思想の代表者ネスのこの考えを、宇宙の進化にまで拡大するのが私の考えです。

(2) 存在者は存在構成性と創造性を存在の要因としています。だから存在者は発展し進化するのです。人間は他の存在者とは異なり、このことを自己存在の合目的性として自覚することのできる有責的尊厳者であるといえます。

(3) 自律できない人間でも、理性のない人間でも、他者と結びついており、存在構成性と創造性をもつ尊厳なる存在者です。

(4) 私たちが尊厳を概念的に把握することは、私が世界にとってなくてはならない存在であることを私たちに自覚させ、環境と自己を傷つけ、破壊し、無視するものと闘う覚悟と抵抗を根づかせます。これが勇気です（＊6）。

◉――人間存在の有責的尊厳性

① 「人間の生命力は内発的義務として発現する」

義務というと、そんな自己を強制することなど自由を奪うものだと言って反発する人が多くいます。たしかに私たちの生活では、義務には他者（社会・共同体）による強制的なものもあります。信仰者であれば宗教的束縛からくる義務もあるでしょう。しかし義務はそのような外部強制的な義務だけではありません。

私は、重度重複障害の子をもつ最首悟氏の『星子が居る——言葉なく語りかける重複障害の娘との二〇年』（世織書房、一九九八年）を読み、衝撃を受けました。氏は二〇年におよぶわが子との生活を通して「行動的原理の根底は内発的義務」であると言います。

人間には人間が人間を信頼するという素があります。だから私も妻も姉妹も星子に親しみを感じ世話をします。星子と学級の友達にも信頼素があります。私たちが生まれて意識が発生してくるプロセスに他人に向かう世話意識も含まれており、それを最首氏は「内発的義務」と表現しています。

人は、自発的に何か他の人のためにすることが一番深い喜びを得られるようになっているのではないか……自発的に、内発的に、これは義務と思うようなことが自分の中に形成されてきて、その義務が行為化されるとき深い充足感がはらまれる。私たちは義務というと、他から押しつけられる、上から押しつけられるものと、よい感じをもっていないが。行動的原理の根底は内発的義務であり、その内容は「かばう」とか「共に」とか、「世話をする」とか、「元気づける」であってそれを果たすとき心は充たされるのかもしれない。

そのような内発的義務の発露が双方向的であるとき、それを相互扶助というのであろう。そして人が、相互扶助的であるとき、はじめて人は尊ばれているという実感をお互いに持つことができ、それが「人は尊ばれる」というふうに定式化したとき、権利という考えが社会的に発生するのだろう。

二〇世紀前後ヨーロッパで活躍したクロポトキンも、『相互扶助論』でイギリスの海難救助協会の活動を例に取り上げています。イギリス海峡を吹き荒れる吹雪によって小さな帆船が座礁しました。救命艇を出せば救命艇が遭難するのは間違いなかった。

それでも人々は出かけていき、数時間にわたって風と戦い、救命艇は二度までも転覆した。一人の男は溺死し、他の一人は岸に投げ出された。装備のととのった沿岸警備隊員が、翌朝になって最後の一人を発見した。彼はひどい傷を受け、雪の中で半ば凍えていた。君たちはなぜあんな無謀なことをしたのか、と尋ねた人に彼の答えはこうだった。「わたし自身にも分かりません。そこに難破船があったのです。岸には村中の人々が立っていました。誰もが出かけるのは馬鹿げている、といいました。あの押し寄せる波を渡ることは、とてもできないことでした。マストにしがみついて、必死になって合図している五、六人の男が見えました。だれもがなにかしなければ、と感じていました。しかし、われわれになにができたでしょう。一時間がたち、二時間が過ぎました。われわれはみな、立ちつづけていました。その時、まったく突然に、あらしをとおして彼らの叫びが聞こえたようでした。――彼らは子供を連れていたのです。

すぐさま、われわれは叫びました。「行かなくてはだめだ？」女たちも、おなじように叫びました。……われわれはそろって救命艇に駆け寄り、出かけたのです。救命艇は転覆しましたが、われわれはそれにしがみつきました。一番辛かったのは、可哀そうなあいつが救命艇のそばで溺れたのを見たことです。でも、われわれはとうてい彼を救うことができません。そのあと、大波が打ち寄せ、また救命艇がひっくり返り、われわれは岸へ放り出されました。……〔このような――引用者〕相互扶助の感情は、数千年に及ぶ人間の社会生活と数十万年に及ぶ人類出現以前の群居生活に育まれたものだ。（「相互扶助論」大沢正道訳、『クロポトキンⅠ』所収、三一書房、一九七〇年）

この乗組員にとって、救援に駆けつけるのは他者（外部）からの命令による義務感からではありません。乗組員の心にあったのは、とにかく助けたい、共に生きたいという生に対する溢れんばかりの感情です。共に生きるためには自己のこうむる損失を顧みない。自己の生きる権利など、この瞬間には度外視されている。ここにある乗組員は権利的存在としての市民ではない。生きることを共にしてきた、共に生きてきた、生きることを分かち合う存在として仲間を救助するために、自己の生命の生きる権利よりも助けねばならないという義務を優先させる、それは権利に生きる市民的存在とは別次元の存在です。死に直面した他者を見た人は、自己が生きたいという生命の権利よりは、他者の生きんとする生命のために自己の生命を捧げる、これは理性的判断のなせる業ではありません。まさに直観的感性のなせる業なのです。

こう言うと、人は神秘主義だ、宗教だと批判するでしょう。しかし、直観的感性は七〇〇万年というとてつもなく長い人類史の労働と実践と分かち合いによって自然の進化の過程で創出されたものです。自己利益の権利主張でなく、他者の叫びに応答するという内発的義務によって人は、他者の生命の尊厳のために必要ならば自己犠牲をいとわず行動するのです。

一八世紀社会契約説の代表者の一人であるルソーはこう言っています。

人間の心の底には正義と美徳の生得的な原理があって、わたしたち自身の格率がどうであろうと、わたしたちはこの原理にもとづいて自分の行動と他人の行動を、よいことあるいは悪いことと判断しているのだが、この原理にこそわたしは良心という名を与える。……〔良心は――引用者〕理性そのものからも独立している魂の声で人間が生まれながらに持っている心の働きである。……わたしたちの感性は、疑いもなく知性よりも先に存在するのであって、わたしたちは観念よりも先に感情を持った。（『エミール』今野一雄訳、岩波文庫）

人間存在の根源は理性にあるのでなく、生命力にあります。思考することができない人間でも生命力をもちます。自律できない人でも生命力をもちます。逆に生命力のない人間は存在しません。

では、どうして人間は内発的義務や良心といった感性をもつのでしょうか？　それは、いままでのべてきたように生きんとする力を、逆接的生命力として自然から贈与されているからです。生命力は人間が創造したものでなく、自然（能産的自然）から贈与されたものです。だから存在するすべてのものは生きんとする意志をもつのです。

②「人間倫理の原理」

有責的尊厳とは次のことです。

人間生命力の内発的義務によって、自己が他者（存在者すべて、無生物であれ、生物であれ、人間であれ）に責任をもち、応答し行動することを自己存在の本質的義務と自覚し目的として行動するとき、人間は自己を尊厳なる存在として自覚するのです。だから、人間存在は尊厳ではなく有責的尊厳であると表現することが適切であるといえます。ここに共可能性の世界が顕現してきます。

今問われているのは、自己利益の権利主張でなく、他者の叫びに応答するという義務から、他者の権利の実現のために必要ならば自己犠牲をいとわず献身的に運動をすることです。

だからこそ私は言います。「尊厳こそ人間倫理の原理（最高善）である」。

その生涯のほとんどを市民運動・住民運動に捧げている花崎皋平氏は、倫理学者の川本隆史氏との対談「自己決定権とは何か」（『現代思想』一九九八年七月号）でこう言っています。

> 私は人間は応答的な存在だ、という命題を基礎に置いて考えていましてい……よびかけられてそれに応ずるという受動性が最初にあって能動性が発揮されるのではないか。それは、一見、主体性がなく自己実現ができないあり方のように見えるかもしれないけれども、そうではないと思っています。この受動性は、結果に責任をもてという圧力で責任を求められてそれに応じ

る形での、能動性という衣をまとった受動性とは内面において位置する層がちがいます。他者の求めに応答する（レスポンスする）という責任意識を含まない自己決定は、自分の利害、損得に絡めとられる受動性にみちびかれたりします。価値判断を排除した計算とかが優位にたってしまうと思います。だから応答の中身をもっていないとまずいと思います。（＊7）

3 「尊厳を根づかせる」

［3－1］ハイデッガーの根源倫理

根源倫理を探求した思想家にハイデッガーがいます。彼によれば、倫理は哲学の一分科ではなく、人間存在の根源としての倫理です。根源とは、物事の端緒でただ単にそこからその物事が始まるという時間的始原の意味であるばかりでなく、すべてを萌芽的に包み込んで、それから展開するものの一切が基礎づけられている論理的根源のことでもあります。アリストテレスの正義にはそのような根源倫理はありません。

「言葉の思索家」でもあるハイデッガーは、『ヘラクレイトス――西洋的思惟の元初』（全集第五五巻所収、創文社、一九九〇年）で言っています。

「ēthos anthrōpō daimōn」――ヘラクレイトスのこのたった三つの言葉は、一般的には、「品位（性格、人柄）エートスは人間にとってかれの守り神ダイモーンである」と解釈されます。

品位（エートス）　人間（アントローポー）　守り神（ダイモーン）

しかしハイデッガーは、そのような解釈はギリシア語を現代的に解釈しているにすぎないと批判し、「人間が人間であるかぎり、彼は神の近くに住まう」と読むことを主張します。

人間（アントローポー）　神（ダイモーン）　住まう（エートス）

彼によれば、エートスとは近代倫理学のいう人格概念ではありません。エートスは、この語の語源にさかのぼれば、滞留であり住まいの場所を意味します。「人間が人間であるかぎり」とは人間の本来性を意味し、人間がその本来のあり方においてあるとき、神の近くに住まい、神のもとに滞留することを理解することが重要であるというのです。

ところで、エートス ēthos は倫理ないし倫理学をあらわす ethics の語源です。ここからいえば、「人間が人間であるかぎり」とは人間の倫理的なあり方となります。すなわちエートスとは、人間の倫理的なあり方の究極のあり場所なのです。ハイデッガーは「人間が人間であるかぎり、かれは神の近くに住まう」ところに根源倫理をみたのです。

アリストテレス以後、学問の分化・分類が進み、近代科学はその頂点をなすにいたり、倫理学は哲学の一分科になりました。彼は、このことを批判し、倫理学＝倫理の根源に立ち返り、捉え直すことを試みたのです。

〔3－2〕私の立場からする根源倫理

ハイデッガーは語源解釈を手引きにし「神の近くに住まう」を導き出しますが、私は現代科学を媒介にして考えます。

現代の考古学、社会学、民俗学、霊長類学などから考察すれば、人間が住まうのは、神の近くでなく、「自然であり、自然に根づく」のです。人間は自然の進化の成果として誕生し、約二〇〇万年前には他の動物と異なる生活様式である居住地生活を始めました。大地に家を建て、食料を得、さまざまな活動をし、サン＝テグジュペリのいうように「精神の風」が吹いて、「人間は創られ」(『人間の土地』)次世代に伝えられてきました。人間は、神の近くではなく、自然に根づいて生活を築き、生命を物質的にも精神的にも多方面に展開・発展させてきたのです。

ハイデッガーのいう人間の「エートスとしての神のもとでの滞留」を、ヴェイユのいう「根づく」と捉えると、自然は単なる自然から人間たちによって「精神の風を吹き込まれ」た風土となります。風土としての自然はどこでも同じ自然でなく、それぞれが「固有なるもののエートス(価値)」を顕現する風土となります。ここにラスキンの「固有なるものの価値」が再生されるのです(＊8)。

〔3－3〕シモーヌ・ヴェイユの「根づく」ことの共同体

第二次大戦後の文明の行く末を論じた思想家にヴェイユがいます。彼女は「根づき・根こぎ」と

「義務は権利に優先する」、そして「善と必然」「目的と手段」を駆使して、二〇世紀文明の行きついた「グローバル化」とそれがもたらした「移民・難民問題」をいち早く徹底的に批判しています。人間は根＝居住地＝自然から切り離されると尊厳にたどり着くことはできません。人間が尊厳にたどり着くにはグローバル化に抵抗せねばならないのです。そこに人間が尊厳を自覚し、神には不可能な他者を救済できる道がある、そうヴェイユは叫んでいるように思えます。

一九四三年、ドイツ軍によってフランスが占領されていた頃、ロンドンのフランス亡命政府の要請で、ヴェイユはヨーロッパ文明の構造を分析し、タイトルを『根をもつこと』(著作集Ⅴ、山崎庸一郎訳、春秋社、一九六七年)としました。ここで彼女は、二〇世紀文明を根源的に批判しています(英語版にはT・S・エリオットの序文あり)。この著作は、第一部「魂の要求するもの」、第二部「根こぎ」、第三部「根をもつこと」の三部から構成されています。

ヴェイユは第二部の初章で、労働者の「根こぎ」について次のようにいいます。

生涯、完全に金銭にしばられている社会階級がある。それは賃金階級である。……現代の主要なる社会的問題は、ある意味において、わが国の労働者も移民になったという事実に由来する。地理的にはおなじ場所にとどまっているとはいえ、彼らは精神的に根こぎにされ、追放され、その後あらためて、いわばお情けで、働く肉体という資格で容認されているのである。いうまでもなく、失業は根こぎの二乗である。

さらに続けて、農民の「根こぎ」を分析し、「地域に対応する諸集団に関する……根こぎ」についても分析しています。

彼女は言います。

根づくということは、おそらく人間の魂のもっとも重要な要求であると同時に、もっとも無視されている要求である。……人間は、過去のある種の富や未来へ予感を生き生きと保持している集団の存在に、現実的に、積極的に、かつ自然なかたちで参加することを通じて根をおろすのである。自然なかたちの参加とは、場所、出生、職業、境遇によって、自動的におこなわれた参加をさす。人間はだれでも、いくつもの根をおろす要求をいだいている。つまり、道徳的、知的、霊的生活のほとんどすべてを、彼が自然なかたちで参加している環境を介して受取ろうとする要求をいだいているのである。

ヴェイユのいう「根」とは何でしょうか。

人間はあるとき、ある場所に偶然に生まれてきます。大部分の人は、そこで家庭や地域の人びととの交流を通して、労働に励み、言語、習慣、食べ物、料理方法、文化、その他の精神的生活を無意識的／意識的に身につけ大地に「根」をおろしていきます。「故郷」とは単に自然を意味するのではなく、また単なる懐古趣味でもありません。人は大地とそこに住む人びとに根をはり（根づき）、それらからあらゆるものを吸収し具体的・伝統的・歴史的存在にと自らを形成していきます。

人と、大地とそこに住む人びととの「分かち合い」が人間を形成していきます。私はヴェイユの「根」をそのように理解したいのです。だから、「根」をはり居住することは魂の要求であり人間の始原であり根源なのです。

このヴェイユのいう「根づき」にこそ人間の倫理の根源が形成されます。根づきがあればこそ、人間は自然と他者と対話し、責任ある応答をし、合意に対する有責性を形成し、相互が尊敬の念で結ばれます。こうして、自然の尊厳、人間の尊厳を原理とする社会共同体が自然に根づくのです。

この「根づき」を最も恐れ抑圧し、「根こぎ」するのが支配権力システムです。「根こぎ」は、歴史上たえず行われてきました。しかし、現代社会のグローバル化は、まさに「根こぎ」のグローバル化であり、歴史上最大の根こぎです。

労働者は、工場の再編により、行ったこともない場所にある工場に行かされます。それは国外であることもあります。企業の海外移転による国内産業の衰退、そして世界各国に共通してみられる農業の衰退は「根こぎ」をかつてない規模で進めています。小・中学校の廃校は文化の消滅でありやがて村落の消滅となり、人がいなくなり文化の再生産は途絶えます。

グローバル化は文化の多様性をもたらすという意見もありますが、文化の異質性は「世界基準の統一」によって確実になくなっていきます。そして、「根」とは関係のない、支配権力の富・資本によってつくられた文化が、あらゆる手段を通して人びとに強制されます（もっとも、強制と感じない人が大多数ですが）。

こうして、今や富・資本の権力システムよって精神文化までが再生産されます。現在、進行しているのは、肉体だけでなく、大地に根づいた精神文化をも含めての根こぎであります。英語がグローバル化している陰で、多くの言語が消滅しています。そして少数民族の文化がどんどん失われているのです。世界の人口は飛躍的に増加しているにもかかわらず、グローバル化した支配権力にとって邪魔な文化や魂は消滅させられ、文化的、精神的に去勢された人間が拡大再生産されています。それが意味するのは人間の尊厳の根こぎなのです。

私が、ヴェイユの「根」にこだわるのは、以上の状況を最も適切に表現している概念だからです。

むすびにかえて

「根こぎ」にたいし、ヴェイユの提唱する「根づき」を、彼女のキリスト教精神ではなく、ハイデッガーの根源「神の近くに住まう」でもなく、自然の逆接的生命力に根づいた地域、共同体として再建することこそが、グローバル化時代における尊厳の再生です。地域に根づいた社会、ローカリズム、コモンズ思想、連帯経済、アソシエーションによる社会などなど、さまざまな政策提言や運動がありますが、それらは、支配権力の「根こぎ」に抵抗し、尊厳を最高善とする倫理原理のもと、自覚的合目的的に実現される社会でなくてはなりません(＊9)。

以下の文を読めば、ヴェイユが偏狂な共同体主義者や民族主義者でないと知ることができるでしょう。

各種の環境相互間における影響の交換は、……必要不可欠である。しかしながら、ある特定の環境は、外部からの影響を、持ち寄り財産としてではなく、自己本来の生命をより強力なものにする刺激剤として受け入れなければならない。したがってその環境は、外部から持ち込まれたものを、消化したのちみずからの糧とすべきであるし、かつその成員たる各個人は、それを自己の環境を介して受け入れなければならない。真に価値ある画家が美術館にゆくとき、彼の独創性はそれによって強固なものとなる。地球上のさまざまな住民、各種の社会環境にかんしてもおなじことが言えるはずである。（『根をもつこと』）（＊10）（＊11）

註

（1）　消極的定義を吟味しつつ積極的定義を展開した小論に、瀧澤克己「人は何によって尊いか」（『職業の倫理』所収、洋々社、一九五六年）がある。

（2）　自然の創造についての近年の議論は次を参照のこと。

・ピエル・ルイジ・ルイージ『創発する生命――化学的起源から構成的生物学へ』白川智弘・郡司ペギオ－幸夫訳、NTT出版、二〇〇九年（原著二〇〇六年）

・河村次郎『創発する意識の自然学』萌書房、二〇一二年

・マルティーン・マーナ、マリオ・ブーンゲ『生物哲学の基礎』小野山敬一訳、丸善出版、二〇一二年（原著一九九七年）

（3）　エンペドクレス、プロティノスを参照のこと。

（4）「存在・存在者と逆接」については、響存哲学という独創的哲学をつくり上げた鈴木亨氏の著作集全五巻（『鈴木亨著作集』三一書房、一九九六年）を参照のこと。

逆接性を私たちの日常生活の場でたとえれば、「具体的な存在者である私は、他者と断絶することはできません。間違いなく他者とさまざまな面で結びついており、さまざまなものを分かち合っています。われわれは、愛だけでなく、残酷さをも分かち合っています。残酷さを分かち合うことによって、愛を分かち合い確認しあっています。家族とは、親と子が、生命あるものを殺害した料理を共に食し、残酷さを分かち合って、家族愛を創造していく場であるといえます」。

（5）ハイデッガーは自然史の具体的展開をしていません。彼の自然史、進化にたいする考えは抽象的と言わざるをえないのではないでしょうか。梯明秀氏の「自然史」、鈴木亨氏の「実存自然史」と比較してみてください。

（6）自覚的合目的性については、田辺元『カントの目的論』（筑摩書房、一九四八年）、柄谷行人『トランスクリティーク――カントとマルクス』（岩波現代文庫、二〇一〇年）、熊野純彦『カント　美と倫理のはざまで』（講談社、二〇一七年）、フォレンダー『カントとマルクス』（岩波書店、一九三七年）を参照のこと。季報『唯物論研究』のメンバーであった故高橋準二氏も唯物論の立場から目的論の重要性を指摘している（高橋準二『科学知と人間理解――人間観再構築の試み』新泉社、二〇〇二年）。

（7）応答については、花崎皋平氏、レヴィナス、ヴェルナー・ハーマッハー（『他自律――多文化主義批判のために』増田靖彦訳、月曜社、二〇〇七年）を参照のこと。

（8）ハイデッガー、ヴェイユ、和辻哲郎、ラスキンを参照のこと。

（9）アソシエーションについては、田畑稔『マルクスとアソシエーション――マルクス再読の試み』（新泉社、一九九四年、増補新版二〇一五年）を参照のこと。

（10）ヴェイユについては『ヴェーユの哲学講義』（ちくま学芸文庫、一九九六年）所収の川村孝則「シモーヌ・ヴェーユ　一つの注釈」を参照のこと。

(11) この小論は、エッセンスであるので、足りないところは拙著『新・倫理考――「分かち合い」の発見』(晃洋書房、二〇〇七年)、『「分かち合い」と「やさしさ」の倫理学序説――共生の倫理学をめざして』(勁草出版サービスセンター、一九九三年、とくに第五章)を参考にしていただければ幸いです。本論は後日に展開する予定です。

第五講　「生活の吟味」としての哲学

——『ソクラテスの弁明』を読む

田畑　稔

1　「すべての人間は哲学者である」（A・グラムシ）

まずは『ソクラテスの弁明』を読む際に、私が下敷きにする問題意識を確認しておきましょう。二〇年以上も前の話ですが、「すべての人間は哲学者である——アントニオ・グラムシと哲学の現実諸形態」（『情況』一九九七年七月号）を書きました。イタリアの思想家グラムシ（一八九一—一九三七）の「すべての人間は哲学者である」というテーゼは、「哲学的な言論空間には全員が参加している」という意味だと解釈すれば、具体的イメージとつながるでしょう。このテーゼは我々の哲学理解に根本的転換を迫るものです。

グラムシの整理では、「一つの時代の哲学」は「〔狭義の〕哲学者の哲学」、「知識人集団の哲学」、「人民大衆の哲学」という三つの「哲学」の相互関係として存在する。「哲学者の哲学」は論理的厳密性、古典文献読解、叙述の体系性、個性的彫琢などに主たる関心を持ちますが、同時代の歴史的課題、生活世界の現実、大衆の問題意識とは無関係に、自分の思索と古典研究だけで「哲学」を追求する傾向を伴います。

対極にある「人民大衆の哲学」は「自生的哲学」であって、「常識」や「良識」や「信仰」や「帰属集団への忠誠」や「雑多な世界観の奇怪なアマルガム」という形態をとる。しかし、同時にそこには「新しい常識」「新しい文化」、つまり「新しい時代」の生成に向かう潜勢力も孕まれている。この意味で「人民大衆の哲学」こそが、哲学運動の出発点（不断にそこから開始すべき点）であり目標点（不断にそこを目指すべき点）でなければならない。こうグラムシは指摘しています。

これにたいして、政党員や教員やジャーナリストや聖職者などの「知識人集団の哲学」は「哲学者の哲学」と「人民大衆の哲学」の中間に立ち、両者を媒介する役割を担っています。この「知識人集団の哲学」の主たる関心は「哲学」の質的高度化ではなく、ヘゲモニー（同意の獲得による支配）の競合、つまり政治的文化的精神的影響力の拡大にあります。彼らにとって「哲学の根本問題」は「社会的ブロック全体でイデオロギー的統一を保持する問題」なのです（以上、『獄中ノート』第一〇ノートⅡ一七節、第一一ノート一二節、一三節など）。

「すべての人間は哲学者である」というグラムシのテーゼは、イタリアの哲学者B・クローチェ

（一八六六―一九五二）に示唆されたもの（とくに『実践の哲学、経済学および倫理学』一九〇八年）と思われます。獄中での覚書ですから、問題意識のラフ・スケッチにとどまっていて、展開に欠け、「哲学」や「哲学者」という言葉も多義的なまま使用されています。しかし肝心なことは、形式的な欠陥の批判にこだわって、哲学理解のラディカルな転換の必要性、とりわけ哲学の現実諸形態への根本的着眼、といった彼の画期的な問題提起を受け止め損ねてはならないということです。以下、我々は「生活の吟味」として定式化されたソクラテス（BC四六九―三九九）の哲学的実践を批判的に回顧しつつ、ソクラテスの「生活の吟味」としての哲学実践とグラムシの〈全員哲学者論〉の連続性を確認し、それらの現代的活性化を強く訴えたいと思います。

2 文献――『ソクラテスの弁明』を読むために

(1) 『ソクラテスの弁明』の邦訳テクストとしては三嶋輝夫・田中享英訳（講談社学術文庫、一九九八年）を用います。これにはプラトン（BC四二七頃―三四七頃）の『クリトン』とクセノフォン（BC四二七頃―三五五頃）の『ソクラテスの弁明』も収められているからです。キーワードのギリシア語チェックにはLOEB古典文庫のプラトンI（希英対訳）を利用しました。

(2) 歴史的人物としてのソクラテスに迫るという課題は、専門研究者でも困難な問題で、ここで扱うことはできません。とりあえず初期プラトンの作品に勝るとも劣らない史料的価値を持つものとしてクセノフォンの『ソクラテスの思い出』（佐々木理訳、岩波文庫）を挙げておきます。

(3) 研究書としては、T・C・ブリックハウス、N・D・スミスの共著『裁かれたソクラテス』（原書一九八九年、米澤茂・三嶋輝夫訳、東海大学出版会、一九九四年）が精緻で優れたものです。ただし、論理的整合性の追跡にこだわりすぎる印象も受けます。ソクラテスも情況の中で格闘したのであり、自己分裂や両義性を背負わなかったとは考えにくいからです。日本の研究書では、納富信留『哲学の誕生――ソクラテスとは何者か』（改題・増補改訂版、ちくま学芸文庫、二〇一七年）と『ソフィストとは誰か？』（ちくま学芸文庫、二〇一五年）が精彩ある解釈を展開していて、いろいろヒントがもらえます。『ソクラテスの弁明』はプラトン最初期の作品であり、遅くともソクラテス裁判から一〇年以内に書かれたとされています。とは言え、専門家の中でも『ソクラテスの弁明』が歴史的ソクラテスを伝えるものか、内容も含めプラトンの「作品」と見るのか、その中間のどの位置なのか、意見が割れています。以下、我々の場合はそれにこだわるだけの能力も関心もないので、留保しておくことにします。

3 『ソクラテスの弁明』の概観

ソクラテスはBC三九九年、七〇歳の時に、メレトスにより告発されました。メレトスを援助したのは民主派の政治家アニュトス、それにリュコンの二人でしたが、アニュトスこそ告発の実質的中心人物でした。告発理由は三つ挙がっています。「ソクラテスは、[1]若者を堕落させ、また、[2]国家があがめるところの神々をあがめずに、[3]別の新奇な神格をあがめることによって、不正を犯している」（24c）と。

この告発はバシレウス長官の予備審問をパスし、不敬神関連を扱うヘーリアイ法廷に送付され、五〇〇人ほどの裁判員（くじで選ばれた老人中心の六千人がいろんな法廷に無作為で振り分けられた）の列席のもと、起訴状朗読、告発側説明、ソクラテスの第一の長い弁論、有罪の判決、告発側量刑説明、量刑に関するソクラテスの第二の短い弁論、死刑判決、これを受けて死刑賛成側と反対側それぞれに対するソクラテスの第三の短い弁論がなされ、裁判は一日で終了した。以上が裁判の経緯です。死刑判決後の第三の弁論は裁判制度上、やや不自然ですが、なかったとも断定できないと見られているようです（『裁かれたソクラテス』三一頁以下）。『ソクラテスの弁明』はソクラテスのこの三つの弁論の再現という形をとっています。まずはそれを概観しておきましょう。

◉――第一弁論

(1) 冒頭ソクラテスは、メレトスの告発説明が真実を何も語らず、逆にソクラテスの巧みな弁論術に騙されないよう裁判員に訴えたことを取り上げ、真実（アレーテイア）と言論の巧みさを混同してはならない、真実を語ることが弁論側に求められる徳（アレテー）であり、真実を語っているかどうか判断することが裁判員に求められる徳であることを確認します（17a–18a）。

(2) 次いで告発理由に直接反論する前に、二つの前提的弁明を行っています。第一はアリストファネス（BC四四六頃―三八五頃）の『雲』（BC四二三年）など、自分に対する嘘と偏見を長年にわたって流布させた「最初の告発者たち」についてです（18a–20c）。その告発主旨は、ソクラテスが神々を冒瀆する自然研究を行い、自分の都合にあわせ「劣った議論を優勢にする」危険な弁論術を駆使し、この術を他者に金銭をとって教えているというものです。ソクラテスへの偏見と自然学者たちへの偏見とソフィストたちへの偏見を混在させつつ、ソクラテスを危険人物視しているものです。ソクラテスはこれらが単なる偏見であり、自分とは一切無関係であることを確認しています。

(3) 第二の前提的弁明は、自分に対する「憎しみ」が広がるようになった経緯の説明です（20c–23b）。民主派であった友人のカレイポンがデルポイの神託を求め、「ソクラテスより知恵あるものは誰もいない」という答えが告げられました。ソクラテスはこの神託の謎解きのため「知恵あると思われている人たち」を遍歴し、政治家、作家、職人と次々「吟味」する。その結果、「私は自分が知らないことについては、知っていると思ってもいない点で、相手より知恵ある」と思えた。以来、市中を歩き回っては、「知恵あると思われるもの」を探し出して「吟味」し、無知を暴露して憎まれた。また、富裕な家の若者がソクラテスの「吟味」を模倣し始める。若者たちに「吟味」された親たちは、彼らを憎まずソクラテスを憎み、ソクラテスが若者を堕落させていると言いふらした。こう経緯を伝えています。

(4) 続いて告発理由の第一「若者を堕落させた」点について、さらに第二と第三「国家があがめるところの神々をあがめずに、別の新奇な神格をあがめる」についてメレトスへの反対尋問の形で反論し、ソクラテスを無神論者アナクサゴラス（BC五〇〇頃—四二八頃）と混同するなど告発者側が偏見に安易に乗っかっているだけだと強調しています（24b–28a）。結局、ソクラテスは自分を裁いているのが「大多数の者の非難と恨み」であることを確認し、以降、弁論はアテナイ市民に向けた以下の四点にわたる根本的な訴えと警告に移ります。

(5) 第一。「生活の吟味」を実践することは自分に対する神の命令である、死を恐れて持ち場を放棄することこそ、神の存在を信じないことになるのだ。自分が「生活の吟味」という哲学的実践を断念することと引き換えに死刑を免れようとすることなどありえない。ところが、この自分を死刑にしようとしているアテナイ市民が「気にかける」ことといえば、もっぱら身体、名声、金銭なのであり、真実、徳、魂、思慮を「気にかける」ことを忘れてしまっているではないか。こう、警告しています(28a–30c)。

(6) 第二。自分を死刑にすることは、アテナイ市民自身を害することになる。なぜならソクラテスには、自分が「皆さんに対する神からの贈り物」であり、大きく鈍感な馬に、目覚めさせるため神がくっつけたアブであるように思われるからだ。自分を殺せば「皆さんは残りの人生をまどろみながら終える」ことになる。こうたたみかけています(30c–31c)。

(7) 第三。次にソクラテスは自分が私的な形で吟味や忠告を行って、国家に関わる問題で助言することをあえてしない理由を説明しています。直接の理由は神霊の反対する声が聞こえるからですが、この声をソクラテスは「正義に反して譲歩したことのない人間」は自分の使命を果たすためにも政治への関与を避けるべしとの命令だと解釈し(31c–33b)、証拠としてかつての自分の体験、つまり「将軍一括裁判」への命がけの反対(32b)とクリティアスらによる寡頭支配体制下での命がけの不服従の体験を挙げています。

(8) 第四。ソクラテス自身では、吟味行為の動機は神に命じられたことにあり、この神からの命令は神託や夢の中のお告げとその解釈として受け取ったものである。しかし、自分の周りに多くの若者が集まったのは、「知恵ある」と評判の人間が吟味され無知を暴露されることが面白いと思ったからだろう。しかし動機が違うからといって彼ら若者たちが堕落したとか、自分が彼らを堕落させたということにはならない（33c–34a）。こう訴えています。

(9) 最後に自分には妻と幼い二人を含む三人の子がいるが、徳ある人間が正義をまげて助命嘆願するのは見苦しい（34d）と助命嘆願を断って第一弁論は終わります。

◉——第二弁論

そこで第一回投票が行われ、有罪が決定、量刑の審議に移り、メレトスによる死刑の提案を受け、第二弁論に入ります（36a–38b）。ソクラテスは、予想とは異なり僅差であったこと、たった一日の裁判は短すぎることを確認しつつ、迎賓館での食事を自分の量刑案として提出、友人たちの説得で罰金三〇ムナに変更しました。この短い第二弁論でも第一弁論のいくつかの主要論点が繰り返されています。

◉——第三弁論

そこで第二回投票がなされ、死刑が決定、これを受けて第三弁論がなされます（38c–42a）。ソクラテスはまず、敗訴の原因が自分の言論の弱さにあるのではなく、自分が裁判官たちの同情を買う卑劣な訴えや妥協を拒否したことにある、「死を免れるより卑劣さを免れる方がはるかに難しい」

と断言しています。

また死刑賛成投票した者たちは「生活の吟味」を免れるために自分を死罪にしたが、そもそも吟味を免れることなど不可能だ、吟味する者を抹殺するのでなく、自らが可能な限り善きものになるほかない。こう声を荒げています。

最後に無罪投票した裁判員へのあいさつを行い、「神の合図」で解釈する限り、死刑というこの結末は自分にとって善いもののように思われる、「もう死んで厄介なことから解放される方が私にとって善いのは明らかだ」、死後の世界は知りえないが、それが移住のような場合にせよ熟睡状態のような場合にせよ、どちらにしても儲けものだ、と語り、弁論を終えています。

4 「生活の吟味」としての哲学実践

第三弁論でソクラテスは死刑判決を下した裁判員たちに、次のような激しい非難の言葉を返しています。「あなた方は今、生き方を吟味されることから免れられると思って、そうしたことをしたわけですが、私に言わせれば、それは諸君にとってまったく裏目に出ることでしょう。あなた方を吟味する人間はずっと多くなることでしょう。……なぜなら、そうやって吟味を免れることは、およそ可能でもなければ、立派なことでもなく、最も立派でしかも簡単なのは、あのやり方、つまり自分以外の人間をやっつけるのではなく、自分ができるだけすぐれたものとなるように自分自身を磨くことだからです」(39c–d)。

ここで「生き方を吟味されること（エレンコン・トー・ビオー）」と三嶋が訳している箇所は、納富訳（光文社古典新訳文庫）では「人生を吟味にさらすこと」となっています。それは「生活の吟味」が他律的に遂行される事態を表現していると言えます。裁判の最終時点で、死の判決を下した当の市民たちに向かって、ソクラテスは、自分の生涯をかけた執拗な対話的実践がその核心において「生活の吟味」であったこと、「生活の吟味」は誰もが免れないものであること、望ましいのは「生活の吟味」を他律的にではなく自己吟味、相互吟味として遂行することであることを確認しているのです。

ソクラテスは、他の箇所でも「哲学しながら生きるように、すなわち自分自身と他の人びとを共に吟味しながら生きるように、神が私に命じられた」（28e）と自分の実践を支えた使命感を表明しており、ここでは「哲学しつつ生きる」とは「自分自身と他の人びとを共に吟味しながら生きる」ことにほかならないと端的に確認されています。38 a では「人間にとって吟味を欠いた生活というものは生きるに値しない」とも語っています。

ここで、「吟味」「吟味する」と三嶋により訳されているギリシア語は、動詞形でまとめると、エクセタゾーが一〇カ所、エレンコーが三カ所、ディスコペオーが一カ所。LOEB古典文庫の英訳はエクセタゾーに対してほぼ examine（審査する、審問する）をあてており、一カ所だけ investigate（調査する、取り調べる）をあて、エレンコーには closs-examine（詰問する、反対尋問する）があてられており、ディスコペオーには examine をあてています。ソクラテスの場合、「生活の吟味」は、詮議・取調べ・尋問のように「申し開き」を強要し裁くといったかなり強圧的、他律的な意味合いが強く含まれていると言えるでしょう。

ただここで一つ誤解を解いておかねばなりません。周知のとおり、ソクラテスの「吟味（エレンコス）」は吟味対象としての「生活」とは切り離されて、定型化される場合が多くあります。ソクラテスの問い→対話相手の回答＝主張→ソクラテスの吟味→対話相手による主張放棄、というふうに形式面で了解されるのです（『裁かれたソクラテス』二一〇頁）。このような吟味の形式的理解はほとんど意味がないと言えるでしょう。吟味対象としての生活が超複雑である以上、生活の吟味はこの種の定型化された姿をはるかに超えるものであらざるをえないのはわかり切ったことです。現にソクラテス裁判ではエレンコスの相手の主張放棄どころか、偏見と憎しみによるソクラテス抹殺という結末となったわけです。

5　第一の「吟味」――「知恵があるという思い込み」の「吟味」

ソクラテスの「生活の吟味」は内容から見ると、①「知恵があるという思い込み」に対する吟味と、②徳を忘却した生活に対する吟味に分けることができますが、両者は本来、一体のものでしょう。「知恵があるという思い込み」へのソクラテスの吟味は認識論的な問題と考えることはできません。むしろ「神こそ真に知恵あるものであり……人間の知恵はごくわずかの価値しか持たないか、何ら価値あるものでない」（23a）ということ、つまり無価値な、あるいは価値の少ない人間の知恵に固執し、真の知恵を求めようとしない事態への攻撃的批判でしょう。だから「知恵があるという思い込み」の吟味は「評判」や「権威」や「名誉」への固執を暴露する形を取ります。

この第一の吟味は「デルフォイの神託」の解読の努力として行われました。「知恵がある」と自他ともに評判の政治家、作家、職人たちを次々に「吟味」し、「知恵に関しては本当のところ自分は何の価値もない者なのだということを悟った者、まさにその者こそがお前たちの中で最も知恵のある者なのだ」というのが神託の意味だと確信、以降は一転して神の代理で「だれか知恵があると私が思うものがあれば、神に従って探し出しては問いただす」(23b) という状態に移ります。

「私は知らないことについては、それを知っていると思ってもいないという点で、知恵があるように思えた」(21d) というとき、ソクラテスは〈何について〉「知らない」としているのでしょうか。まずは死 (29a)、死後の世界 (29b)、一般に「予見」不能の未来 (42a) が挙がります。神の存在はさておき、神の意志や知恵も挙がるでしょう。例えば、ソクラテスは単なる「希望」として「善き人には生存中であれ死後であれ何の禍も来たらず、神もこの人をないがしろにしない」(41c–d) と語っていますが、これは神の意志に関わるものです。これらについて希望はしても「知らない」という点でソクラテスも同じです。

しかし「知らない」のはこれら対象面だけではない。「思い込み」それ自体について「知らない」、「知らないことを知っていると思い込む無知」(29b) というメタ的な無知も関わってきます。「人間の知恵」には真の知恵の自覚を積極的に妨げるものが構造的に組み込まれているのに、その事態が自覚されない。このメタ的な無知については、ソクラテスは神託の解釈を通して自覚できたということでしょう。

ところでソクラテスは、自分が「知らないこと」を自覚している点で他の人間より「知恵がある」としながら、他方で自分は「神からの贈り物」(30e)でその哲学的実践は「神によって命じられた」(33c)などと極端なまでの確信をたびたび公言しています。この落差には読者も当惑してしまいます。いったい、ソクラテスは自分の信念や主張の正しさのこの確信をどこから手に入れたのでしょうか。まずは「神託」や「神霊の声」や「夢の中のお告げ」(33c)など「神の合図」(40b)がありました。次いでその「合図」の意味を自分で解釈する。そしてこの解釈に反すると思われるケースを探し出し、次々とエレンコスを重ね、自分の解釈の正しさについて確信を強めた。こういうことでしょう。つまり、①いろんな形での神の啓示、②その意味の解釈、③この解釈を裏付けるエレンコス実践の積み重ね、④それらによる信念強化のフィードバック、この四つからなっていたと思われます。

①についていえば、集合的無意識状態にある時代の課題や社会の課題が諸個人への「神の啓示」やその意味解釈として意識化されることは歴史的に見てそう珍しいことではありません。ただし、「神がかり状態で創作する作家たち」や「神託を告げる予言者」(22c)が①だけで勝負するのと違って、ソクラテスの場合は、②③④という自覚的行為がその上に重ねられねばなりません。また、重ねたとしてもあくまで「神の合図」に対する自分の解釈の正しさへの確信の度合いが高まるということであって、この確信が神の知恵や意志と同一であるということを意味しない。こういう留保はソクラテスも持ち続けたと思われます。

ところで①と②はソクラテス個人の営みですが、③になると全員参加の哲学的言論空間に攻撃的に登場することになります。エレンコスの対象となった他者たちからの非常な反発や怒りを生み、また若者たちの興味や模倣行動を生んだ。そしてこの社会的衝突がソクラテス処刑まで先鋭化したということでしょう。

少し距離を取って「外在的に」この第一の吟味を見ると、政治家や作家や職人それぞれの技術知がその有効性の範囲を超えて有効だと信じる思い込みへの批判として、哲学知が機能していることを示唆しています。しかし、科学知（当時では天文学や幾何学）の吟味が欠けているのは措くとして、日常知の構造的吟味の欠如は致命的であると思われます。哲学が行うべき知の吟味は、日常知―技術知―科学知―哲学知の歴史的分節化と相互移行という知の全体像を探求する作業と不可分でなければなりません。神託の解読から神の代行的実践へという、ソクラテスの闘いの軌跡が、日常知や技術知や科学知と哲学知が分節化する各々の結節点で格闘しつつ哲学知をポジティヴに限定しようとする可能性を奪ってしまっていると思われます。真の知恵についての人間たちの構造的無知の自覚という使命感がソクラテスを圧倒してしまっているのです。

6　第二の「吟味」――諸価値の優先順位の「吟味」

すでに「知恵あるという思い込み」に対する第一の吟味で、正義より身の安全、真理より名声を優先する姿勢が繰り返し暴露されました。第二の吟味はこの面を前景に押し出したもので、価値の優先順序に関わるものです。

「きみは……どうすればできるだけ多くの金が自分のものになるか、金のことを気にかけていて恥ずかしくはないのか。名声と名誉について気にかけながら、思慮と真実について、また魂について、どのようにすればそれが最も優れたものとなるかを気にかけることもなければ、思案することもないとは」(29d–e)、「財産から徳が生じるのではなく、徳に基づいてこそ財産およびそれ以外のものの一切が、人間にとって、私的な意味でも公的な意味でも善いものとなるのだ」(30b)。

アテナイ市民が生活において「気にかける」べき価値の優先順位は、まずは徳（アレテー：卓越性）、思慮（フロネーシス）、真実（アレーテイア）、正義（ディカイオン）、魂（プシケー）なのであり、それに基づいてはじめて貨幣、名声、名誉は善きものとなる。第二の「生活の吟味」は、この価値の順位に関わる吟味的実践にほかなりません。

「外在的」に見れば、この第二の吟味は我々の時代の道徳保守主義的な叫びを連想させます。生活の現状についての構造分析も、新たなライフスタイルの実践的模索もなしに、世を憂えて警告するのだが、叫びは悲鳴に近い。ソクラテスのこの第二の吟味を知的モラル的改革の有効な努力とするためには、ソクラテスによる「生活の吟味」の多くの根本的限界が自覚されねばなりません。

まず、ソクラテスの「生活の吟味」の対象は広く取っても自由な市民（男性）の生活に限定されています。アテナイにはほかにも女性、子ども、奴隷、外国人が生活している。また生活自体が、オイコスの生活、ポリスの生活、神や魂や教養にかかわる精神的生活に分節化していて、それらの総過程として営まれているわけです。これら生活の全体がアテナイ〈における〉生活ですが、この意味での生活の吟味という課題はもともと立てられていません。

また価値の優先順位と言っても、先決の必要条件としてはベーシックな欲求充足が優先するのであり、逆に価値の知的モラル的な高度としては徳が優先します。両者は逆順になるが本来分離不能のものです。モノや金ばかりを「気にかけるな」という主張は、飽食や過剰消費や守銭奴には的中しても、飢餓や失業状態にあるものに対しては残酷なもの言いにとどまるのです。

さらにソクラテスは、アテナイ市民により暗黙裡に共有されている価値の優先順位を当てにできたから「恥ずかしくないのか」と叱りつけることができました。しかし、当てにできないケースはどうなるのか。中絶、死刑、安楽死、捕鯨、脳死、クローン、戦争非合法化など、山積する倫理的対立では規範の妥当性をめぐる討議文化の成熟と知的文化的ヘゲモニーをめぐる抗争が、さらにまたソクラテスやメレトスのように神を持ち出さない寛容さが要求されるでしょう。

7　憑かれた人ソクラテス

ソクラテスによる「吟味」は外形的には大変執拗なもので、少なくとも現代人の我々が哲学的対話という場合にイメージするものとはかけ離れていたようです。広場で次々と人びとに語りかけ、相手が異を唱えると、「そのままでは彼を放さず、私の方も立ち去らずに彼に質問し、取調べ、吟味する」(29e)。こうして世間で知恵あり徳あると評判の相手が次々と思い込みを暴かれ、転倒させられ、権威や名声を失墜させられるのです。富裕な家の若者たちがソクラテスの後にくっついてきて、共鳴し、はては自分たちも模倣して親や評判の人を「吟味」し始める。ソクラテスの「吟味」

実践は、若い世代の既成権威への造反運動に連動したと推測されます。
一方、ソクラテスは石工だったとされているが、「吟味」に没頭したため、「貧しさ」(31c)の中の生活でした。私が注目したいのは『ソクラテスの弁明』の次の一節です。

ところで、私がまさに神によってこの国に贈られたというにふさわしい者であることは、次のことからお分かりいただけるでしょう。と言いますのも、私が一方ではすでにかくも多年にわたって自分自身のことの一切を顧みることなく、家の暮らしがなおざりにされたままに甘んじていながら、他方では、個人的に一人一人のところに出かけては、まるで父親か兄のように徳に配慮するように説き勧めて、皆さんの利益になることを常におこなっているということは、とても人間業とは見えないからです。(31a)

ここには家庭生活、職業生活のネグレクトについてのソクラテスの告白がありますが、家族の不幸や生活破綻は使命の重大さの証拠と意識されています。生活者としての自分の「生活の吟味」は回避される一方で、憑かれた人ソクラテスによる生活者に〈対する〉「生活の吟味」が誇らしげに語られる。「生活の吟味」のための足場が、生活そのものの中には置かれていないのです。ソクラテスによる「生活の吟味」のこの超越性は、「私の考えるところでは、皆さんにとって私の神に対する奉仕よりも大きな善は、この国においてこれまで一つとして生じたことがないのです」(30a)という憑かれた人間の自己幻想と一体のものでしょう。生活者たちの相互吟味、自己吟味なのか、憑かれた人の生活者たちに〈対する〉吟味なのか。現在も繰り返されている衝突です。

8　ソクラテス裁判の政治的背景

ソクラテス裁判の政治的背景は何だったのでしょうか。哲学者ソクラテスは衆愚の犠牲となったというのが、プラトンが戦略として読者を誘導しようとした図式でしょう。しかしながら、ソクラテスの哲学的実践がなされた情況はそんな単純なものではありません。ソクラテス裁判（BC三九九年）のたった五年前（BC四〇四年）、アテナイはスパルタに全面降伏しました。スパルタの軍事指導者リュサンドロスの支持を得て、追放されていた反民主派は帰国し、三十人寡頭支配を実現、当初は穏健派のテラメネスが中心にあったが、リュサンドロスと対立、リュサンドロスの力を背景にクリティアスらの強硬派が権力を握り、テラメネスを「寡頭制への反逆」を理由に処刑、「恐怖と殺人と没収による政治」を行ったのです（『裁かれたソクラテス』二八九頁以降）。納富が紹介するところでも、「三十人政権は一年も満たない執政下で千五百人とも見積もられる市民や非市民を殺害した」（『哲学の誕生』二〇二頁）とされます。

テロル政治の中心人物クリティアス（BC四〇三年当時五七歳）はソクラテス（同六七歳）の弟子の一人で、プラトン（同二四歳）の母の従兄弟でした。クリティアスとともに寡頭支配メンバーのカルミデス（同四四歳）はプラトンの母方の叔父である（岩波版『プラトン全集』第七巻、山野耕治「『カルミデス』解説」、二四〇頁以下）。プラトン自身も後年の『第七書簡』で回想しているように、当初は「身内が政権中枢に入っている寡頭政権に期待を寄せる」(納富、同二〇〇頁)ことになります。

たしかにBC四〇三/四〇二年に結ばれたアムネスティ和解協約で、民主制が回復しても過去のクリティアスらとの関係を理由に告発されないことが確認されていました。したがって、ソクラテスを告発した側も表向きは告発理由として弟子クリティアスらとの連帯責任、とくにソクラテスの思想責任、指導責任を掲げていません。しかし、そのことはソクラテス裁判の政治背景や政治意図の不在を示すものではないでしょう。

ソクラテスについてはクリティアスらの政権に関して二つの事実が伝えられています。一つは、クリティアスらが穏健派のテラメネスの処刑を行おうとした際にソクラテスはテラメネス助命のために介入しようとしたが、身の危険を感じて思いとどまったと、ディオドロス・シクルスという人が伝えているということです(『裁かれたソクラテス』二九一頁)。もう一つは、『弁明』の中でソクラテス自身が語っていることで、寡頭政権が粛清のためにレオンをサラミスから連行するようソクラテスらに命じた際、自分の命の危険を覚悟でソクラテスは不服従を選んだという話です(32c-d)。『弁明』の証言だけで見ると、ソクラテスのクリティアスらに対する命がけの非協力が印象づけられますが、ディオドロス・シクルスの話が事実であったとすると、ソクラテスは寡頭制の穏健路線に期待したが、クリティアスらが恐怖政治に走る中で彼らから距離を取ろうとしたとも解釈できます。

しかし納富のように、レオン連行命令に対する「命がけの不服従」とされる点も、政権崩壊までの数カ月間、ソクラテスは逮捕も処刑もされていないのであって、不服従はソクラテスに関しては黙過された、つまりはソクラテスとクリティアスの「師弟の絆は生きていた」とも推定可能でしょう（納富、同、二〇五頁）。寡頭政権の恐怖政治で処刑された一五〇〇人もの人たちの遺族や知人たち、亡命を余儀なくされた多数の民主派市民たちや外国人たち、寡頭政権を武力で打倒し民主政治を回復した勢力、これらの人たちが同じアテナイで現に住んでいるのです。たった五年前のことなのです。彼らから見れば、ソクラテスの「不服従」発言など見苦しい言い訳にしか聞こえなかったとも推定可能でしょう。

ソクラテスは籤《くじ》で役人を選ぶ民主制を公然と批判し、弟子の多くは反民主派でした（クセノフォン、同、1-2-9）。とは言え、ソクラテス自身は党派政治と一線を画し、民主派にもカレイポンのような友人がいました。しかし納富も強調するように、クリティアス一派といえども思想があって反民主派テロリズムに走ったのです。その点の思想的自己吟味は裁判の有無に関係なく、師であったソクラテスにも問われていたと言えます。ソクラテスの別の弟子アルキビアデス（BC四五〇頃―四〇四）の私的野心や祖国への裏切りという事例もあったのです。ソクラテスが「知恵があるという思い込み」の吟味で激しい反既成権威の哲学的言論闘争を展開した際、その既成権威へのラディカルな攻撃性と、「心ならずも」弟子からテロリストや裏切りの野心家が出たということとの関連を、思想として吟味してみる必要は十二分にあります。

あえてもう少し言っておきましょう。神託の謎解きの冒頭でソクラテスにより「吟味」された政治家（21c）は、告発者の中心人物アニュトスであったとされます。これを根に持ったアニュトスが裁判でソクラテスを貶めようとした、などという議論は矮小化にすぎないでしょう。一方には武力で恐怖政治を打倒し民主制を回復した勢力の政治家アニュトスがおり、他方には当初、寡頭政権に期待し、やがて弟子のクリティアスのテロル政治に戸惑い距離を取ろうとしたソクラテスがいる。この時、ソクラテスこそが自分の政治的生活の吟味を具体的に問われたのではないでしょうか。時間を遡って見れば、ソクラテスが神託の謎解きで、政治家アニュトスに対して行った最初の「吟味」の時、ソクラテスはアニュトスの政治的生活や政治的経験知や技術知の内在的吟味や限界づけを本当にやれていたのか。むしろ神の知恵と人間の知恵の対置という自分の問題意識に高揚してしまって、具体的吟味を視界の外に追いやっていたのではないか。こういう問題が残るように思われます。

だからソクラテスはだめだと言いたいのではありません。ソクラテスは本を読んだり哲学史を勉強するだけの哲学をやっているのではありません。民間社会で知的モラル的改革運動を敢行しているのです。つまり歴史的情況の中で、全員参加の言論空間で、体を張って「生活の吟味」という哲学的実践を敢行しているのです。思想として背負うものを背負っているということです。

9　ポスト・ソクラテス——プラトンの道、我々の道

紙数が尽きました。結論に入りましょう。ソクラテスは、裁判の最終局面で、自分の人生を賭けた哲学的実践はその核心において「生活の吟味」であった、「生活の吟味」は誰一人として免れることのできない課題であることを忘れるな、こう叫んでいます。ソクラテスは哲学的実践を、吟味

対象としての「生活」にいわば〈釘付けした〉と言えます。このことの意義をまず確認しておきます。その上で我々は、我々自身の時代的関心から〈可能なる「生活の吟味」としての哲学〉を探るという問題意識をもちつつ、「生活の吟味」のソクラテス的現実形態の限界を厳しく吟味する作業の若干を試行してみたのです。我々のソクラテス批判はその限りで「外在的な」批判であり、自覚してそうしているのです。

しかし一方、プラトン自身は「生活の吟味」としての哲学的実践を、我々とは正反対の方向に「越えて」いったことも確認しておかねばなりません。ソクラテス処刑はBC三九九年。プラトンは二八歳でした。彼は『弁明』など初期対話篇を書いたのち、四〇歳頃にイタリアとシケリアを旅行している。この旅行の途次、秘教的宗教集団でもあったピタゴラス派と接触、大きな影響を受け、同派のピロラウス（BC四七〇頃―三九〇頃）の著作も金銭で入手しています（チェントローネ『ピュタゴラス派――その生と哲学』斎藤憲訳、岩波書店、二〇〇〇年、一五二頁）。唯心論（魂の身体からの分離存在の主張）の古典中の古典である『パイドン』はこの旅行の後、BC三八五〜三八二年頃に、したがってソクラテス死後一四〜一七年後に書かれたと推定されていて、プラトン中期に分類されます（松永雄二「『パイドン』解説」、岩波版『プラトン全集』第一巻、四一八―四一九頁）。

実は、初期のソクラテスにもピタゴラス派の影響が確認され、後年もソクラテスの交友関係にピタゴラス派の外国人がいたことがソクラテスへの嫌疑を強めたとする見解もみられます。ピタゴラス派は秘教宗教集団であって、当然、民主制に馴染まないからです（『裁かれたソクラテス』二五頁）。

フィロソフェオー（〔神的〕知恵を愛求する）という言葉自身、ピタゴラス派が起源であるとされており、ソクラテスの「知恵があるという思い込み」への攻撃もピタゴラス派との一定の親和性を感じさせるものです。とは言え、ソクラテスにとって「知恵の愛求」行為はあくまで市民の中で市民とともに「生活の吟味」を敢行することにほかならず、秘教集団に誘うことではありません。この違いは決定的です。

ところが、同じプラトンの作品でも『弁明』と『パイドン』の間には根本的なズレがあります。『弁明』では闘うソクラテスが描かれていますが、『パイドン』では「牢獄」としての身体からの魂の解放と離別、つまり「死を希求する」ソクラテスが描かれています。我々がとくに注目したいのは、哲学的実践の焦点が「生活の吟味」から「死の練習〔メレテー・タナトン〕」へと根本移動していることです。「知恵を求めること〔哲学すること〕にまっすぐに結びついている人は、ほかでもなく、ただ死にゆくことを、そして死にきることをみずからのつとめとしている」（松永訳、同、64A)。『パイドン』のプラトンがソクラテスの「生活の吟味」を我々とは逆方向へ引っ張っていったことは明らかでしょう。

「イデア」や「魂」が、経験的個物、個体、個別現象やその集合から「離れた」実在であるというプラトンの主張は、ソクラテスには存在しないものです。このことは、アリストテレスも証言しているし（『形而上学』1078b30）、出隆も確認しています（「フィロソフィアの由来と古代における『哲学』の概念」、『岩波講座　哲学Ⅶ　哲学の概念と方法』岩波書店、一九六八年）。本稿の文脈で私が確認しておきたいことは、ソクラテスが裁判員たちに行った最後の「予言」、つまり私を殺しても君たちに対する若者たちの「生活の吟味」はずっと多く、ずっと情け容赦のないものになるだろうということの

「予言」は、結局、弟子のプラトンには響かなかったということです。

『パイドン』と同じ中期の作品でプラトンの主著ともされる『国家』（BC三七五年頃）についても急ぎコメントを付しておきましょう。私は、この大作の核心は「大衆は哲学者たりえない」（藤沢令夫訳、岩波版『プラトン全集』、494a）という、グラムシとは正反対の言葉に尽くされていると見ます。『国家』でプラトンは、哲学エリートによる「アリストクラティア（優秀者支配）」を構想しています。自分は政治に手を出せないというソクラテスのあの潔癖さに邪魔されることもまったくありません。ではどうすれば哲学者支配が実現するのか。ソクラテス的実践、つまり「生活の吟味」の対話的実践は破綻したのです。そこでプラトンは将来の哲人支配を担う哲学エリートの純粋培養的養成を構想する。哲学エリートは子どもの時から選別され、個別家族から引き離され、私有や血縁関係や私的愛着関係を断ち切った国家共産主義的環境に置き入れられて、プラトン作成のカリキュラムに従って養成されねばならない。身体の鍛錬が二、三年、言論の修練が五年、戦争や実務での試練が一五年、これをクリアした者のみが五〇歳頃に「善のイデア」を「観る」という知恵の愛求の「最後の目標」に導かれ、その後は哲学的生活と国家支配の仕事を交互に行う（同、539d–540e）というものです。

哲学エリートの国家共産主義的純粋培養という夢想の背後に「魂の牢獄としての身体」の思想が隠れていることは明白でしょう。浄化すべき魂と牢獄である身体の分裂をこの地上で媒介するには、私有や私利や私欲や血縁や私情を圧倒的に抑圧する国家共産主義的エリート培養しかありません。『国家』にはほかにもセックスする機会の統制、嘘を言う権利の限定、嬰児を生かすか殺すかの選択、芸術活動の統制など、「開かれた社会の敵」（K・ポッパー）とレッテル貼りされるに相応しい夢想も多く確認されます。

培養された哲学エリートはプラトン哲学の真理をわがものとしたのち、「そのまま上方に留まる」ことは許されず、「もう一度囚人仲間のところへ降りていく」ことが、つまり普通の生活世界へと実践的に向かい合うことが要請されます（同、519d）。この「下向」の実践論の意味は、夢想を離れて見れば、各地の既成権力者や有力者や知的職業の子弟がプラトンの哲学学校で勉強した後、重臣や知識人顧問として現場で働く、ということでしょう。提唱は国家哲学、実際は学校哲学であるプラトン哲学が、「生活の吟味」の激烈な対話的実践に人生を重ねたソクラテスの市井の哲学に代位していったのです。

編者あとがき

序論でも触れたように、本書は大阪哲学学校（以下、哲学学校と略記）の活動から生まれたものです。

「生活現場と哲学の結合」を掲げた哲学学校は、一つは哲学の古典や現代の思想を今日的な視点で批判的に学ぶ連続講座や読書会、もう一つは生活世界でいま私たちが直面しているトピカルな諸問題について哲学する講演シリーズやシンポジウムの二つを、活動の柱にすえています。

その際に私たちは、哲学学校の参加者が一方的な聞き手として受け身の姿勢に終始することのないよう留意してきました。具体的には、各催しでのディスカッションに一時間半から時には二時間と、十分な時間をかけるほか、会員自身が自らの生活や経験に根ざした問題意識を持って考えたことを、哲学学校で発表しあるいは文章で表現するよう働きかけてきました。

例えば、一九九五年にヨースタイン・ゴルデルの『ソフィーの世界』が翻訳出版され、「哲学書」としては異例のベストセラーになったときには、同書の内容を各自の視点から検討しつつ、「私たちにとって哲学とは？」をテーマに、会員参加による共同研究『『ソフィーの世界』の世界』を出版しました。それ以外にも後述のように、その時々に焦点化したテーマで共同研究を呼びかけ、成果を出版してきました。

哲学学校を開校して三十年余り、日本における哲学の在り方は大きく変わりつつあると感じます。「哲学することを生活の場に取り戻す」、「すべての人が哲学者である」という志向がようやく広がってきているのです。「臨床哲学」というスタンスでの「哲学カフェ」はもはや珍しいものではなくなり、さらに学校で対話的に哲学する学習を子どもたちに体験させる試みもなされ始めています。

そうした変化も見すえながら、私たちは、哲学学校の経験と成果を広く知っていただき、より多くの人びとを哲学することへと誘う哲学学校ならではのユニークな哲学入門書を世に問いたいと考え、本書の出版に取り組みました。

そこで二〇一八年に、「生きる場からの哲学入門」と銘打ったシリーズを会員からの報告を中心に行い、加えてその他の会員（協働関係にある季報『唯物論研究』刊行会会員を含む）にも参加を呼びかけました。それに応えて寄せられたものが本書の第Ⅱ部を構成する諸講です。執筆者はいずれも哲学の「専門家」ではありませんが、それぞれの生活や活動に根ざしたオリジナルな思索が展開されています。

また、哲学学校の趣旨に共鳴し、講師等として協力くださった方々にも寄稿をお願いしました。そのうち花崎皋平さんによる第Ⅰ部第一講は、二〇一七年一〇月三〇日に大阪経済大学で行った講演会（季報『唯物論研究』刊行会、地域・アソシエーション研究所、北摂ワーカーズ、大阪哲学学校の共催）でのお話と質疑応答を文章化したものです。

第Ⅰ部と第Ⅲ部の他の諸講は、季報『唯物論研究』第一四〇号（二〇一七年八月）の「哲学入門講義コレクション」特集掲載の諸論考に加筆修正したものと新たに書き下ろされたものです。

本書をお読みになって大阪哲学学校に興味をもってくださった方は、哲学学校のウェブサイト（https://oisp.jimdo.com）、季報『唯物論研究』刊行会ウェブサイト（https://kiho-yuiken.jimdo.com）のほか、これまでの出版物――山本晴義編『現代日本の宗教――宗教イデオロギーへの批判視角』（新泉社、一九八五年）、大阪哲学学校編『天皇制を哲学する』（三一書房、一九八七年）、同『企業モラルを哲学する――よく生きるにはどうすべきか』（三一書房、一九八八年）、季報『唯物論研究』編集部編『証言・唯物論研究会事件と天皇制』（新泉社、一九八九年）、大阪哲学学校編『日本の〈保守〉を哲学する――保守マジョリティにどう対峙すべきか』（三一書房、一九九四年）、同『ソフィーの世界』の世界――私たちにとって哲学ってなに？』（青木書店、一九九六年）――もあわせてご参照ください。

また、「読者」という立場にとどまらず、自分でも哲学したい、あるいは仲間を募って共に哲学する場を創りたいと思われた方は、ぜひその一歩を踏み出してください。哲学学校も、たとえわずかでも複数の参加者があるかぎり決して潰れることはない、継続は力、と自らを鼓舞しながらやってきました。哲学学校の催しへのご参加はもちろん歓迎しますし、私たちでお役に立てることがあれば協力は惜しみませんので、よろしければぜひコンタクトください。

本書の成立は、直接の執筆者だけでなく、これまで哲学学校の運営やそこでの議論に加わってくださった多くの会員・参加者に負っています。お一人おひとりの名前をあげることはできませんが、哲学学校に深く関わられた故人——開校時から校長を務められた山本晴義さん、哲学学校の立ち上げを共にした笹田利光さん、講師や助言者として協力いただいた高橋準二さん、藤田友治さん、運営に携わってくださった中村徹さん、伊元勇さんには、この場を借りて本書の刊行を報告したいと思います。

最後になりましたが、新泉社の安喜健人さんは、原稿の丁寧なチェックから構成のアドバイス、校正に至るまで粘り強く編集の作業を行ってくださいました。本書が出版にまでこぎつけられたのはひとえに氏の尽力があってのことと、深く謝意を表します。

二〇一九年七月一五日

大阪哲学学校代表世話人　平等文博

【執筆者】

［序論］

平等文博（びょうどうふみひろ）
大阪哲学学校代表世話人、大阪経済大学教員、倫理学

［第Ⅰ部］

花崎皋平（はなざきこうへい）
哲学者、ピープルズ・プラン研究所アドバイザー

三浦隆宏（みうらたかひろ）
椙山女学園大学教員、臨床哲学・倫理学

細谷 実（ほそやまこと）
関東学院大学教員、哲学・ジェンダー論

大越愛子（おおごしあいこ）
近畿大学元教員、哲学・女性学

河上睦子（かわかみむつこ）
相模女子大学名誉教授、哲学・社会思想

［第Ⅱ部］

久保下多美子（くぼしたたみこ）
NPO法人ほっとサポート理事、哲学・古代史

三上　晋（みかみすすむ）
学習塾講師、哲学

松岡鉄久（まつおかてつひさ）
会社員、哲学

義積弘幸（よしずみひろゆき）
元中学校教諭、文学

山口　協（やまぐちかなう）
地域・アソシエーション研究所所長、哲学

稲岡義朗（いなおかよしろう）
浄土宗僧侶、哲学

瀬尾良郎（せおよしろう）
元会社員・会社顧問・大学非常勤講師など、経済学・哲学

［第Ⅲ部］
百木　漠（ももきばく）
立命館大学専門研究員、社会思想史
木村倫幸（きむらつねゆき）
季報『唯物論研究』刊行会代表、奈良工業高等専門学校名誉教授、倫理学
村山　章（むらやまあきら）
季報『唯物論研究』編集委員、会社員、哲学
藤田隆正（ふじたたかまさ）
季報『唯物論研究』編集委員、大阪哲学学校世話人、倫理学
田畑　稔（たばたみのる）
季報『唯物論研究』編集長、大阪哲学学校世話人、哲学

編者紹介

大阪哲学学校（Osaka Independent School of Philosophy）

「生活現場と哲学の結合」を掲げて 1986 年 5 月に開校した哲学の文化運動体. 対話を通して「哲学する文化」を市民の生活の場に根づかせることを目指し, 思想的立場の多様性を前提にしたオープンな催しをほぼ隔週土曜日に開催している.

これまでに, マルクス, ヘーゲル, カント, スピノザ, ハンナ・アーレントなどをテーマとした〈知の歴史〉入門講座, 大阪懐徳堂の思想家たちや安藤昌益らを取り上げた日本思想史講座, 平和の哲学や資本主義の今, ニッポン・イデオロギーや若者の現在など, トピカルな問題を哲学・思想の面から掘り下げた連続講座やシンポジウムを主催. また, 天皇制, 企業モラル, 日本の保守などを哲学する共同研究を呼びかけ, 成果を出版している.

大阪唯物論研究会哲学部会を設立母体としており, 母体を同じくする季報『唯物論研究』刊行会とは協働の関係にある.

ウェブサイト：https://oisp.jimdo.com

メールアドレス：oisp@mac.com

生きる場からの哲学入門

2019 年 8 月 31 日　初版第 1 刷発行

編　　者＝大阪哲学学校

編者代表＝平等文博

発 行 所＝株式会社 新 泉 社

東京都文京区本郷 2－5－12

振替・00170 - 4 - 160936番　TEL 03(3815)1662　FAX 03(3815)1422

印刷・製本　萩原印刷

ISBN 978-4-7877-1911-9　C1010